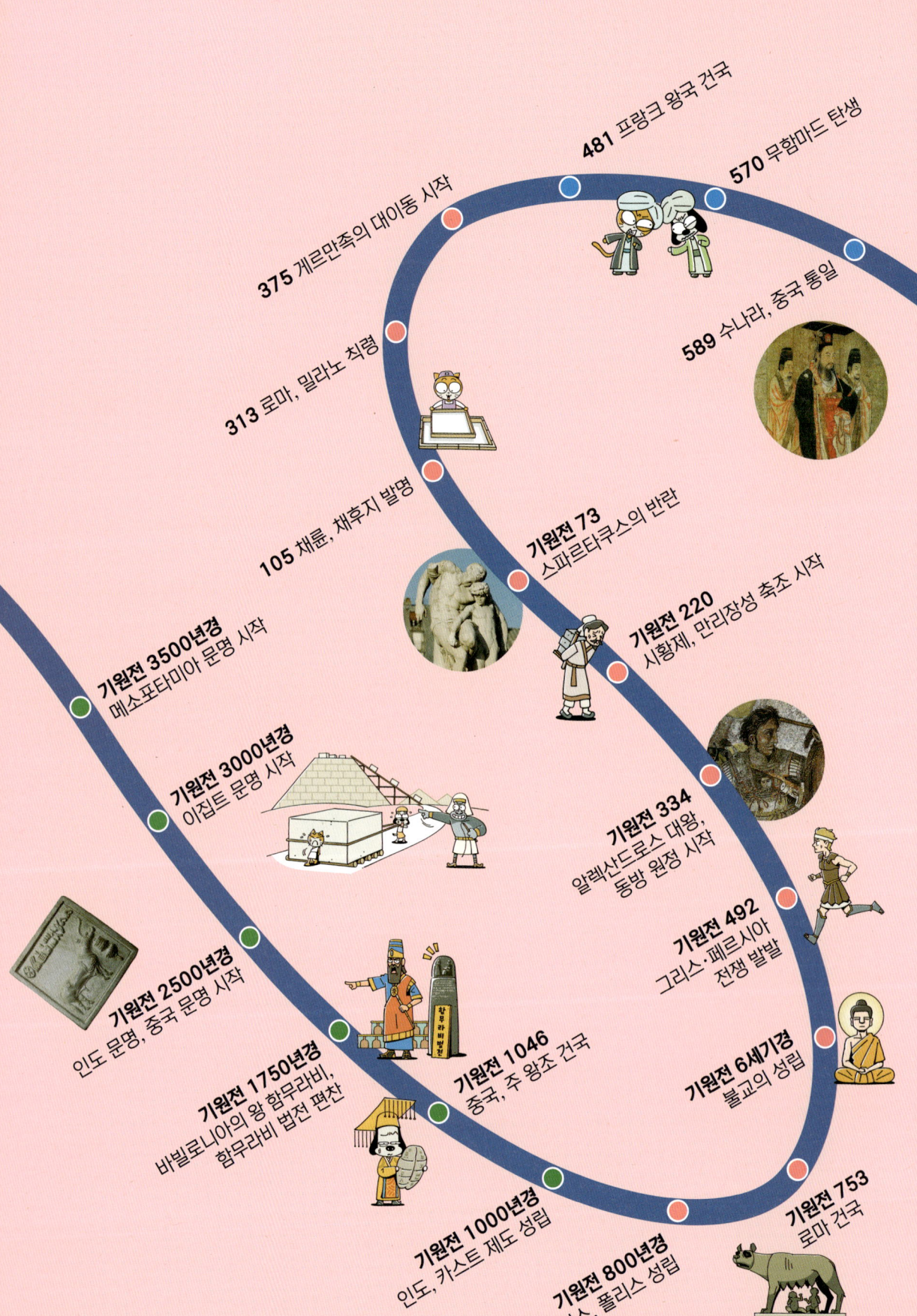

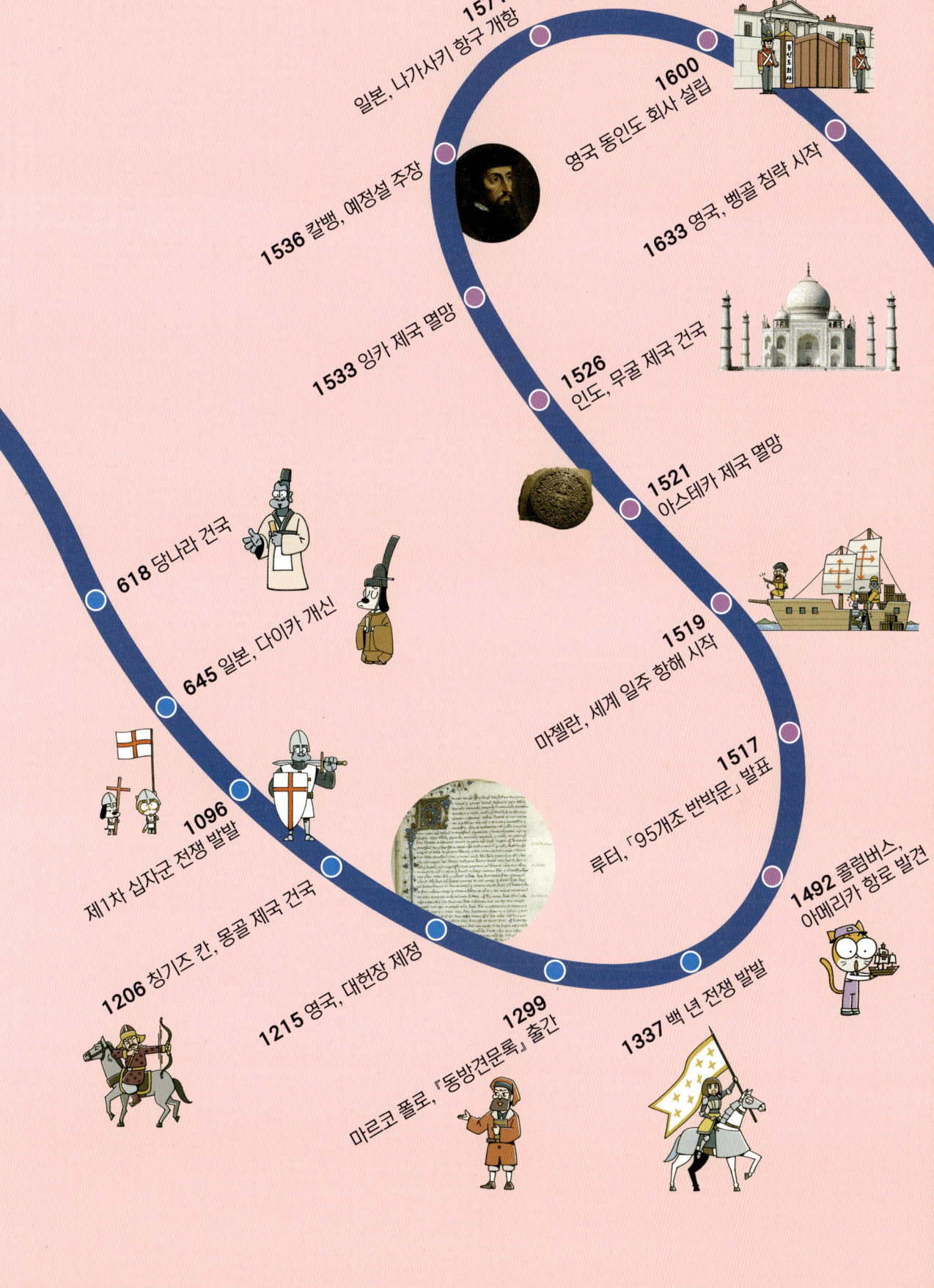

초등 세계사 사전

초등 세계사 사전

개념 연결

배성호·이종관 글   김영화 그림

머리말

질문으로 세계와 만나는
즐거운 역사 탐험에 초대합니다!

최초의 인류는 누구일까요? 왜 유럽에는 비슷하게 생긴 국기가 많을까요? 전쟁이 계속 일어나는 이유는 무엇일까요?

세계 곳곳에는 재미있고 신기한 이야깃거리가 참 많아요. 하지만 '세계사'라고 하면 덜컥 겁부터 나지요. 우리는 왜 세계사를 배워야 할까요?

세계는 '지구상의 모든 나라 또는 인류 사회 전체'라는 뜻이고, 세계사는 '인류 사회 전체의 역사'라는 뜻이에요. 세계사는 인류 전체가 공유하는 역사이자 오늘날의 세계를 만든 토양이고, 세계 곳곳에서 일어나는 일들은 우리의 삶과 밀접한 관련이 있어요. 세계사 공부는 우리의 일상이 어떻게 전체 인류의 역사와 연결되어 있는지를 일깨워 줘요. 또 과거를 발판 삼아 오늘날의 문제를 해결하고, 미래 사회가 나아갈 방향을 깊게 생각해 볼 수 있도록 해요.

『개념연결 초등 세계사 사전』은 여러분 또래 친구들이 궁금해하는 질문들을 바탕으로 만들어졌어요. 전국 방방곡곡에서 전해져 온 어린이 친구들의 질문을 전국초등사회교과모임 선생님들이 모았답니다. 질문에 대한 궁금증은 '30초 해결사'와 '그것이 알고 싶다'를 보면 시원하게 해결할 수 있어요. 호기심 가득한 각각의 질문에 대한 답들을 읽다 보면 사람들이 어떻게 역사를 쌓아 왔고, 세계는 어떻게 연결되어 있는지를 자

연스럽게 배울 수 있어요.

처음 이 책을 마주하면 두꺼워서 조금 놀랄 수도 있지만, 움츠러들 필요는 없답니다. 이 책은 중학생이 되어 본격적으로 세계사를 배우기 전, 먼저 징검다리를 놓아 주는 책이에요. 처음부터 흐름대로 쭉 읽어도 좋고, 차례를 살피며 재미있어 보이는 이야기만 골라 읽어도 좋아요. 그렇게 한 장, 한 장씩 읽다 보면 자연스럽게 머릿속에 세계사의 흐름이 그려지고, 낯설기만 했던 세계사에 친근함을 느끼게 될 거예요. 초등 사회 교과서 집필 위원을 맡은 배성호 선생님, 중학교 역사 교과서 집필 위원을 맡은 이종관 선생님이 복잡하게 느껴지던 세계 역사의 흐름을 쉽게 알려 주거든요.

이 책에는 보통 세계사 책들과는 또 다른 특징이 있어요. 아주 먼 옛날부터가 아니라 오늘날 우리가 살아가는 현대부터 이야기를 시작한다는 점이에요. 교통과 통신 수단이 발달하면서, 세계는 한 마을처럼 긴밀하게 연결되었어요. 이와 함께 차별, 빈곤, 환경 파괴 등 함께 해결해야 하는 문제도 다양해졌어요. 우리와 연결된 가까운 시대의 역사를 제대로 알면 인류가 힘을 합쳐 해결해야 하는 문제가 무엇인지, 그리고 왜 세계사가 우리의 삶과 연관이 있는지를 자연스럽게 익힐 수 있어요.

현대사를 살펴본 다음에는 신비한 포털을 타고 시간을 거슬러 올라 인류가 처음 탄생한 390만 년 전 선사 시대로 갈 거예요! 세계 문명의 시작부터, 유럽, 아시아, 아프리카를 도는 흥미진진하면서도 알찬 세계사 여행의 시작이지요.

책을 읽으면서 친구들과 'VS 세계사 토론'을 해 보는 것도 추천합니다. 정답이 정해져 있는 것이 아니므로, 세계사 속 인물들과 역사적 사건들을 주제로 놓고 여러분이라면 어떤 선택을 할지 이야기를 나누어 보세요. 다양한 입장으로 문제를 바라보는 연습을 통해 세계를 바라보는 시야를 넓히고 사고력과 공감 능력을 키울 수 있어요.

그러면 세계사 박사인 고릴라 선생님, 그리고 친구들과 함께 바나나 포털을 타고 신나는 세계사 여행을 떠나 볼까요?

2024년 가을의 길목에서

배성호, 이종관

초등 세계사 사전 차례

머리말 • 4
사용 설명서 • 14
들어가며 – 다시 떠나는 시간 여행 • 17

1장  오늘날의 세계

- **세계사** 5단원 2장 세계 곳곳에 망치질하는 거대한 조각상이 있다고요? • 28
- **세계사** 5단원 3장 지구의 평화를 지키는 군인들이 있다고요? • 30
- **세계사** 6단원 1장 뜨겁지 않고 차가운 전쟁이 있었다고요? • 32
- **세계사** 6단원 1장 아프리카가 미국, 중국을 합친 것보다 더 크다고요? • 34
- **세계사** 6단원 2장 말 한마디로 참새를 없애 버린 사람이 있다고요? • 36
- **세계사** 6단원 1장 미국과 중국이 탁구와 판다로 친해졌다고요? • 38
- **세계사** 6단원 2장 사람들이 벽을 부수면서 만세를 불렀다고요? • 40
- **세계사** 6단원 2장 레닌의 동상을 없애는 이유가 뭐예요? • 42
- **세계사** 6단원 3장 흑인들은 왜 워싱턴까지 행진했을까요? • 44
- **VS 세계사 토론** 올림픽에서 의사 표현을 하면 안 될까? • 46
- **세계사** 6단원 4장 국제 연합에서 만델라의 날을 만들었다고요? • 48
- **세계사** 6단원 4장 평화를 위해서는 전쟁을 일으켜야 하나요? • 50
- **세계사** 6단원 4장 목숨을 걸고 다른 나라로 가는 사람들이 있다고요? • 52
- **세계사** 6단원 4장 영국의 외교가 팔레스타인 문제를 만들었다고요? • 54
- **세계사** 6단원 4장 햄버거가 아마존 열대 우림을 파괴하고 있다고요? • 56
- **세계사** 6단원 4장 학교에 채식 급식이 늘고 있다고요? • 58
- **세계사** 6단원 4장 달걀 껍데기로 닭의 삶을 알 수 있다고요? • 60
- **세계사** 6단원 4장 축구 선수들이 왜 아이들 손을 잡고 나오는 것일까요? • 62

| 세계사 | 5단원 2장 | 달리는 경주마를 향해 뛰어든 여성이 있었다고요? • 64
| 세계사 | 6단원 4장 | 일본의 핵 오염수 방류를 세계 여러 사람이 반대하고 있다고요? • 66
| 세계사 | 6단원 4장 | 아랍 국가에서 스마트폰으로 혁명이 일어났다고요? • 68
| 세계사 | 6단원 4장 | 인공 지능 시대의 미래는 과연 어떤 모습일까요? • 70
| VS 세계사 토론 | 화성 이주는 인류의 대안이 될까? • 72

2장 인류의 출현

| 세계사 | 1단원 2장 | 최초의 인류는 누구일까요? • 76
| 세계사 | 1단원 2장 | 농사를 왜 혁명이라고 불러요? • 78
| 세계사 | 1단원 2장 | 왜 모든 문명은 큰 강 근처에서 발생했을까요? • 80
| 세계사 | 1단원 2장 | '눈에는 눈, 이에는 이'가 법인 나라가 있었다고요? • 82
| VS 세계사 토론 | 함무라비 법전은 공정한 법전이었을까? • 84
| 세계사 | 1단원 2장 | 왜 파라오는 피라미드처럼 큰 무덤이 필요했을까요? • 86
| 세계사 | 1단원 2장 | 이집트의 파피루스는 종이와 달라요? • 88
| 세계사 | 1단원 2장 | 공중목욕탕이 기원전 2500년경에도 있었다고요? • 90
| 세계사 | 1단원 2장 | 태어나면서 인생이 정해져 있는 사람들이 있었다고요? • 92
| 세계사 | 1단원 2장 | 중국의 왕은 거북으로 점을 쳤다고요? • 94
| 세계사 | 3단원 4장 | 해발 2,430미터에 도시가 있었다고요? • 96

3장 동아시아의 역사

| 세계사 1단원 3장 | 제자가 백 명이라서 제자백가인가요? • 100
| 세계사 1단원 3장 | 황제라는 말은 누가 처음 썼나요? • 102
| VS 세계사 토론 | 시황제는 위대한 통치자일까? • 104
| 세계사 1단원 3장 | 중국의 만리장성은 왜 만들어졌을까요? • 106
| 세계사 1단원 3장 | 유교 지식이 없으면 관리가 될 수 없었다고요? • 108
| 세계사 1단원 3장 | 비단길은 비단이 깔려 있는 길인가요? • 110
| 세계사 1단원 3장 | 나무껍질을 삶아서 종이를 만들었다고요? • 112
| 세계사 2단원 2장 | 의자와 침대가 원래 유목 민족의 문화라고요? • 114
| 세계사 2단원 2장 | 사람들이 땅을 파서 강을 만들었다고요? • 116
| 세계사 2단원 2장 | 당나라의 수도는 외국인들로 북적거렸다고요? • 118
| 세계사 2단원 2장 | 동아시아 불상들의 모습은 왜 비슷할까요? • 120
| 세계사 2단원 2장 | 시험을 봐서 관리를 선발했다고요? • 122
| 세계사 3단원 1장 | 송나라에 불이 꺼지지 않는 도시가 있었다고요? • 124
| 세계사 3단원 1장 | 중국의 4대 발명품 중 세 개가 송나라에서 만들어졌다고요? • 126
| 세계사 3단원 1장 | 송나라가 거란족과 여진족에게 꼼짝 못 했다고요? • 128
| 세계사 3단원 1장 | 달리는 말 위에서 활을 쏘며 세계를 정복했다고요? • 130
| VS 세계사 토론 | 칭기즈 칸은 위인일까, 침략자일까? • 132
| 세계사 3단원 1장 | 몽골 제국에도 고속도로 휴게소가 있었다고요? • 134
| 세계사 3단원 1장 | 몽골 제국을 여행한 책이 당시의 베스트셀러였다고요? • 136
| 세계사 3단원 2장 | 방이 9,000개나 있는 궁궐이 있다고요? • 138
| 세계사 3단원 2장 | 정화의 대항해가 콜럼버스보다 앞섰다고요? • 140
| 세계사 3단원 2장 | 청나라는 왜 사람들에게 변발을 강요했을까요? • 142
| 세계사 3단원 2장 | 청나라에 오페라가 있었다고요? • 144
| 세계사 3단원 2장 | 온 유럽이 중국 문화에 반했다고요? • 146
| 세계사 2단원 2장 | 일본에서 백제라는 이름이 유행한 적이 있다고요? • 148
| 세계사 2단원 2장 | 일본에는 신이 800만이나 있다고요? • 150
| 세계사 2단원 2장 | 일본에는 아직도 천황이 있다고요? • 152

| 세계사 | 3단원 2장 | 야구 방망이를 든 사무라이가 있다고요? • 154
| 세계사 | 3단원 2장 | 일본에 귀를 잘라 묻은 무덤이 있다고요? • 156
| 세계사 | 3단원 2장 | 스모는 원래 스포츠가 아니라 종교 의식이었다고요? • 158
| 세계사 | 3단원 2장 | 고흐의 작품에 일본 그림이 숨어 있다고요? • 160

4장 유럽·아메리카의 역사

| 세계사 | 1단원 3장 | 그리스의 폴리스는 경찰이 많은 도시예요? • 164
| 세계사 | 1단원 3장 | 이란에서는 마라톤 대회가 열리지 않는다고요? • 166
| 세계사 | 1단원 3장 | 세계에서 가장 강력한 왕의 이름을 딴 도서관이 있다고요? • 168
| 세계사 | 1단원 3장 | 로마를 세운 사람이 늑대 인간이라고요? • 170
| 세계사 | 1단원 3장 | 모든 길은 로마로 통한다고요? • 172
| 세계사 | 2단원 4장 | 중세의 기사들은 운전을 하지 않았다고요? • 174
| 세계사 | 2단원 4장 | 황제가 교황에게 무릎을 꿇었다고요? • 176
| 세계사 | 6단원 1장 | 왜 성당은 뾰족뾰족하게 생겼을까요? • 178
| 세계사 | 2단원 4장 | 왜 전쟁터에 십자가를 들고 갔나요? • 180
| 세계사 | 2단원 4장 | 왜 의사들이 까마귀같이 옷을 입었어요? • 182
| 세계사 | 2단원 4장 | 백 년 전쟁을 끝낸 여성이 있다고요? • 184
| 세계사 | 2단원 4장 | 모나리자의 미소는 왜 유명한 거예요? • 186

| 세계사 2단원 4장 | 종이 한 장으로 죄를 없앨 수 있다고요? • 188
| 세계사 3단원 4장 | 후추 때문에 지구를 한 바퀴 돌았다고요? • 190
| 세계사 3단원 4장 | 인디언은 잘못된 이름이라고요? • 192
| 세계사 3단원 4장 | 탐험왕 콜럼버스가 재판을 받는 이유가 뭐예요? • 194
| VS 세계사 토론 | 신항로 개척을 어떻게 판단해야 할까? • 196
| 세계사 3단원 4장 | 왕이 태양신으로 분장하고 발레를 했다고요? • 198
| 세계사 2단원 4장 | 갈릴레이는 무슨 잘못을 해서 재판을 받았나요? • 200
| 세계사 4단원 1장 | '군림하되 통치하지 않는다'라는 말이 무슨 뜻이에요? • 202
| 세계사 4단원 1장 | 보스턴 사람들은 왜 차를 바다에 던졌을까요? • 204
| 세계사 4단원 1장 | 왜 유럽에는 비슷하게 생긴 국기가 많을까요? • 206
| 세계사 4단원 1장 | 나폴레옹의 초상화에 비밀이 숨겨져 있다고요? • 208
| VS 세계사 토론 | 나폴레옹은 영웅일까? • 210
| 세계사 4단원 1장 | 라틴 아메리카에서는 왜 스페인어를 많이 써요? • 212
| 세계사 4단원 2장 | 여섯 살 어린이가 공장에서 일을 했다고요? • 214
| 세계사 4단원 1장 | 영국의 노동자들이 투표를 못 하던 시절이 있었다고요? • 216
| 세계사 4단원 2장 | 왜 감자 때문에 수백만 명이 굶었어요? • 218
| 세계사 4단원 1장 | 미국에 눈물로 만들어진 길이 있다고요? • 220
| 세계사 4단원 1장 | 청바지가 금을 캐던 광부의 옷이라고요? • 222
| 세계사 4단원 1장 | 미국의 남북 전쟁이 노예 때문에 일어났다고요? • 224
| 세계사 4단원 1장 | 미국의 자유의 여신상은 선물 받은 거라고요? • 226
| 세계사 4단원 1장 | 철과 피로 통일한다는 게 무슨 뜻이에요? • 228

5장 서아시아·인도·아프리카의 역사

- **세계사** 2단원 1장 부처님이 인도의 왕자였다고요? · 232
- **세계사** 2단원 1장 인도에서는 소가 왕이라고요? · 234
- **세계사** 2단원 1장 인도인들은 왜 강에서 목욕을 하나요? · 236
- **세계사** 3단원 3장 세상에서 가장 아름다운 묘가 인도에 있다고요? · 238
- **세계사** 4단원 3장 세포이들은 왜 항쟁을 일으켰나요? · 240
- **세계사** 4단원 3장 배드민턴을 처음 친 나라가 인도라고요? · 242
- **세계사** 4단원 3장 샴푸가 옛날에는 다른 뜻이었다고요? · 244
- **세계사** 2단원 1장 캄보디아 국기에 그려져 있는 건물은 뭐예요? · 246
- **세계사** 1단원 3장 신라의 무덤에서 페르시아 물병이 나왔다고요? · 248
- **세계사** 2단원 3장 이슬람교도는 어디에 절을 하는 거예요? · 250
- **세계사** 2단원 3장 이슬람교도는 돼지고기를 안 먹는다고요? · 252
- **세계사** 2단원 3장 시아파와 수니파가 뭐예요? · 254
- **세계사** 2단원 3장 히잡을 쓰고 축구를 한다고요? · 256
- **VS 세계사 토론** 히잡을 착용해야 할까, 착용하지 말아야 할까? · 258
- **세계사** 3단원 3장 이슬람 사람들이 최초의 카페를 만들었다고요? · 260
- **세계사** 3단원 3장 이스탄불에는 동양과 서양이 다 있다고요? · 262
- **세계사** 4단원 3장 수에즈 운하가 뭐예요? · 264
- **세계사** 4단원 3장 왜 이란 사람들은 담배를 불매했나요? · 266
- **세계사** 4단원 2장 아프리카에 황금왕이 있었다고요? · 268
- **세계사** 6단원 4장 다이아몬드 때문에 평균 수명이 37세인 나라가 있다고요? · 270
- **세계사** 4단원 2장 고무를 채취하지 못하면 손목을 잘랐다고요? · 272
- **세계사** 3단원 2장 사람을 물건처럼 배로 사고팔았다고요? · 274
- **세계사** 4단원 1장 브라질의 삼바가 아프리카의 춤이라고요? · 276
- **세계사** 4단원 1장 베네수엘라 지폐에 있는 사람은 누구예요? · 278
- **세계사** 4단원 1장 세상에서 가장 많이 팔린 티셔츠가 있다고요? · 280
- **세계사** 6단원 4장 토끼와 전쟁을 벌이는 나라가 있다고요? · 282
- **세계사** 3단원 4장 태평양 한가운데 미스터리한 석상이 있다고요? · 284
- **VS 세계사 토론** 다른 나라에서 가져온 유물을 돌려줘야 할까? · 286

6장 제국주의와 세계 대전

- **세계사** 4단원 2장 백인이 다른 인종들을 업고 가야 한다고요? • 290
- **세계사** 4단원 2장 강대국들이 세계 곳곳에서 땅따먹기를 했다고요? • 292
- **세계사** 4단원 2장 동인도 회사는 무역 회사인데 군대를 두고 있었다고요? • 294
- **세계사** 4단원 2장 세계 박람회에서 무서운 전시를 운영했다고요? • 296
- **세계사** 4단원 4장 영국이 마약 때문에 중국을 침략했다고요? • 298
- **세계사** 4단원 4장 중화민국이 생기자 짜장면 가게 이름이 바뀌었다고요? • 300
- **세계사** 4단원 4장 3·1 운동이 중국과 인도에도 큰 영향을 주었다고요? • 302
- **세계사** 4단원 4장 미국이 함포를 쏘면서 일본에 다가갔다고요? • 304
- **세계사** 4단원 4장 청나라와 러시아가 일본에 쩔쩔맸다고요? • 306
- **세계사** 5단원 1장 발칸반도가 유럽의 화약고였다고요? • 308
- **세계사** 5단원 1장 트렌치코트에 무서운 역사가 숨어 있다고요? • 310
- **세계사** 5단원 1장 크리스마스에는 잠시 전쟁을 쉬었다고요? • 312
- **세계사** 5단원 1장 노벨상을 받은 죽음의 과학자가 있다고요? • 314
- **세계사** 5단원 1장 전쟁이 끝난 뒤 독일이 아이처럼 울었다고요? • 316
- **세계사** 5단원 1장 러시아의 황제와 귀족을 빗자루로 쓸어버렸다고요? • 318
- **세계사** 5단원 1장 경제를 살리기 위해 댐을 만들었다고요? • 320
- **세계사** 5단원 1장 간디는 왜 바다까지 행진했나요? • 322
- **세계사** 5단원 1장 모두가 찬성하면 좋은 것 아닌가요? • 324
- **세계사** 5단원 1장 프랑스가 전쟁 6주 만에 독일에 항복했다고요? • 326
- **세계사** 5단원 1장 버섯 모양 구름이 인류를 멸망시킬 수도 있다고요? • 328
- **VS 세계사 토론** 일제 강점기의 건물들을 보존해야 할까, 철거해야 할까? • 330
- **세계사** 5단원 1장 전쟁 때 어린이들, 청소년들은 어떻게 생활했나요? • 332
- **세계사** 5단원 3장 독일 총리가 폴란드에 가서 무릎을 꿇었다고요? • 334
- **세계사** 4단원 2장 베트남과 인도네시아 화폐 속 인물의 공통점은 무엇일까요? • 336
- **세계사** 5단원 3장 한국, 중국, 필리핀 소녀가 함께 손을 잡았다고요? • 338

찾아보기 • 340

초등 세계사 사전 사용 설명서

대표 질문

초등학생들이 세계사를 공부할 때 가장 궁금해하는 질문 141개를 모았어요. 암기 위주로 역사를 공부하면 사건과 사건 사이의 맥락을 놓치기 쉽지요. 그럴 때 『개념연결 초등 세계사 사전』을 펼쳐 관련이 있는 질문을 찾아 읽어 보세요. 구체적인 질문과 답변을 통해 궁금증을 바로 해결할 수 있어요. 대표 질문 위에 있는 '핵심 연표'를 통해 역사적 사건의 전후 연결을 확인해 보세요. 세계사의 흐름을 좀 더 깊이 있고 풍부하게 이해할 수 있답니다.

이 책은 오늘날 세계 곳곳에서 벌어지는 사건들에서 시작해 다시 약 390만 년 전으로 시간 여행을 떠나는 구성으로 되어 있어요. 우리와 가깝게 연결된 세계사를 먼저 알고 나면, 세계사 공부가 훨씬 재미있어질 거예요.

30초 해결사

대표 질문에 대한 명쾌한 답이에요. 질문에 대한 답이 궁금하다면 '30초 해결사'만 읽어도 충분해요. '해시태그 키워드'에는 사건과 관련이 있는 주요 키워드를 모았어요. 부록 '찾아보기'에서 해시태그 키워드를 찾아 관련 페이지를 모두 모아 볼 수 있어요.

그것이 알고 싶다

'30초 해결사'를 읽고 해당 사건이 더 알고 싶어졌다면 '그것이 알고 싶다'를 읽어 보세요. 알면 더 재미있는 배경을 설명하고, 놓치기 쉬운 맥락을 짚어 줍니다. 중학교에 가기 전 꼭 알아야 할 내용과 함께 풍부한 읽을거리를 담았어요.

연결 박스

해당 사건과 함께 읽어 보면 좋을 읽을거리예요. 우리 역사 또는 세계사 속 비슷한 사건, 같은 시대에 일어난 사건 등을 담았어요. 사고를 다양한 방향으로 확장하여 개념을 연결하고, 과거에서 현재를 거쳐 변화하는 세계사를 이해하는 힘을 길러 줘요.

VS 세계사 토론

세계사 속 뜨거운 쟁점을 골라 토론하는 코너예요. 서로 다른 두 입장을 번갈아 읽으면서 각각의 근거를 찾고 상대를 설득할 논지를 궁리해 보세요. 역사를 입체적으로 파악하고, 세계를 바라보는 통찰력과 논리적 사고력을 기를 수 있답니다.

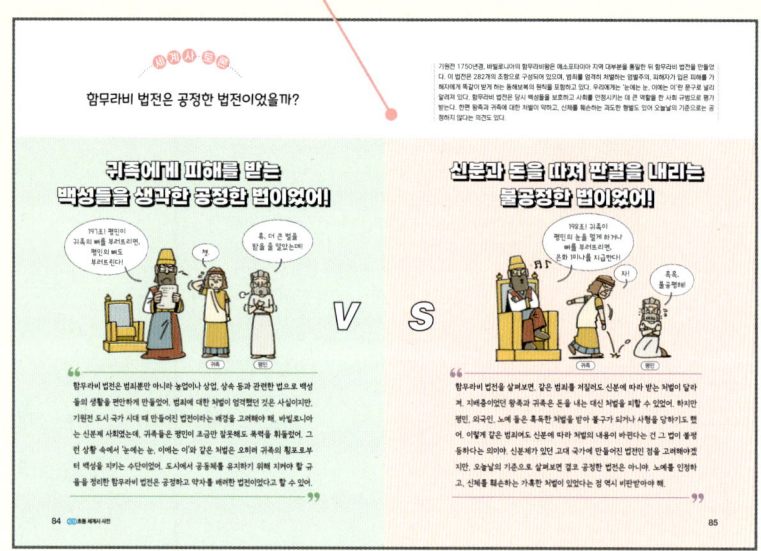

찾아보기

부록 '찾아보기'에 우리 책에서 다룬 모든 사건의 핵심 키워드를 모았어요. 관심 있는 키워드가 있을 때 관련 페이지를 찾아 이동할 수 있어요.

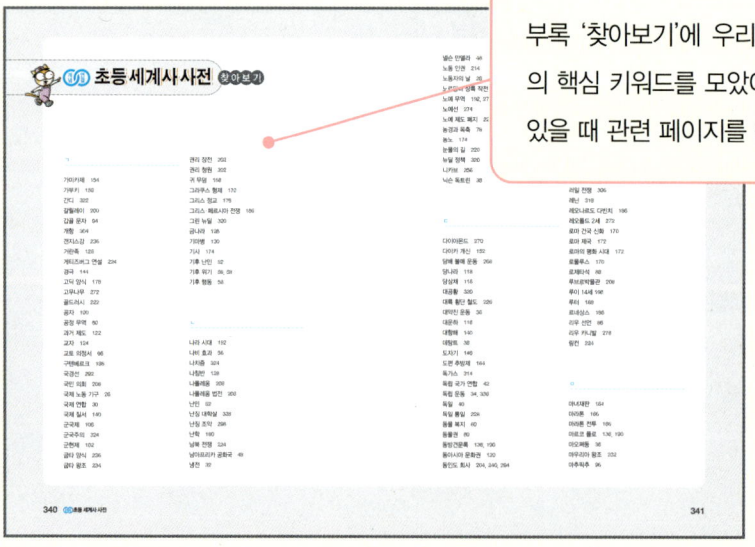

들어가며

다시 떠나는
시간 여행

6·25 전쟁 발발

1 오늘날의 세계

인터넷과 교통이 발달하면서 세계는 하나의 마을처럼 연결되었어. 덕분에 급속한 발전이 이루어졌지만, 다양한 문제도 생겨났어. 갈수록 심해지는 기후 위기와 환경 오염, 빈곤과 난민 등의 문제는 어느 한 나라만의 책임이 아니라 인류 모두의 문제야. 제2차 세계 대전 이후 새롭게 만들어진 세계 질서와 민주주의의 발전 과정, 그리고 앞으로 우리가 마주할 미래를 살펴보자!

- 1989 베를린 장벽 붕괴
- 1990 독일 재통일
- 1991 소련 해체
- 1993 유럽 연합(EU) 출범
- 2003 이라크 전쟁 발발
- 2010 '아랍의 봄' 시작
- 2011 일본, 후쿠시마 원자력 발전소 폭발

- 6월 민주 항쟁 1987
- 남북한 국제 연합(UN) 동시 가입 1991
- 외환 위기 1997
- 남북 정상 회담, 6·15 남북 공동 선언 2000
- 한일 월드컵 개최 2002

헤이마켓 사건 1886　　제1회 노동자의 날 1890　　국제 노동 기구 설립 1919

세계 곳곳에 망치질하는 거대한 조각상이 있다고요?

미술 작품도 일을 해야 한다니, 사람하고 똑같네.

망치가 조금씩 움직여!

사람처럼 쉬기도 한단다.

30초 해결사

서울 광화문에는 아침 8시부터 저녁 6시까지 망치질을 하는 거대한 조각상이 있어요. 이 조각상의 이름은 「해머링 맨」이에요. 망치질하는 사람을 나타낸 이 작품은 세상의 모든 일하는 사람을 뜻해요. 뉴욕에서 처음 만들어진 이 작품은 우리나라는 물론 전 세계 곳곳에 세워져 있어요. 「해머링 맨」을 만든 조각가 조나단 보로프스키는 일하는 사람들이 존중받기를 바라며 이 작품을 만들었어요. 「해머링 맨」은 노동자들처럼 주말과 공휴일, 노동자의 날에는 동작을 멈추고 쉬어요.

#산업 혁명　#노동자의 날　#헤이마켓 사건　#국제 노동 기구　#해머링 맨

"우리 이제 8시간만 일하세. 8시간은 휴식하고, 남은 8시간에는 하고 싶은 일을 해 보세."

미국 시카고의 헤이마켓 광장에서 노동자들이 불렀던 노래예요. 산업 혁명은 사람들의 생활을 풍요롭게 해 주었지만, 노동자들은 인간적인 대우를 받지 못했어요. 주말에도 쉬지 못하고 일해야 했고, 어린이도 가혹한 노동에 동원되었어요.

산업 혁명 시기의 빈부 격차를 비판한 그림이야!

이를 참다 못한 미국의 노동자들은 인간다운 삶을 위해 일하는 시간을 하루 8시간으로 줄이자고 주장하며 시위에 나섰어요. 1886년 5월 1일, 무려 30만 명의 노동자들이 거리를 행진하며 평화 시위를 벌였어요. 경찰이 시위대를 과잉 진압하자 분노한 노동자들은 시카고 헤이마켓 광장에 모여 항의 집회를 열었어요. 하지만 경찰은 강제로 노동자들을 해산시킨 후 주도자들을 감옥에 가두고, 사형 집행까지 서슴지 않았어요. 이 사건을 헤이마켓 사건이라고 해요.

자본가들은 점점 부유해지는데, 노동자들은 점점 궁핍해지고 있어.

헤이마켓 사건은 전 세계 노동자들이 "모든 나라, 모든 도시에서 함께 하루 8시간 노동 시간을 요구하자"라고 뜻을 모으는 계기가 되었어요. 1890년 5월 1일, 전 세계 곳곳에서 헤이마켓 사건을 기리며 첫 노동자의 날 집회가 열렸어요. 이때부터 매년 5월 1일을 노동자의 날로 정해 기념하고 있어요. 노동자의 날은 모든 노동자의 인간적인 권리를 기념하는 뜻깊은 날이에요.

 노벨 평화상을 받은 국제 노동 기구

국제 노동 기구 깃발

1919년 국제 연맹은 노동자들의 권리와 생활 수준을 높이기 위해 국제 노동 기구ILO를 세웠다. 이때 하루 8시간, 주 48시간 노동을 국제 표준으로 정했다. 각국 정부에서도 노동자의 단결권, 단체 교섭권, 단체 행동권 등 노동자들의 권리를 보장하기 시작했다. 국제 노동 기구는 1946년 유엔의 전문 기구로 거듭났으며, 노동자들이 존중받는 세계를 만들고자 한 노력을 인정받아 1969년 노벨 평화상을 수상했다.

국제 연맹 설립	국제 연합 설립	유엔 평화 유지군 창설
1920	1945	1948

지구의 평화를 지키는 군인들이 있다고요?

30초 해결사

세계 각국은 현대의 여러 문제를 해결하기 위해 국제기구들을 만들었어요. 대표적으로 국제 연합United Nations이 있어요. 국제 연합은 유엔 평화 유지군PKF을 분쟁 지역에 파견하고 사회 안정을 위해 노력하고 있어요. 지금도 소말리아의 해적 소탕 작전, 테러 조직과의 전투 등 분쟁이 일어나고 있는 여러 지역에 유엔 평화 유지군이 투입되어 활동하고 있어요. 평화 유지군은 어느 편에도 서지 않는 중립 입장에서 세계 평화를 위해 노력해요.

#국제 연합 #평화 유지군

제1차 세계 대전을 거치면서, 각국은 전쟁 없는 세계를 위해 1920년 '국제 연맹League of Nations'이라는 국제 평화 유지 기구를 만들었어요. 하지만 제2차 세계 대전이 일어나며 국제 연맹은 원래의 목적을 달성하지 못했지요. 사람들은 전쟁이 다시 일어난다면 인류가 더는 지구에서 살아갈 수 없다는 것을 깨달았어요. 이에 1945년 10월 '국제 연합'이라는 새로운 국제 평화 기구를 만들었어요.

국제 연합은 국제 연맹의 실패를 교훈 삼아, 국제 분쟁을 해결하고 세계 평화를 유지하기 위해 만들어졌어요. 사무국과 총회, 안전 보장 이사회 등을 중심으로 하고, 그 아래 많은 전문 기구를 두고 있지요. 국제 연합은 분쟁을 조정하고 경제, 사회, 문화 등 다양한 분야에서 협력을 위해 노력하고 있어요.

유엔 평화 유지군은 세계 평화와 안보를 위해 다양한 국가들이 협력해 활동하는 국제 연합의 군대예요. 군인을 비롯한 경찰, 의사 등을 파견해 민간인을 보호하고 분쟁을 막는 활동을 하고 있어요. 또한 분쟁이 제대로 끝났는지 감시하거나 국가 재건 활동을 하기도 하며, 선거를 평화롭게 치를 수 있도록 지원하는 역할도 하고 있어요.

(ⓒFrea Kama Juno)

(ⓒadrienblanc)

 대한민국의 평화 유지군

대한민국은 1948년 유엔 총회에서 한반도 유일의 합법 정부로 승인받았다. 그러나 러시아의 반대 등으로 유엔 가입이 계속 미루어졌고, 이후 1991년 북한과 함께 남북한 유엔 동시 가입이 이루어졌다. 대한민국은 국제 사회의 일원으로 활발하게 활동하며 유엔 평화 유지군 활동에도 적극적으로 참여하고 있다. 소말리아에 상록수 부대를 파견해 한국군 최초로 도로 공사, 주민 지원 등 평화 유지 활동을 수행했다. 또 동티모르, 레바논, 남수단 등 분쟁 지역에서 세계 평화를 위해 활약하고 있다.

대한민국 레바논 평화 유지단
(ⓒ대한민국 국군)

미국, 트루먼 독트린 발표	6·25 전쟁 발발	쿠바 미사일 위기
1947	1950	1962

뜨겁지 않고 차가운 전쟁이 있었다고요?

30초 해결사

제2차 세계 대전 이후 세계는 미국을 중심으로 한 자본주의 진영과 소련을 중심으로 한 공산주의 진영으로 나뉘었어요. 미국은 서유럽 국가들과 군사 방위 체제를 만들었고, 이에 맞서 소련은 동유럽 국가들과 군사 기구를 결성했어요. 이렇게 미국과 소련의 대립으로 인해 지속된 국제적인 긴장 상태를 '냉전'이라고 불러요.

- 냉전Cold War: 직접적으로 무력을 사용하지 않고 경제, 외교, 정보 등을 수단으로 하는 국제적인 대립과 긴장 상태를 가리켜요.
- 열전Hot War: 무력을 사용해 충돌하는 맹렬한 전쟁을 가리켜요.

#냉전 #열전 #6·25 전쟁 #베트남 전쟁

"공산주의가 더 확장하게 둘 수는 없지."

"자본주의가 세상을 지배할 거라고? 헛소리!"

자본주의 국가 미국과 공산주의 국가 소련은 제2차 세계 대전에서 연합국에 속해 독일과 일본을 비롯한 추축국에 맞서 함께 싸웠어요. 또 국제 연합을 만들기로 합의하면서 평화를 위해 힘쓰자고 약속했지요. 하지만 전쟁이 끝나자 두 나라는 독일과 동유럽에 대해 서로 다른 생각을 품었어요.

제2차 세계 대전에서 큰 피해를 입은 소련은 미국과의 대립에 대비해 동유럽에 소련과 친한 공산주의 국가들이 많이 들어서기를 원했고, 미국은 전쟁으로 피해를 입은 자본주의 국가들을 도와주며 소련의 세력 확장을 견제했어요. 한때 힘을 합쳐 싸웠던 미국과 소련은 이내 적으로 돌아섰고, 냉전 시대가 시작되었어요.

양쪽 진영은 다른 나라들을 끌어들이며 군사 동맹을 맺었어요. 미국과 서유럽 진영은 북대서양 조약 기구NATO를 만들었고, 소련과 동유럽 진영은 바르샤바 조약 기구WTO로 맞섰어요. 냉전 시기 동안 미국과 소련은 핵무기 경쟁, 소련의 쿠바 핵미사일 건설 시도 등의 여러 사건을 거치며 아슬아슬한 분위기를 이어 나갔어요.

 냉전 속의 열전, 6·25 전쟁과 베트남 전쟁

6·25 전쟁의 전쟁 고아들

미국과 소련이 분할 통치를 위해 38도선을 경계로 한반도에 군사 분계선을 그으면서 남한과 북한에는 서로 체제가 다른 정권이 들어섰다. 이후 소련의 지원을 받은 북한의 침략으로 6·25 전쟁이 일어나 수많은 사람이 죽고 국토는 폐허가 되었다.

베트남은 1954년 공산당이 지배하는 북베트남과 친미 정권이 지배하는 남베트남으로 분단되었다. 베트남 전쟁이 시작되자 미국이 공산주의 확장을 막겠다는 명분으로 참전했다. 그러나 재정 부담과 자국 내의 반전 여론으로 철수했고, 전쟁은 1975년 북베트남의 승리로 끝났다.

인도, 영국으로부터 독립	제3세계, '평화 10원칙' 채택	아프리카의 해
1947	1955	1960

아프리카가 미국, 중국을 합친 것보다 더 크다고요?

 **30초 해결사**

아프리카 대륙은 세계에서 제일 큰 대륙인 아시아 다음으로 큰 대륙이에요. 다양한 민족과 방대한 문화가 숨 쉬는 땅이지요. 하지만 제국주의 국가들이 아프리카를 침략해 식민지로 삼으면서 아프리카의 나라들은 발전이 늦어졌어요. 제2차 세계 대전이 끝난 후 아프리카의 여러 나라가 독립하면서 새로운 성장의 발판을 만들어 가고 있어요.

`#아프리카` `#독립 운동` `#제3세계`

"제국주의 국가들을 몰아내고 우리들의 나라를 세우자!"

아프리카와 아시아의 여러 나라는 제국주의 국가들에 맞서 치열하게 독립 운동을 펼쳤어요. 그 결과 제2차 세계 대전 이후 대한민국과 인도, 필리핀, 미얀마 등 아시아의 여러 국가들이 독립을 쟁취했지요.

1950년대가 되자 리비아 등 북부 아프리카의 여러 나라가 민족주의 운동을 일으켰어요. 1957년 가나의 독립을 시작으로, 1960년에는 프랑스령 식민지였던 14개 국가를 포함한 17개 국가가 독립했어요. 그래서 1960년을 '아프리카의 해'라고 부른답니다. 1963년에는 에티오피아에서 아프리카 통일 기구를 만들며 아프리카 여러 국가가 정치적·경제적으로 통합을 다졌어요.

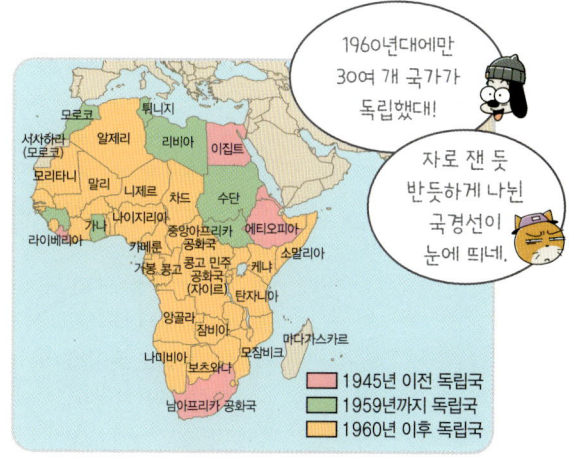

아프리카 국가들의 독립

아프리카는 풍부한 지하자원과 많은 인구로 발전 가능성이 큰 대륙이에요. 하지만 오늘날 아프리카 국가들은 힘겨운 상황과 마주하고 있어요. 서양 제국주의 국가들이 국경선을 자신들 마음대로 나누면서 국가와 부족들 사이에 분쟁과 내란이 계속 이어지고 있기 때문이에요. 빈곤과 기아, 전염병 문제들도 아프리카가 많은 어려움을 겪는 이유 중 하나예요.

제3세계의 등장

세계 대전 이후 아시아와 아프리카에는 반제국주의를 내세운 새로운 독립 국가들이 생겨났다. 이들 국가는 미국 중심 자본주의 진영인 제1세계와 소련 중심 공산주의 진영인 제2세계 어느 쪽과도 동맹을 맺지 않는 비동맹 노선을 선택했다. 이로써 제3세계가 등장했다. 중국의 저우언라이와 인도의 네루는 1954년 상호 존중과 평화 공존을 위한 '평화 5원칙'을 발표했다. 이듬해 인도네시아 반둥에서 열린 아시아·아프리카 회의에서는 29개 참여국이 국제 분쟁을 평화적으로 해결하고자 '평화 10원칙'을 채택했다. 이러한 제3세계 국가들의 협력은 냉전 시기 미국과 소련 중심의 세계 질서를 흔드는 데 큰 영향을 끼쳤다.

자와할랄 네루(가운데)와 저우언라이(오른쪽)

대약진 운동	문화 대혁명	톈안먼 사건
1958	1966	1989

말 한마디로 참새를 없애 버린 사람이 있다고요?

30초 해결사

중국의 지도자 마오쩌둥은 경제 성장을 위해 대약진 운동을 이끌면서 '참새는 해로운 새'이므로 참새, 쥐, 모기, 파리를 없애라고 지시했어요. 이를 제사해 운동이라고 해요. 참새가 사라지자 농사를 방해하는 해충들이 들끓기 시작했어요. 엄청난 흉년이 계속되었고 최소 2,000만 명 넘는 사람이 굶어 죽었어요. 당시 우리나라 인구가 3,000만 명이었다니 그 피해를 짐작할 수 있지요.

#문화 대혁명 #마오쩌둥 #대약진 운동 #제사해 운동 #톈안먼 사건

1946년, 중국에서는 장제스가 이끄는 국민당과 마오쩌둥이 이끄는 공산당이 내전을 시작했어요. 이 전쟁을 국공 내전이라고 해요. 마오쩌둥은 전쟁에서 승리해 중화 인민 공화국을 세웠어요.

마오쩌둥은 1958년 경제 성장을 위해 농업과 공업의 생산량을 늘리는 대약진 운동을 일으켰어요. 그러나 경제 성장률은 떨어졌고 수천만 명의 사람이 굶어 죽는 등 정책은 실패로 돌아갔어요. 정치적 위기에 빠진 마오쩌둥은 자신의 권력을 지키기 위해 나라 곳곳에 파고든 자본주의를 뿌리 뽑자고 주장하며 중국의 문화와 전통을 훼손하는 문화 대혁명을 일으켰어요. 1966년부터 10년 동안 이어진 문화 대혁명으로 중국의 정치인과 지식인들이 탄압받고, 수많은 문화재가 사라졌어요. 이 일로 중국은 돌이킬 수 없는 피해를 입었어요.

마오쩌둥이 사망한 뒤 중국의 지도자가 된 덩샤오핑은 문화 대혁명이 잘못이었음을 인정했어요. 또한 '검은 고양이든 흰 고양이든 쥐만 잘 잡으면 된다'라고 말하며, 경제 성장을 위한 개혁·개방 정책을 이끌었어요. 덩샤오핑은 자본주의 체제의 시장 경제를 도입하고 경제특구를 만들며 중국 경제를 빠르게 성장시켰어요. 그 결과 중국은 현재 미국에 이어 국내 총생산GDP 2위의 경제력을 갖춘 경제 대국으로 성장했어요.

덩샤오핑 주석

> 덩샤오핑은 개혁 발전으로 중국의 경제를 이끌었지만…
>
> 사람들을 탄압하고 빈부 격차를 심화시켰다는 비판도 받아.

자유가 아니면 죽음을! 톈안먼 사건

오늘날의 톈안먼 광장

개혁·개방 정책으로 중국의 경제는 성장했지만, 관료들은 부정부패를 일삼았으며 빈부 격차는 심해졌다. 이러한 상황 속에서 부정부패를 없애고 민주화를 요구하는 시민들의 목소리가 높아졌다. 1989년에는 톈안먼 광장에 수십만 명의 시민이 모여 정부에 반대하는 민주화 운동을 벌였다. 이에 덩샤오핑 정부는 계엄령을 선포하고 군대를 동원하여 시위대를 무차별적으로 공격했다. 시위는 수천 명의 인명 피해를 낸 끝에 진압되었다.

미국, 닉슨 독트린 발표	핑퐁 외교	미·중 국교 수립
1969	1971	1979

미국과 중국이 탁구와 판다로 친해졌다고요?

30초 해결사

미국과 중국은 냉전 시기 동안 적대적 관계를 유지하며 교류하지 않았어요. 이런 상황에서 중국은 '핑퐁 외교'와 '판다 외교'로 미국과 화해 분위기를 만들어 냈어요. 핑퐁 외교는 1971년 나고야 세계 탁구 선수권 대회 이후 중국이 미국 탁구 선수단을 중국에 초청하면서 시작된 외교를 말해요. 또 1972년 중국은 미국과 수교를 맺으면서 우호 관계의 상징으로 판다를 선물했는데, 이렇게 시작된 외교 방법이 판다 외교예요. 멸종 위기종인 판다는 중국에만 서식하는데, 이를 선물함으로써 우호를 표시한 것이지요.

#닉슨 독트린 #핑퐁 외교 #판다 외교 #데탕트

긴장과 대립을 이어 가던 냉전 체제는 1960년대부터 서서히 변화하기 시작했어요. 자본주의 진영에서는 미국의 영향력이 약해졌어요. 프랑스가 북대서양 조약 기구를 탈퇴하고, 유럽 국가들은 유럽 공동체를 창립해 정치, 경제 화합을 이끌었지요. 서독과 일본도 경제 대국으로 성장했어요. 공산주의 진영에서는 폴란드와 헝가리를 비롯한 동유럽 국가들이 소련의 간섭에서 벗어나고자 자유화 운동을 벌였고, 중국과 소련은 이념적인 문제로 분쟁을 겪었어요.

제3세계의 등장도 냉전 체제의 질서를 흔들기에 충분했어요. 미국의 닉슨 대통령은 이러한 국제 질서의 변화를 반영해 닉슨 독트린을 선언했어요. 핵무기 위협이 아니라면 베트남 전쟁 같은 아시아의 분쟁에 직접적인 개입을 자제한다는 내용이었어요.

이러한 변화로 1970년대 초반, '데탕트'라고 하는 화해 분위기가 만들어졌어요. 1972년에는 닉슨 대통령이 중국을 직접 방문해 미·중 정상 회담을 했어요. 이 회담을 통해 미국은 중국과 정식으로 국교를 수립하고 베트남 전쟁에서 병력을 철수했지요. 또 미국과 소련은 전략 무기 제한 협정을 맺으며 핵무기 개발을 자제할 것을 약속했어요.

마오쩌둥 주석(왼쪽)과 악수하는 닉슨 대통령

우리나라의 스포츠 외교

우리나라는 스포츠를 통해 북한을 비롯한 여러 나라와 외교 관계를 풀어 간 역사가 있다. 1988년 서울 올림픽을 개최하면서 우리나라는 이전까지 교류가 적었던 소련, 체코슬로바키아, 불가리아 등 공산권 국가와 상호 스포츠 교류에 관한 원칙에 합의했다. 본격적인 '북방 외교'가 시작된 것이다. 북한과의 스포츠 교류도 활기를 띠어 남북 관계가 개선되었다. 1991년 세계 탁구 선수권 대회, 세계 청소년 축구 선수권 대회에 남북 단일팀을 출전시켜 각각 여자 단체전 우승과 8강 진입이라는 성과를 냈다. 또 2000년 시드니 올림픽에서는 남북 선수단이 한반도기를 들고 공동 입장했으며, 2018년 평창 동계 올림픽에서는 여자 아이스하키 남북 단일팀이 구성되었다.

2018 평창 동계 올림픽 남북 선수단
(해외문화홍보원 제공)

베를린 장벽 건설	베를린 장벽 붕괴	독일 재통일
1961	1989	1990

사람들이 벽을 부수면서 만세를 불렀다고요?

30초 해결사

1989년 11월 9일 동독 정부는 동독과 서독을 자유롭게 여행할 수 있게 하는 정책을 발표했어요. 소식을 들은 사람들은 서베를린을 둘러싸고 있던 베를린 장벽 앞으로 모였어요. 그리고 국경을 개방할 것을 요구하며 망치로 베를린 장벽을 부수었지요. 그렇게 독일을 동과 서로 나눈 베를린 장벽이 해체되었어요. 1990년에는 동독이 서독에 흡수되며 통일이 이루어졌어요. 독일 통일은 선거를 통한 합법적이고 평화적인 통일이었답니다.

#베를린 장벽 #독일 재통일

"다 같이 장벽을 부수자! 독일을 자유롭게 오가자!"

제2차 세계 대전 이후 독일은 동독과 서독으로 나뉘었어요. 동독은 소련이, 서독은 미국, 영국, 프랑스가 각기 분할 통치를 했어요. 1972년에는 동독과 서독이 서로 다른 두 나라로 인정받았고, 이산가족이 상봉하는 등 교류를 이어 갔어요. 서독이 놀라운 경제 성장을 거듭하면서 동독과 서독의 격차는 점점 커졌어요. 서독의 경제적 안정과 자유를 부러워한 동독 사람들이 종종 서독으로 탈출하기도 했지요. 그 와중에 소련이 개혁과 개방을 내세우며 시장 경제를 도입하자, 동독을 포함해 동유럽의 공산주의 국가들이 개혁과 민주화를 요구했어요. 폴란드와 헝가리 등의 나라가 소련에서 빠져나와 민주 국가로 독립했고, 냉전 체제는 무너지기 시작했지요.

독일의 통일은 냉전 체제가 무너지면서 이루어졌어요. 동독의 민주화와 통일을 요구하는 목소리가 높아졌고, 결국 1989년 베를린 장벽이 무너지면서 동독과 서독은 통일의 단계를 밟기 시작했어요. 동독에서는 서독과 통일하겠다는 공약을 내건 정당이 승리하고 독일 통일을 위한 논의가 큰 지지를 받는 등 독일 국민의 통일에 대한 의지도 확고했어요. 마침내 1990년에 동독이 서독에 흡수되는 방식으로 통일되어 우리가 아는 지금의 독일이 생겨났답니다.

베를린 장벽에 모인 동독 주민들(ⓒKasa Fue)

우리나라로 온 베를린 장벽

서울 청계천 베를린 광장(ⓒWrightbus)

베를린 장벽은 건설했을 당시 약 155킬로미터에 이르렀으나, 현재 일부만이 남아 있다. 베를린 장벽이 붕괴한 이후 분해된 장벽들이 세계 각지로 옮겨졌기 때문이다. 분해된 장벽들은 무너진 냉전 체제를 상징하는 역사적 유물로 보존되고 있다. 우리나라에도 독일 베를린 장벽이 있다. 분단국가인 한반도의 통일을 염원한다는 의미로 베를린시에서 베를린 장벽 일부를 서울시에 기증한 것이다.

미·소, 몰타 회담에서 냉전 종식 선언	독일 재통일	소련 해체, 독립 국가 연합 수립
1989	1990	1991

레닌의 동상을 없애는 이유가 뭐예요?

30초 해결사

오늘날 옛 소련 지역에 가면 쓰러지거나 방치된 블라디미르 레닌의 동상을 종종 볼 수 있어요. 레닌은 공산주의 사상가이자 소련을 세운 상징적인 인물이지만, 1980년대 이후 공산주의가 서서히 힘을 잃으면서 레닌의 동상도 줄줄이 철거되었어요. 1991년에는 크렘린 궁전의 레닌 동상이 철거되고, 공산당 깃발이 러시아 공화국의 삼색기로 바뀌었어요. 그렇게 소련은 세워진 지 68년 만에 해체되었어요.

- 소련: 1922년 만들어진 최초의 사회주의 국가로, '소비에트 사회주의 공화국 연방'의 줄임말이에요.

#소련 해체 #몰타 회담 #독립 국가 연합 #러시아·우크라이나 전쟁

1985년, 소련의 공산당 서기장인 고르바초프는 소련의 경제 회복을 위해 자본주의의 시장 경제 체제를 도입하는 개혁·개방 정책을 펼쳤어요. 당시 소련은 어려운 경제 사정과 동유럽 국가들의 반발로 점차 힘을 잃고 있었어요. 고르바초프는 민주적인 선거 제도를 들여와 소련 최초의 대통령이 되었고, 동유럽의 사회주의 국가들에도 간섭하지 않겠다고 선언했어요. 1989년에는 미국과 몰타 회담을 열어 냉전이 끝났음을 선포했지요.

하지만 급작스러운 경제 개혁은 물가 상승과 같은 혼란을 가져왔어요. 이에 개혁을 반대하는 보수파들이 쿠데타를 일으켜 고르바초프를 몰아냈어요. 정치인 옐친은 시민들과 함께 쿠데타 세력을 몰아내고 새로운 러시아 연방의 대통령에 취임했어요. 이후 러시아를 중심으로 소련에서 독립한 11개 공화국이 독립 국가 연합CIS을 만들며 소련은 완전히 힘을 잃었어요. 1991년 12월, 결국 소련은 공식적으로 해체되었어요.

핵무기 감축 조약에 서명하는 고르바초프 대통령(왼쪽)과 레이건 대통령

러시아·우크라이나 전쟁

제2차 세계 대전 이후 이어진 유럽 대륙의 평화가 러시아에 의해 무너졌다. 2022년 2월 24일 러시아가 우크라이나를 침략해 전쟁이 일어났기 때문이다. 강대국인 러시아의 침략에 우크라이나 국민뿐 아니라 독립국의 주권을 옹호하는 민주주의 국가들이 거세게 저항하고 있다. 전쟁은 2년이 넘도록 이어지고 있으며, 참혹한 전투 속에서 부상자와 사상자는 물론 난민 또한 계속해서 증가하고 있다.

러시아의 침략을 반대하는 시위(©putnik)

워싱턴 행진	미국, 민권법 제정	미국, 흑인 투표권 인정
1963	1964	1965

흑인들은 왜 워싱턴까지 행진했을까요?

30초 해결사

1865년 미국에서 노예 제도가 폐지되었어요. 하지만 흑인들은 여전히 인종 차별을 당했어요. 학교나 공공시설을 이용할 때도 흑인은 백인과 분리되어 열악한 대우를 받았어요. 흑인 차별을 반대하는 민권 운동이 꾸준히 일어났지만, 상황은 달라지지 않았어요. 이러한 불만이 쌓이자 1963년 흑인 민권을 위해 약 25만 명의 사람들이 워싱턴 D.C.에 모여 시위를 벌였어요. 이때 마틴 루서 킹이 한 연설은 미국에서 가장 중요한 연설 중 하나로 손꼽혀요.

#인종 차별 #마틴 루서 킹 #민권 운동 #민권법

"나에게는 꿈이 있습니다. 나의 아이들이 피부색이 아닌 인격에 따라 평가받는 나라에 살게 될 날이 오리라는 꿈입니다."

목사이자 인권 운동가인 마틴 루서 킹이 워싱턴 D.C.의 링컨 기념관 앞에서 사람들에게 한 연설의 일부예요. 이 연설은 어떻게 탄생했을까요?

1955년 12월, 몽고메리에 사는 로자 파크스는 퇴근 후 버스에 올라 흑인 지정석에 앉았어요. 버스에 사람이 많아지자 버스 기사는 그녀에게 자리를 양보하라고 요구했어요. 당시에는 흑인이 백인에게 자리를 양보해야 하는 법이 있었어요. 로자 파크스는 부당하다며 버스 기사의 요구를 거부했지만, 결국 체포되어 재판을 받았어요.

분노한 흑인들은 조직적으로 버스 승차를 거부하는 운동을 벌이며 차별에 저항했어요. 마틴 루서 킹은 이 운동을 이끌며 흑인 민권 운동의 크기를 키워 나갔어요. 1963년에는 25만 명 이상의 시위대가 워싱턴 D.C.에 모여 대규모 평화 행진을 시작했어요. 이 시위를 계기로 미국 의회는 1964년 공공시설에서 인종 분리를 폐지하고 인종을 비롯한 모든 차별을 금지하는 민권법을 통과시켰어요. 마틴 루서 킹은 같은 해에 노벨 평화상을 수상했어요.

워싱턴 행진 중 사람들에게 손을 흔드는 마틴 루서 킹

올림픽 시상식에서 펼쳐진 인종 차별 반대 시위

국제 올림픽 헌장에는 "경기장을 포함한 올림픽 대회 장소에서 정치, 종교, 인종에 관련된 발언을 금지한다"라고 명시되어 있다. 그러나 올림픽 경기에서 자신의 신념을 주장하는 선수들도 있다. 1968년 멕시코시티 올림픽의 육상 경주 결승에서 금메달과 동메달을 딴 미국의 흑인 선수 토미 스미스, 존 카를로스도 그랬다. 이들은 메달 수여식 때 고개를 숙인 채 검은 장갑을 낀 손을 치켜들었다. 은메달 수상자인 호주의 백인 선수 피터 노먼은 이에 동참하는 배지를 달았다. '블랙 파워 설루트'라고 불리는 이 침묵시위는 전 세계에 미국의 인종 차별을 알렸다.

'블랙 파워 설루트' 침묵시위

올림픽에서 의사 표현을 하면 안 될까?

올림픽의 목적을 위해 의사 표현을 금지하는 건 당연해!

> 올림픽의 목표는 '갈등을 넘어선 세계 모든 사람의 화합'이야. 특정 나라의 선수들이 정치적·인종적인 의사 표현을 하면 분쟁이 생기지 않을까? 의사 표현이 국가적 분쟁으로 번지면 화합을 위하는 올림픽 정신이 더욱 훼손될 거야. 또 경기를 즐기려고 온 선수들과 관객들은 이러한 상황에 불편함을 느낄 수도 있어. 의사 표현은 중요하지만, 올림픽 경기가 아닌 다른 곳에서 해도 충분하다고 생각해.

2016년 열린 리우데자네이루 올림픽에서 에티오피아의 마라톤 국가대표 페이사 릴레사는 은메달을 획득하고 양 팔을 교차하는 모양을 만들었다가 메달을 박탈당할 위기에 처했다. 반정부 시위를 지지하는 의사를 표현했다는 이 유였다. 국제 올림픽 위원회IOC는 선수들의 정치적·종교적·인종적 의사 표현을 금지하고 있다. "올림픽이 열리는 곳에서 모든 종류의 시위와 정치적·종교적·인종적 선전을 금지한다"라는 헌장 때문이다. 이 헌장은 1968년 열린 멕시코시티 올림픽의 남자 육상 200미터 시상식에서 검은색 장갑을 끼고 인종 차별에 반대를 표한 두 명의 선수 때문에 만들어졌다. 국제 올림픽 위원회는 두 선수에게 징계를 내렸고, 지금도 선수들의 의사 표현은 징계 대상이다. 그러나 최근에는 이 조항이 자유로운 의사 표현을 막는 인권 침해라는 목소리도 높아지고 있다.

의사 표현을 금지하는 건 표현의 자유를 침해하는 거야!

> 물론 의사 표현으로 갈등이 생길 수는 있어. 하지만 세계의 화합을 위해서라면 차별과 폭력에 저항하는 목소리가 더욱 필요하지 않을까? 올림픽처럼 큰 무대에서 선수들이 의사 표현을 한다면, 차별과 전쟁 없는 평화로운 세계를 만드는 데 도움이 될 수 있어. 또 선수들은 자유롭게 말할 표현의 자유가 있어. 의사 표현을 막는 국제 올림픽 위원회의 규제는 선수들의 자유를 침해할뿐더러, 차별과 폭력에 동조하고 있다고 생각해.

1948	1964	1993
남아프리카 공화국, 아파르트헤이트 정책 시행	만델라, 반아파르트헤이트 운동으로 투옥	만델라, 노벨 평화상 수상

국제 연합에서 만델라의 날을 만들었다고요?

30초 해결사

넬슨 만델라는 민권 운동가이자 남아프리카 공화국 최초의 흑인 대통령이에요. 흑인과 백인의 공존을 지향하는 포용력을 보여 주면서 인종 차별을 없애는 데 큰 역할을 했지요. 만델라는 과거 인종 차별의 잘못을 반성하는 사람들을 받아들이면서 남아프리카 공화국의 민주주의를 키워 냈어요. 이런 공로를 인정받아 1993년 노벨 평화상을 수상했어요. 국제 연합에서는 만델라가 보여 준 용서와 화해의 정신을 기리기 위해 그의 생일인 7월 18일을 '만델라의 날'로 정해 기념하고 있어요.

#넬슨 만델라 #남아프리카 공화국 #아파르트헤이트 #민권 운동

남아프리카 공화국은 세계 대전 이후에도 백인 중심의 사회 질서를 유지하며 흑인 차별 정책을 계속 이어 갔어요. 공공장소, 대중교통, 교육 시설, 거주지 등 일상 공간에서 흑인을 백인에게서 강제로 분리하는 아파르트헤이트 정책이 가장 대표적이었지요.

넬슨 만델라는 적극적으로 아파르트헤이트 반대 운동을 벌였어요. 처음에는 평화적으로 차별 정책에 저항했지만, 갈등이 심해지자 무장 투쟁도 불사했어요. 결국 만델라는 국가 반역죄를 선고받고 투옥되어 27년 동안 감옥 생활을 했어요.

1992년 석방된 만델라는 아파르트헤이트 정책을 폐지하고, 흑인들에게 투표권을 부여하는 법안을 통과시켰어요. 이후 인종과 상관없이 모든 국민이 참여한 첫 선거를 통해 대통령으로 당선되었어요. 또 만델라는 '진실과 화해 위원회'를 구성해 죄를 고백하는 백인들을 용서하는 정책을 펼쳤어요. 2013년, 만델라는 95세의 나이로 세상을 떠났어요. 민족 화해의 상징이자 남아프리카 공화국의 인종 차별 철폐에 앞장섰던 만델라의 죽음에 전 세계 사람들은 슬퍼했어요.

대통령 당선 이후 의회에 방문한 넬슨 만델라(왼쪽)

방탄소년단의 유엔 연설

"당신이 누구이고 어디서 왔고 피부색이 무엇이든 간에, 남성이든 여성이든 여러분의 목소리를 내십시오!" 방탄소년단의 리더 RM은 유엔 본부에서 이렇게 연설했다. 인종과 피부색, 나이, 성별, 국가가 다르다고 차별하는 것이 아니라 모든 이들이 함께 살아가는 세상을 만들자는 제안이었다. 이에 감명받은 사람들은 저마다 개성을 지닌 스스로와 상대방을 존중하며 함께 살아가자는 의미로 '스피크 유어셀프 Speak yourself' 캠페인을 이어 가고 있다. 우리도 각자 자신의 목소리를 내어 보자!

1905	2003	2011
베르타 폰 주트너, 반전 운동으로 노벨 평화상 수상	이라크 전쟁 발발	이라크 전쟁 종전

평화를 위해서는 전쟁을 일으켜야 하나요?

30초 해결사

100여 년 전 오스트리아의 작가이자 평화 운동가인 베르타 폰 주트너는 『무기를 내려놓으라!』라는 제목의 반전 소설을 발표했어요. 평화를 원한다면 전쟁을 그만둬야 한다고 사람들에게 간절히 호소했던 것이지요. 평화를 위한 노력을 인정받아 주트너는 1905년 여성 최초로 노벨 평화상을 수상했어요. 그러나 지금도 세계 곳곳에서는 평화를 위한다는 명분으로 크고 작은 전쟁이 계속해서 벌어지고 있어요.

• 반전反戰: 전쟁을 반대한다는 뜻이에요.

#반전 운동 #이라크 전쟁 #베르타 폰 주트너

"'악의 축' 이라크는 대량 살상 무기WMD를 가지고 있어 세계 평화에 위협이 된다. 이에 미국은 정의로운 전쟁으로 세계 평화를 지키고자 한다. 이라크 전쟁을 시작한다."

2003년 3월 20일, 미국의 부시 대통령이 세계 평화를 위해서라며 이라크 전쟁을 선언하자, 많은 나라가 이 전쟁에 반대했어요. 미국이 평화가 아닌 자신들의 이익을 위해 전쟁을 일으킨다고 여겼기 때문이었어요. 세계적인 반대 여론에도 불구하고 미국은 이라크를 침공했어요.

미국의 이라크 전쟁 반대 시위(ⓒSusan Ruggles)

미국은 이라크의 독재자 사담 후세인을 제거했지만, 이라크인 11만 명과 미군 4,500명을 비롯한 수많은 사람이 숨졌어요. 무엇보다 미국이 전쟁의 명분으로 삼았던 대량 살상 무기는 끝내 이라크에서 발견되지 않았어요. 정의로운 전쟁이라는 말은 그저 구실이었던 셈이지요.

9년 동안 이어진 전쟁으로 이라크는 지금도 내전이 이어지고 테러 단체들이 등장하는 등 어려운 상황을 겪고 있어요. 미국과 이라크의 관계도 걷잡을 수 없이 나빠졌어요. 한 사람의 결정으로 일어난 전쟁이 얼마나 무섭고 끔찍한 결과를 낳았는지 되새겨 볼 필요가 있어요.

개념연결 존 레논의 「이매진」에 담긴 메시지

존 레논

가수 존 레논이 1971년 발표한 노래 「이매진Imagine」은 베트남 전쟁 당시 평화와 전쟁 반대의 메시지를 담은 노래다. 아름다운 멜로디와 평화를 말하는 노랫말로 지금도 전 세계 사람들에게 사랑받고 있다. 이 곡은 인권 단체인 국제앰네스티가 수단의 인권 개선 기금 마련을 위해 만든 앨범에도 실렸다. 존 레논은 이 노래를 발표하며 자신이 전쟁에 반대하는 운동을 이어 가는 까닭을 이렇게 말했다. "폭력은 폭력을 불러올 뿐이다. 이것은 만물의 법칙이다. 물론 폭력이 정당화되는 상황도 있을 것이다. 하지만 그건 타협에 불과하다. 타협을 기반으로 평화를 이룰 수는 없다."

목숨을 걸고 다른 나라로 가는 사람들이 있다고요?

왜 우리나라가 아니라 상하이에 임시 정부를 세운 걸까?

그러게. 국경을 넘기 쉽지 않았을 텐데…

일제의 감시를 피하려면 떠날 수밖에 없었단다.

30초 해결사

우리나라의 독립운동가들은 일제의 감시를 피해 중국 상하이로 건너가 대한민국 임시 정부를 세웠어요. 임시 정부를 세운 독립운동가들은 일제의 박해를 피해 타국으로 떠난 정치적 난민이라고 할 수 있어요. 임시 정부는 우리나라에서 주권을 행사하지 못해 타국에 세운 망명 정부였어요. 오늘날에도 전쟁과 혼란, 기후 위기 등으로 태어난 나라를 떠날 수밖에 없는 난민들이 계속 생겨나고 있어요.

#난민   #기후 난민

난민이란 전쟁, 종교, 인종 등의 차별과 박해를 피해 다른 지역이나 국가로 피난을 떠나는 사람들을 말해요. 세계 여러 지역에서 분쟁이 많이 일어나면서 고향과 나라를 떠나는 난민들이 많아지고 있어요. 전 세계적으로 난민의 수는 2,500만 명이 넘어요. 주로 분쟁과 갈등이 잦은 아프리카와 서아시아 지역에서 난민이 늘고 있는데, 이들은 분쟁 없는 안전한 곳에서 새로운 삶을 살기 위해 가까운 국가나 미국, 유럽 등 안전한 나라로 탈출하고 있어요. 이 때문에 세계 각국은 난민 수용 문제를 두고 갈등을 벌이고 있어요.

난민 수용을 찬성하는 사람들은 인도적 차원에서 난민을 도울 의무가 있고, 난민이 들어오면 노동력 문제도 해결할 수 있다고 주장해요. 반대로 난민 수용을 반대하는 사람들은 난민이 자국민의 일자리를 빼앗고, 문화적 차이로 갈등이 일어날 수 있다고 주장해요. 최근 우리나라에서도 이집트와 예멘 등에서 온 수백 명의 난민을 받아들이는 문제로 찬반 갈등이 일어났어요.

난민 문제는 현대 세계의 중요한 문제예요. 우리나라는 1992년 난민 지위에 관한 협약에 가입한 국가이지만, 아직 난민 인정률이 높지는 않아요. 난민에 대한 오해와 편견도 풀어 나가야 할 숙제예요.

그리스로 탈출하는 시리아, 이라크 난민들(©Ggia)

기후 난민

기후 변화가 심각해지면서 여러 국가가 피해를 보고 있다. 인간의 산업 활동과 지구 온난화 등으로 해수면이 높아져 나라가 침수 위기에 놓인 것이다. 피지, 투발루, 키리바시 등 남태평양 섬나라들은 해수면 상승으로 매년 영토가 줄고 있다. 이렇게 기후 변화로 인해 삶의 터전을 잃고 떠나는 기후 난민이 늘고 있다. 최근에는 사막화와 기근 또한 사람들의 삶의 터전을 빼앗고 있다. 홍수와 태풍, 지진 등의 자연재해도 사람들의 생활을 위협한다. 기후 난민은 2050년이 되면 최대 10억 명에 달할 것으로 추정된다.

밸푸어 선언	이스라엘 건국	팔레스타인 자치 정부 수립
1917	1948	1994

영국의 외교가 팔레스타인 문제를 만들었다고요?

30초 해결사

제1차 세계 대전 중 영국은 아랍을 연합국의 일원으로 끌어들이고자 했어요. 영국의 외교관 맥마흔은 아랍의 지도자 후세인에게 전쟁이 끝난 뒤 팔레스타인을 포함한 아랍 지역 일대의 독립을 약속했어요. 그런데 2년 뒤 영국의 외무장관 밸푸어는 유대인들에게 자금 지원을 받기 위해 팔레스타인에 유대인 국가를 세우는 것을 돕겠다고 약속했어요. 하나의 땅을 두고 한 두 약속으로 인해 이스라엘과 팔레스타인의 갈등이 시작되었어요.

#팔레스타인 #이스라엘 #맥마흔 선언 #밸푸어 선언 #이스라엘·하마스 전쟁

영국이 아랍 민족과 맺은 맥마흔 선언, 유대인과 맺은 밸푸어 선언은 서로 모순된 내용을 담고 있어요. 두 선언에 따르면 아랍 민족의 국가와 유대인의 국가가 모두 팔레스타인 지역에 생겨야 하기 때문이에요. 영국의 약속대로 팔레스타인 지역에 이스라엘을 건국한 유대인이 그 지역에 거주하던 아랍 민족을 몰아내자 주변 아랍 국가들이 거세게 반발했어요. 이에 국제 연합은 1947년 팔레스타인을 나누어 통치하는 방법을 제안했어요. 하지만 이 제안은 이스라엘과 아랍 세력 모두에게 불만족스러운 해결책이었어요. 그렇게 제1차 중동 전쟁이 시작되었어요. 이 전쟁을 통해 이스라엘은 팔레스타인 지역 대부분을 차지했지요.

삶의 터전을 잃은 팔레스타인 거주 아랍인들은 팔레스타인 해방 기구PLO를 창설해 무장 투쟁을 펼쳤어요. 1994년에는 이스라엘과 평화 협상을 하고 팔레스타인 자치 정부를 수립하기도 했어요. 그러나 오늘날 팔레스타인의 상황은 좋지 않아요. 이스라엘은 팔레스타인으로부터 자신들을 보호한다는 명목으로 콘크리트로 된 분리 장벽을 세웠어요. 이로 인해 요르단강 서안 지구와 가자 지구에 사는 팔레스타인 주민 수만 명이 격리되었어요. 철조망과 감시탑, 콘크리트 장벽에 둘러싸여 생활 기반을 상실하게 된 것이지요. 장벽 설치 이후 두 민족 간 감정의 골은 더욱 깊어졌어요. 지금도 팔레스타인 지역에는 분쟁이 끊이지 않고 있어요.

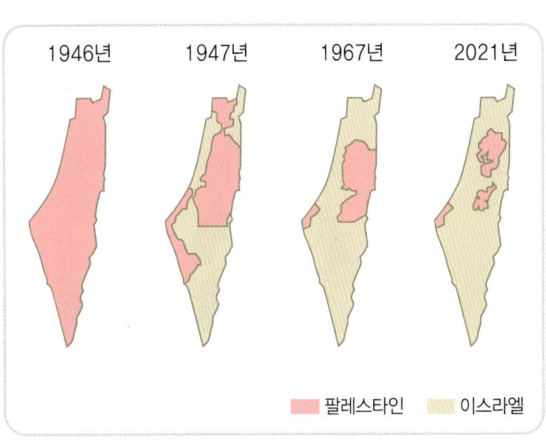

이스라엘과 팔레스타인의 영토 변화

 이스라엘·하마스 전쟁

2023년 10월, 팔레스타인의 이슬람 무장 투쟁을 주도하는 단체인 하마스가 이스라엘에 수천 발의 로켓을 발사하며 전쟁이 시작되었다. 이스라엘이 세운 분리 장벽으로 가자 지구 거주민들의 삶이 피폐해지자 공격에 나선 것이다. 이스라엘이 이에 맞서 가자 지구를 폭격하면서 전쟁이 본격화되었다. 이스라엘과 하마스 사이의 전면전으로 수많은 민간인이 다치거나 목숨을 잃는 등 지역 사회와 세계의 긴장이 높아지자 국제 사회 역시 우려의 목소리를 내고 있다. 한편, 이스라엘은 가자 지구의 전기와 구호품, 식수 등 모든 물자를 봉쇄하며 압박의 정도를 높이고 있다. 이로 인해 가자 지구의 주민들은 극심한 피해를 입고 있다.

햄버거가 아마존 열대 우림을 파괴하고 있다고요?

30초 해결사

미국에서 탄생한 패스트푸드, 햄버거는 전 세계 사람들이 좋아하는 음식이에요. 미국에서만 연간 약 500억 개가 소비된다고 해요. 이만큼의 햄버거 패티를 만들기 위해서는 엄청난 양의 소고기가 필요한데, 소를 키우기 위한 목초지는 중앙아메리카 곳곳의 열대 우림을 파괴해 만들어져요. 햄버거의 세계화가 지구에 산소를 공급하는 열대 우림을 파괴하는 셈이에요.

#햄버거 #세계화 #기후 위기 #나비 효과

"햄버거 소고기 패티 1장을 만들기 위해 약 75킬로그램에 이르는 생명체가 파괴됩니다. 여기에는 20~30종의 식물, 100여 종의 곤충, 수십 종의 조류, 포유류, 양서류가 포함되며, 열대 우림의 약 5제곱미터가 사라집니다."

미국의 유명한 미래학자 제레미 리프킨은 이와 같이 말했어요. 교통과 통신이 발달하며 세계는 '지구촌'이라고 불릴 정도로 가깝게 연결되었어요. 시장 경제가 더욱 발달하고, 세계 곳곳의 사람, 물자, 정보의 이동이 자유로워졌지요. 바야흐로 세계화 시대가 찾아온 것이에요. 세계화로 인해 무역이 자유로워지고, 국가를 초월해 다른 나라에 공장을 짓는 등 세계 시장이 만들어졌어요. 또 각 나라의 교류가 늘며 세계의 다양한 문화를 누릴 수 있게 되었어요.

하지만 자원을 무분별하게 개발하면서 석유 같은 에너지원이 부족해졌고, 환경 오염으로 생태계가 파괴되는 등의 문제도 발생하고 있어요. 이로 인해 사막화, 홍수와 같은 자연재해가 자주 일어나게 되었을 뿐만 아니라 코로나19 같은 신종 질병의 등장도 빈번해졌어요. 또 전 세계적으로 운영되는 다국적 기업이 많아지면서 일자리 문제 같은 사회 문제도 생겨나고 있어요. 국가 간의 빈부 격차도 커져 지구의 한편에서는 먹을 것이 남아 버려지지만, 다른 한편에서는 기아와 영양실조로 많은 이들이 고통받고 있어요.

세계 무역 기구 본부(ⓒJeremy Toma)

작은 날갯짓이 만든 태풍, 나비 효과

'나비 효과'는 초기의 사소한 변화가 이후 결과에 큰 영향을 미친다는 이론이다. 나비가 한번 퍼덕인 날갯짓이 시간이 지나 지구 반대편에서는 태풍이 될 수도 있다는 데서 이런 이름이 붙었다. 나비 효과는 세계화의 환경 파괴와도 관련이 있다. 환경 파괴로 인해 꿀벌이 멸종하면 꽃들이 번식하지 못하고, 식물 생태계가 망가져 결국 인간이 피해를 입을 수 있다. 우리가 환경 파괴에 경각심을 가져야 하는 이유이기도 하다.

학교에 채식 급식이 늘고 있다고요?

30초 해결사

학교에 채식 급식이 점점 늘어나고 있어요. 각지의 시·도 교육청과 학교에서는 한 달에 한두 번씩 채식 급식을 실시하고 있어요. 기후 위기가 심각해지고 탄소 배출량이 많아지자 일상에서의 실천을 통해 지구의 건강을 지키고자 한 거예요. 지속 가능한 지구를 위해 지나친 육식 위주의 식단을 줄이고, 건강하고 균형 잡힌 식습관을 만드는 것은 기후 위기에 대응하는 중요한 실천법 중 하나예요.

#기후 위기 #채식 급식 #기후 행동 #미래를 위한 금요일

지구촌 곳곳에서 이상 기온으로 인한 한파, 폭염, 폭우 등이 계속되고 있어요. 기후 위기가 모두에게 긴급한 문제가 된 것이지요. 기후 위기는 이제 본격적으로 시작되는 문제이고, 미래에도 계속 이야기될 문제이기에 여러 나라가 힘을 합쳐 기후 위기에 대응하고 있어요. 유엔 기후 변화 협약UNFCCC을 비롯해 다양한 국제기구와 나라들이 협력을 강화하고, 기후 변화에 대한 국제적인 시민운동도 활발하게 이루어지고 있지요.

우리나라에서도 많은 어린이들, 청소년들이 광화문으로 나와 팻말을 들고 기후 위기에 대한 대책을 요구하고, 일상에서 채식을 늘려 가는 등 기후 위기를 막기 위해 행동하고 있어요. 기후 운동 단체 '청소년기후행동'은 2020년 헌법 재판소에 우리 정부와 국회를 상대로 기후 위기에 대응하지 않는 것은 기본권을 침해하는 행위라며 헌법 소원을 제기하기도 했어요.

기후를 위한 학교 파업(ⓒMatt Hrkac)

미래를 위한 금요일

팻말을 든 그레타 툰베리
(ⓒAnders Hellberg)

"지구의 기후 문제가 해결될 때까지 저는 매주 금요일 결석하고 시위를 할 거예요. 여러분들도 함께해 주세요."

스웨덴의 학생 그레타 툰베리는 2018년 '미래를 위한 금요일' 캠페인을 제안했다. 이 제안은 전 세계로 퍼졌고, 청소년 수천 명이 캠페인에 참여해 학교에 가는 대신 시위에 나서고 있다. 지금도 미국과 인도, 오스트레일리아, 대한민국 등 100여 개 나라의 어린이와 청소년 기후 활동가들은 '미래를 위한 금요일' 캠페인에 참여하고 있다. 학생들이 구호를 외치며 시위하는 것은 단순히 학교에 가기 싫어서가 아니다. 지구를 살리고자 하는 절박한 마음으로 대책 마련을 위한 목소리를 내는 것이다.

달걀 껍데기로 닭의 삶을 알 수 있다고요?

30초 해결사

달걀 껍데기에는 산란 일자, 생산자 고유 번호, 사육 환경에 대한 정보가 번호로 기록되어 있어요. 달걀이 언제 만들어졌는지, 어느 곳에서 나왔는지, 그리고 닭이 어떤 환경에서 자랐는지에 관한 정보예요. 특히 제일 마지막에 있는 숫자를 통해서는 어떤 환경에서 자란 닭이 낳은 달걀인지를 알 수 있어요.

1번: 유기농 달걀
2번: 방사 사육 닭이 낳은 달걀
3번: 축사 사육 닭이 낳은 달걀
4번: 케이지 사육 닭이 낳은 달걀

#동물 복지 #공정 무역 #동물권

환경과 동물에 대한 인식이 변하고 있어요. 산업화와 도시화로 환경이 파괴되고 가축 사육장에서 신종 전염병이 발생하는 일이 잦아지자 지구를 위해 생산과 소비 방식을 바꿀 필요성을 느낀 거예요. 국제 사회는 환경을 보호하고 동물의 권리를 지키려는 노력을 계속하고 있어요. 세계 여러 지역에 숲을 만들고 야생 동물들의 삶터를 보전하며, 닭이나 오리 등을 공장식으로 사육하는 방식을 바꾸고 있지요.

소비자의 인식도 바뀌고 있어요. 환경과 동물 복지를 고려한 소비가 점차 늘고 있지요. 가격이나 품질을 고려하고 기쁨과 즐거움을 주는 소비도 중요하지만, 친환경 제품과 공정 무역 제품 등 지구를 살리는 소비도 중요하게 생각하는 사람이 늘고 있다는 뜻이에요. 우리가 구입하는 물건을 통해 사람과 환경, 동물이 모두 행복해진다고 믿는 것이지요. 윤리적인 소비는 기후 위기 등으로 위기에 빠진 지구 환경과 동식물 생태계를 지켜 나가는 실천 방법이에요.

> 친환경 마크는 상품을 생산할 때 오염 물질을 덜 배출하고 자원을 덜 소비하는 제품을 인증하는 마크야!

친환경 마크

동물 복지 축산 농장 인증 마크

> 동물 복지 축산 농장 인증 마크는 인도적으로 동물을 사육하는 농장을 국가가 인증하고, 그 농장에서 생산되는 축산물에 표시하는 마크지.

세계 동물 권리 선언

인간 못지않게 동물의 권리도 중요해지고 있다. 동물 또한 인간처럼 고통과 쾌락을 느낄 수 있기에 인간과 동물의 권리가 동등해야 한다는 것이다. 동물과의 공존은 인간 중심주의를 벗어나 동물의 관점에서 바라보는 일에서부터 시작된다. 인간에게 인권이 있듯 동물에게도 동물권을 부여해야 한다는 주장이 힘을 얻으며, 1978년에는 유네스코 본부에서 '세계 동물 권리 선언'이 발표되었다. 이 선언에는 모든 동물은 태어나면서부터 평등하고, 생존할 권리를 가지며, 인간 또한 동물의 한 종으로서 다른 동물을 몰살시키거나 비인도적으로 착취하고 그 권리를 침해해서는 안 된다는 내용이 담겨 있다.

축구 선수들이 왜 아이들 손을 잡고 나오는 것일까요?

축구 선수들과 같이 입장할 수 있다니…!

많은 사람이 보고 있으니까 조금 떨려.

축구 선수들과 같이 입장하는 아이들을 '플레이어 에스코트'라고 부르지.

30초 해결사

국제 축구 연맹FIFA은 유니세프와 함께 2002년 한일 월드컵을 '어린이와 평화를 생각하는 월드컵'으로 치르기로 했어요. 축구공 생산 과정에서 아동 노동이 이루어졌음을 반성하는 의미였지요. 이후 어린이의 건강과 행복을 위해 함께 노력하자는 뜻으로, 월드컵 대회와 같은 국제 경기가 열릴 때면 국가대표 선수들과 어린이들이 손을 맞잡고 경기장에 나오게 되었어요.

#아동 노동 #축구 #월드컵

월드컵 같은 국제 스포츠 경기에 사용되는 축구공은 사람이 직접 손으로 바느질을 해서 만들어요. 대부분 인도나 파키스탄의 어린이들이 만들지요. 공장들은 비용을 아끼기 위해 아이들을 노동에 끌어들여요. 축구공을 만드는 어린이들은 하루에 10시간 이상을 일하면서 하루 임금으로 2달러도 안 되는 돈을 받아요. 바늘에 찔리거나 유해 물질에 노출되어 질병을 얻기도 하고, 또 공을 만드는 데 사용되는 강력한 접착제 때문에 시력을 잃기도 해요. 1996년 미국의 한 신문사는 한 스포츠 용품 회사의 아동 노동 착취를 고발하는 기사를 실었어요. 이 기사는 그동안 잘 알려지지 않았던 축구공 생산 과정을 널리 알리며 사람들에게 충격을 주었어요. 사람들은 이런 상황을 바꾸기 위해 아동 노동을 금지하자는 캠페인을 펼쳤고, 어린이들의 노동력을 착취하는 회사의 제품을 사지 말자고 입을 모았어요. 이러한 움직임이 전 세계로 퍼지자 2002년 한일 월드컵에서도 아동 노동 없이 생산된 축구공을 사용하자는 움직임이 생겨났어요. 국제 축구 연맹은 한일 월드컵에 사용되는 축구공부터 아동 노동을 금지한 제품을 쓰겠다고 말했지만, 지금도 세계 곳곳의 1만 개가 넘는 공장에서 아이들이 축구공을 꿰매고 있어요.

개념연결 세계 아동 노동 반대의 날

세계 아동 노동 반대의 날 포스터(국제 노동 기구 제공)

2002년 국제 노동 기구(ILO)는 아동 노동을 근절하기 위해 6월 12일을 세계 아동 노동 반대의 날로 정했다. 이날은 전 세계에서 여전히 많이 일어나는 아동 노동의 현실을 알리고, 어린이들의 권리를 보호하기 위해 만들어졌다. 2020년 아동 노동으로 착취당하는 어린이들의 수는 1억 6,000만 명에 달한다. 전 세계 어린이들의 10퍼센트에 달하는 숫자다. 그렇기에 국제 사회와 시민 단체 등은 지금도 어린이들의 건강을 위협하는 불법적인 아동 노동 착취를 근절하기 위해 꾸준히 노력하고 있다.

뉴질랜드, 여성 참정권 인정	영국, 30세 이상 여성 참정권 인정	미국, 여성 참정권 인정
1893	1918	1920

달리는 경주마를 향해 뛰어든 여성이 있었다고요?

30초 해결사

1913년 6월 4일, 영국의 경마 경기에서 한 여성이 달리는 말을 향해 뛰어들었어요. 이 여성은 에밀리 데이비슨이었어요. 당시 정치 참여는 남성만 할 수 있었는데, 데이비슨은 여성도 정치에 참여할 수 있는 참정권을 얻기 위해 목숨을 걸고 항의했던 것이었지요. 데이비슨은 며칠 후 숨을 거두었고, 그녀의 장례식 행렬에 수많은 사람이 모이면서 여성 참정권 시위가 활발해졌어요. 긴 투쟁이 이어진 끝에 영국에서는 1928년부터 여성 참정권이 인정되었어요.

#참정권 #여성 인권 #서프러제트

"여성이 단두대에 올라갈 권리가 있다면, 연단에 올라갈 권리도 있어야 합니다!"

프랑스의 여성 작가인 올랭프 드 구주가 한 말이에요. 구주는 여성도 남성과 같은 권리를 가지고 태어났다는 주장을 펼쳤어요. 프랑스 혁명 직후, 프랑스 국민들은 입을 모아 자유와 평등을 외쳤지만 여성은 여전히 정치에 참여할 수 없었어요. 구주가 처형된 이후에도 프랑스 여성들은 여성 참정권 투쟁을 이어 갔고, 마침내 1946년 프랑스에서 여성 참정권이 허용되었지요.

여성 참정권이란 여성이 정치에 참여할 수 있는 권리를 말해요. 세계 여러 나라의 여성들이 자신들의 정치 참여 권리를 위해 싸웠어요. 뉴질랜드는 1883년부터 여성에게도 투표권을 달라는 내용의 청원서를 의회에 제출했어요. 청원서가 계속 거부되자 1893년에는 뉴질랜드 여성 인구의 4분의 1인 3만 2,000여 명의 서명이 담긴 청원서를 제출했지요. 이런 노력 끝에 뉴질랜드는 세계 최초로 여성 참정권을 인정한 국가가 되었어요.

영국의 여성 운동가들은 뉴질랜드의 사례를 보고 '여성 사회 정치 연맹WSPU'이라는 단체를 만들어 여성의 투표 권리를 강하게 요구했어요. 미국의 여성들은 백악관 앞에서 여성 참정권을 반대하는 대통령에게 항의하는 시위를 벌였지요. 오늘날에는 당연한 권리이지만, 이 권리를 찾기 위해 오랜 투쟁이 필요했어요.

여성 참정권을 위해 시위하는 영국 여성들

'말이 아닌 행동'을 실천한 서프러제트

서프러제트Suffragette는 20세기 초 영국에서 일어난 여성 참정권 운동과 여성 참정권을 위해 활동한 여성 운동가들을 말한다. 참정권을 뜻하는 단어 서프러지Suffrage에 여성을 뜻하는 접미사 '-ette'를 붙인 단어다. 처음에는 에멀라인 팽크허스트가 만든 여성 사회 정치 연맹을 비하하는 단어였으나, 점차 여성 참정권 운동가들을 칭하는 역사적인 이름이 되었다. 초기에 평화적이었던 운동은 '말이 아닌 행동'이라는 구호를 통해 급진적인 여성 참정권 운동으로 이어지기도 했다. 서프러제트의 투쟁 끝에 영국은 1928년 21세 이상 모든 여성에게 참정권을 부여했다.

에멀라인 팽크허스트

일본의 핵 오염수 방류를 세계 여러 사람이 반대하고 있다고요?

30초 해결사

2011년 일본 후쿠시마의 원자력 발전소에서 원자로가 폭발하는 사고가 일어났어요. 2023년 일본은 사고에서 발생한 핵 오염수를 바다로 흘려보내겠다고 발표했어요. 2023년 8월 24일부터 시작된 핵 오염수 방류는 약 30년간 진행될 예정이에요. 문제는 아직 그 위험성이 어느 정도일지 밝혀지지 않았다는 사실이에요. 해양 생태계와 사람들의 안전이 위협받자, 그린피스를 비롯한 전 세계 여러 국가와 시민 단체들은 일본 정부에 오염수를 바다에 흘려보내지 말라고 항의하고 있어요.

#후쿠시마 핵 오염수 방류 #리우 선언 #교토 의정서 #파리 협정 #유자학교

산업화로 인해 사람들의 생활은 풍요로워졌지만, 환경이 파괴되고 지구 온난화가 빠르게 진행되며 여러 문제가 생기고 있어요. 이에 20세기 후반부터 국제 사회와 시민 단체들이 지구 환경을 지키기 위해 노력하고 있어요. 그린피스는 1970년에 결성된 독립적인 국제 환경 단체예요. 수백만 명의 회원이 핵 실험 반대 운동을 비롯해 해양 보호, 생물 다양성 보전, 플라스틱 제로 운동 등 다양한 활동을 각지에서 펼치고 있어요. 1993년에는 러시아가 우리나라 몰래 동해에 핵폐기물을 버리는 것을 현장에서 막아 내기도 했어요.

1992년에는 브라질에서 환경 및 개발에 관한 국제 연합 회의가 개최되었어요. 이곳에서 환경과 개발에 관련한 공동 선언(리우 선언)이 발표되었지요. 1997년에는 온실가스 배출량 감축을 위하여 교토 의정서를 채택했는데, 선진국에만 온실가스 배출량 감축을 요구하는 내용으로 미국 등 강대국들이 의정서를 탈퇴하는 일도 있었어요. 이후 2015년에는 선진국은 물론 세계 195개 국가가 모여 온실가스 감축에 참여하는 파리 협정을 채택했어요. 이처럼 오늘날 국제 사회는 지속 가능한 발전으로 지구 생태계를 지키기 위해 노력하고 있어요. 일본의 핵 오염수 방류에 세계 여러 나라가 우려의 목소리를 내는 이유예요.

환경 및 개발에 관한 국제 연합 회의(ⓒPoli.mara)

> 리우 선언은 이후 환경을 지키기 위한 각종 협약에 길잡이 역할을 했지.

> 계속해서 지구촌 국가들이 환경 보호를 위해 노력하면 좋겠어요!

개념연결 유자학교

'유자학교'는 학교를 더욱 안전하고 건강하게 만들기 위해 세워진 단체다. 정식 명칭은 '유해 물질로부터 자유롭고 건강한 학교'다. 지금까지 전국 100여 개 학교 5,000여 명의 학생과 선생님, 시민 단체 활동가, 환경 연구원들이 함께했다. 유자학교는 유해 물질로부터 안전하고 건강한 교육 환경을 위해 노력하고 있다. 대표적으로 책상과 의자, 칠판, 학용품 등 학생들이 사용하는 제품에서 납이나 카드뮴 같은 유해 물질이 나오지 않도록 프로젝트 등을 진행하면서 캠페인 활동을 펼쳐 가고 있다.

유자학교 안전마크

| 튀니지에서 아랍의 봄 시작 2010 | 튀니지 혁명 2011 | 이집트 혁명 2011 |

아랍 국가에서 스마트폰으로 혁명이 일어났다고요?

30초 해결사

튀니지, 리비아 등 중동과 북아프리카의 아랍 국가들에서 독재 정치가 계속되며 경제적 어려움이 커지자 2010년 12월 아랍 일대에서 전례 없이 폭발적인 민주화 시위가 일어났어요. 스마트폰과 사회 관계망 서비스SNS는 아랍권 시민들이 뭉치는 데 큰 도움을 주었어요. 사람들은 스마트폰을 이용해 정보를 공유하고 규모를 키우며 시위를 이어 갔어요. 이렇게 아랍에서 일어난 민주화 운동의 물결을 '아랍의 봄', 'SNS 혁명'이라고 불러요.

#아랍의 봄 #SNS 혁명

2010년, 북아프리카 튀니지의 모하메드 부아지지는 과일 장사를 하다 경찰의 단속을 받았어요. 경찰은 부아지지의 과일과 설비 등을 모두 빼앗고, 항의하는 부아지지를 구타했어요. 분노한 부아지지는 정부 청사 앞에서 자신의 몸에 불을 붙여 죽음으로 항의했어요. 그의 죽음과 함께, 튀니지 시민들은 20여 년 넘게 독재를 이어 간 정부의 부정부패에 분노하며 시위를 시작했어요. 들불처럼 번진 시위에 튀니지 대통령은 도망쳤고, 튀니지의 혁명 성공 소식은 빠르게 전 세계로 전해졌지요. 튀니지에서 시작된 민주화 시위는 리비아, 시리아를 넘어 북아프리카의 독재 국가들로 퍼져 나갔어요. 2011년 이집트에서는 40년 이상 독재를 계속하던 무바라크 대통령의 퇴진을 요구하는 시위가 펼쳐졌고, 무바라크는 이 시위로 인해 대통령직에서 물러났어요.

이집트 타흐리르 광장에서 일어난 무바라크 대통령 퇴진 시위(ⓒJonathan Rashad)

SNS가 아랍권의 시위에서 큰 역할을 했어요. 시민들은 집회 장소와 날짜 등을 공유하면서 거리로 모였고, 다른 나라에도 시위의 열기를 퍼뜨렸지요. 비아랍권 국가에도 영향을 준 이 시위는 아직도 이어지고 있어요.

어린이, 청소년의 정신 건강을 위협하는 소셜 미디어

스마트폰과 유튜브, 인스타그램 등의 소셜 미디어는 우리에게 유익함과 재미를 주지만, 그로 인해 어린이와 청소년들의 정신 건강이 나빠지거나 일상이 망가지는 사례도 늘어나고 있다. 대한민국 청소년은 하루 평균 4.7시간을 스마트폰을 사용하는 데 쓰며, 약 40퍼센트가 스마트폰 과의존 위험군으로 분류되었다. 이에 따라 현실 속에서 관계를 맺지 못하고 우울증에 걸리거나, 인플루언서의 모습을 자신과 비교하며 스트레스를 받는 등 사회 문제가 일어나고 있다. 스마트폰은 적당히 사용하면 우리에게 재미와 공감대를 안겨 주지만, 지나치게 사용하면 건강을 해치고 부정적인 영향을 줄 수 있다.

인공 지능 시대의 미래는 과연 어떤 모습일까요?

30초 해결사

인공 지능의 등장으로 우리 삶은 크게 바뀌고 있어요. 그와 함께 인공 지능의 발전이 긍정적일지, 부정적일지에 관한 의견도 대립하고 있어요. 다가올 인공 지능 시대는 사람들의 결정에 따라 달라질 수 있어요. 우리는 발전하는 기술과 함께 어떤 미래를 만들어 가야 할까요? 또 인공 지능은 미래에 어떤 역할을 하게 될까요?

#인공 지능

인공 지능은 양날의 칼처럼 장점과 단점을 함께 갖고 있어요. 우리의 삶을 편리하고 풍요롭게 해 주지만, 일자리를 감소시키고 윤리적인 문제를 일으킬 수도 있지요. 인공 지능이 가져올 미래의 모습을 상상해 볼까요?

인공 지능의 장점은 인간이 하기 힘든 위험한 일을 대신한다는 것이에요. 화재 현장에서 사람을 구하거나, 폭탄을 제거하거나, 우주 탐사를 대신할 수 있어요. 또 음성 인식, 얼굴 인식, 번역 등으로 우리와 소통하기도 하고, 우리의 건강과 생활을 관리해 줌으로써 인간의 삶을 더 풍요롭게 만들어요.

한편 인공 지능은 인간의 일자리를 대체할 수도 있어요. 인공 지능이 뛰어난 번역을 제공하면, 번역가의 일자리가 사라질 수도 있지요. 인공 지능이 인간의 명령에 따라 범죄나 폭력을 저지를 수도 있어요. 갈수록 발전하는 인공 지능을 인간이 제대로 통제할 수 있을지 우려하는 목소리도 높아요.

> 홍콩의 한 회사가 개발한 인공 지능 로봇인 '소피아'야.
> 사우디아라비아의 시민권을 인정받은 최초의 로봇이지.
> 인공 지능과 공존하는 시대는 이미 와 있었군요!

미래 사회는 결국 오늘날의 우리가 인공 지능을 어떻게 사용할 것인지에 따라 달라질 수 있어요. 원칙과 규칙에 따라 잘 사용하면 밝은 미래를 만들 수 있지만, 잘못 사용하면 큰 위험이 따를 가능성도 존재하지요. 여러분은 인공 지능 시대의 미래가 어떠하리라고 생각하나요?

인공 지능의 미래를 위한 '로봇 3원칙'

아이작 아시모프

SF 작가 아이작 아시모프는 자신의 책 『아이, 로봇』에서 '로봇 3원칙'을 발표했다. 로봇 3원칙은 다음과 같다. 첫째, 로봇은 인간에게 해를 가하는 행동을 해서는 안 된다. 둘째, 인간에게 해를 가하지 않는 선에서 인간의 명령에 복종해야 한다. 셋째, 앞서 두 가지 원칙에 위배되지 않는 선에서 로봇 스스로를 보호해야 한다. 현대 사회는 이 원칙을 고치고 발전시키며 인공 지능과 로봇을 개발하고 있다.

화성 이주는 인류의 대안이 될까?

화성은 인류에게 새로운 미래를 가져다줄 거야!

> 인구가 계속 늘고, 자원은 고갈되어 가고, 기후 변화는 점점 심각해지고 있어. 미래를 대비해 새로운 터전을 찾는 시도는 바람직해. 화성을 개발해 땅과 자원을 확보하려는 시도는 계속되어야 해. 그 과정에서 과학 기술이 발전한다면 기후 위기와 같은 문제를 해결할 방법을 찾을 수도 있어. 따라서 화성 이주 계획은 인류가 더 나은 미래로 나아가기 위한 좋은 방법이야.

오늘날 인류는 지구 온난화와 그로 인한 생물의 멸종, 기후 재난과 전쟁 등 다양한 위기를 맞고 있다. 그런데 이를 해결하기 위해 지구를 떠나 다른 행성을 개발하려는 사람들이 있다. 전기 자동차 회사인 테슬라의 창업자 일론 머스크는 2016년 화성 이주 계획을 발표했다. 태양과 적당한 거리가 있고, 옅지만 대기가 있어 지구와 가장 비슷하다는 평을 받는 행성인 화성에 인류의 새로운 거주지를 건설한다는 계획이다. 하지만 화성 개발에는 천문학적인 비용이 든다는 점을 들어 이를 비판하는 목소리도 있다. 그 비용을 위기에 처한 지구를 살리는 방향으로 쓸 수도 있기 때문이다.

우리의 행성인 지구를 살리는 게 먼저야!

> 화성 이주 계획은 언제 성공할지 알 수 없는 꿈같은 이야기야. 화성 이주 연구에 필요한 막대한 돈을 지구를 살리는 데 쓰면 당장 닥친 기후 위기와 같은 문제를 더 빨리 해결할 수 있을 거야. 지구가 위기에 처한 건 인류의 무분별한 개발 때문인데, 화성으로 이주하기 위해 지구의 자원을 함부로 쓰는 것은 모순이야. 또 화성이 개발되더라도 모든 인류가 다 화성으로 이주할 수는 없어. 화성으로 이주하려면 큰 돈이 들 텐데, 빈부 격차로 인한 형평성 문제가 생길 거야.

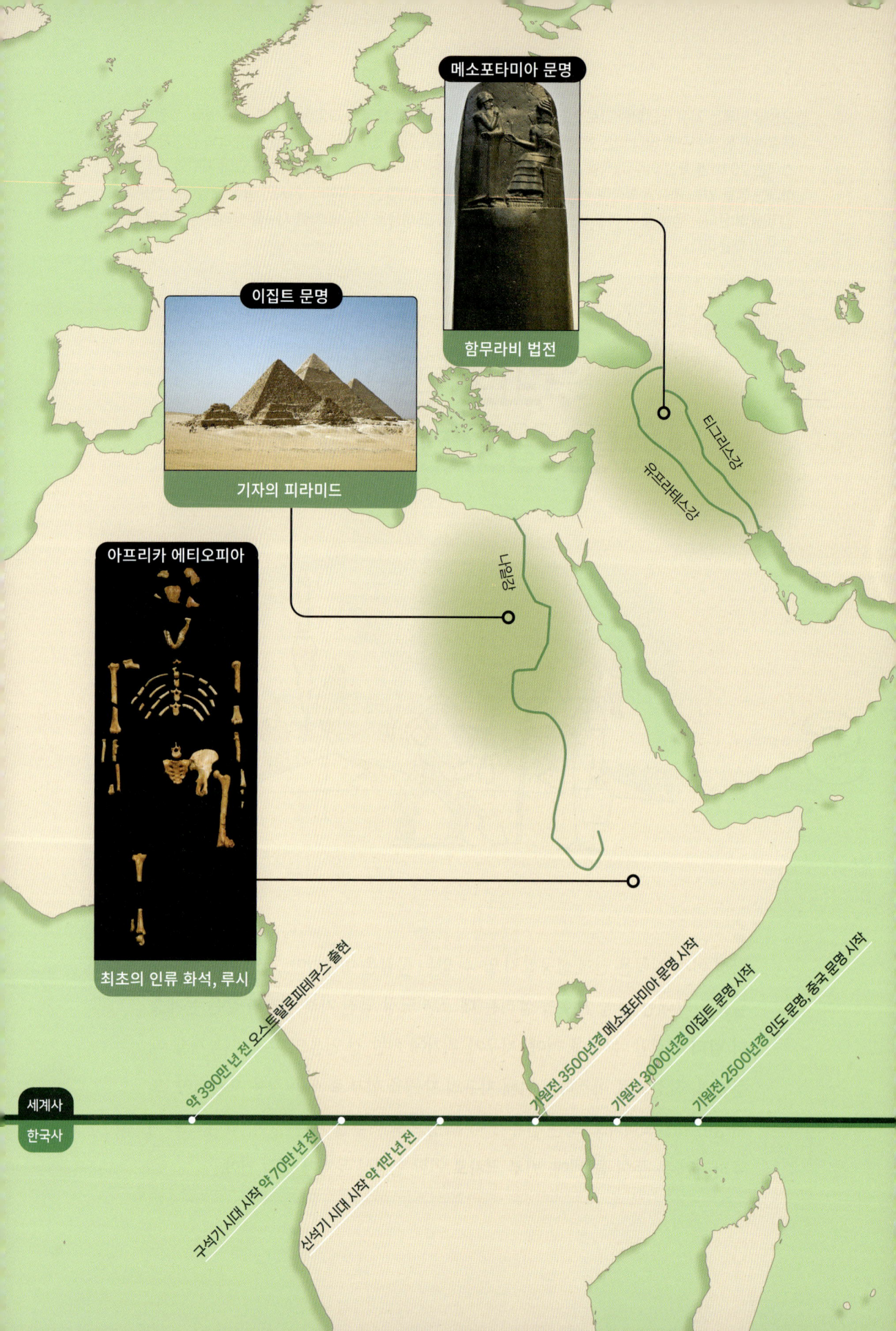

인도 문명

모헨조다로 사제왕 조각상

중국 문명

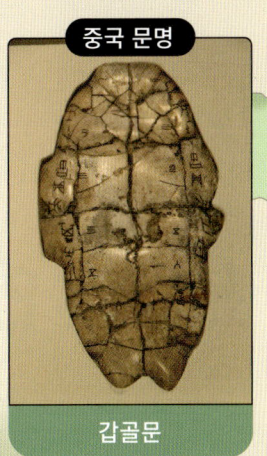

갑골문

인더스강

황허강

2 인류의 출현

오스트랄로피테쿠스가 출현한 이후, 인류는 끊임없이 발전해 신석기 혁명을 거쳐 큰 강 유역에서 문명을 탄생시켰어. 기원전 3500년경 티그리스강과 유프라테스강 유역의 메소포타미아 지방에서 처음 문명이 발생했고, 이집트의 나일강, 인도의 인더스강, 중국의 황허강 유역에서도 문명이 생겨났지. 청동기가 사용되고, 문자가 발명되었으며, 계급이 발생하며 국가가 등장했어. 지금부터 그 신비로운 역사 속으로 떠나 보자!

기원전 1750년경 함무라비 법전 편찬

기원전 1046년경 중국, 주 왕조 건국

고조선 건국 기원전 2333

청동기 문화 보급 기원전 2000~1500년경

고조선 멸망 기원전 108

오스트랄로피테쿠스 아파렌시스의 등장	현생 인류 호모 사피엔스의 등장	최초의 인류 '루시' 화석 발견
약 390만 년 전	약 20만 년 전	1974

최초의 인류는 누구일까요?

30초 해결사

지금으로부터 약 320만 년 전, 아프리카 에티오피아의 아파르 계곡에 한 사람이 살았어요. 키는 약 1.2미터, 몸무게는 약 27킬로그램에 불과한 작은 사람이었지요. 이 사람의 유골을 발굴한 과학자들은 연구 끝에 이 사람이 침팬지나 오랑우탄처럼 네 발로 웅크려 걷지 않고, 두 발로 걸었다는 사실을 알아냈어요. 최초의 인류를 발견한 순간이었지요. 과학자들은 이 뼈의 주인에게 '루시'라는 이름을 붙여 주었어요.

• 직립 보행: 동물이 뒷다리만을 사용해 등을 꼿꼿하게 세우고 걷는 방식을 뜻해요. 직립 보행을 하는 대표적인 동물로는 인간이 있어요.

#인류의 출현　#선사 시대　#직립 보행

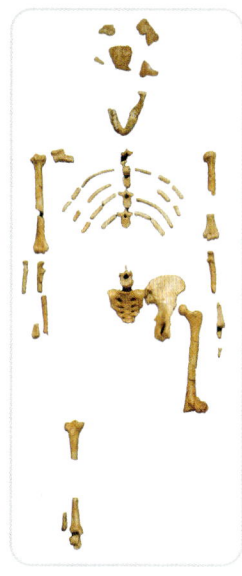

루시의 유골(프랑스 국립자연사박물관 소장)

"루시는 하늘에 있네, 다이아몬드와 함께~"

1974년, 아프리카 에티오피아 북부 아파르 지역에서는 감미로운 선율이 울려 퍼졌어요. 영국의 전설적인 밴드인 비틀스의 「Lucy in the Sky with Diamonds」였지요. 노래와 함께 인류학자들의 환호도 터져 나왔어요. 최초의 인류 화석을 3년째 탐사하고 있던 미국의 젊은 인류학자, 도널드 조핸슨과 동료들이 마침내 인간의 팔꿈치로 보이는 뼈를 발견한 순간이었어요. 조핸슨과 동료들은 그 근처에서 인간의 것으로 추정되는 골반뼈, 다리뼈, 턱뼈 등을 추가로 발굴했어요. 이 뼈를 조립해 보니, 살아생전 키는 1.2미터, 몸무게는 27킬로그램이었을 것으로 추정되는 인간의 형상이 드러났어요. 골반뼈의 모양을 보고 이 화석의 주인이 여성이었을 것이라고 생각한 탐사 대원들은 마침 흘러나오고 있던 노래에서 이름을 따 '루시'라는 이름을 붙여 주었어요. 루시의 학명은 오스트랄로피테쿠스 아파렌시스로 정해졌어요.

오스트랄로피테쿠스라고 하니 좀 익숙하지? 오스트랄로피테쿠스 아파렌시스는 '아파르 지역에서 발견된 남방 유인원'이라는 뜻이란다.

당시 인류학자들은 두뇌의 크기가 먼저 커진 다음, 직립 보행을 하는 방향으로 인류가 진화했다고 생각했어요. 그러나 루시의 화석은 두뇌는 작았지만 직립 보행이 가능한 골격 구조를 가지고 있었어요. 루시의 화석은 인류가 직립 보행을 하면서 두 손을 자유롭게 사용할 수 있게 되었고, 그러면서 도구를 사용하는 방향으로 진화했다는 가설의 증거가 되었어요.

현생 인류의 직계 조상은 따로 있다?

루시가 속해 있는 오스트랄로피테쿠스 아파렌시스를 흔히 최초의 인류라고 하지만, 사실 그 후로도 몇 번의 진화가 더 일어난 끝에 현생 인류와 같은 모습을 갖추게 되었다. 인류의 직계 조상으로 불리는 호모 사피엔스는 약 20만 년 전 아프리카에서 처음 등장했다. 호모 사피엔스는 아시아와 유럽 등지로 퍼져, 세계 각지의 기후와 풍토에 적응해 살아가며 조금씩 다른 모습으로 진화했다. 이 과정에서 황색 인종, 흑색 인종, 백색 인종 등 서로 다른 신체적 특징을 갖게 되었다.

인류의 출현과 진화

신석기 시대 시작
약 1만 년 전

농사를 왜 혁명이라고 불러요?

30초 해결사

채집과 사냥을 하며 살았던 구석기 시대 인류는 자연스럽게 먹을 것을 찾아 이동 생활을 했어요. 농사의 발명은 이러한 인류의 생활 형태를 완전히 뒤바꾸는 큰 사건이었어요. 농사를 짓기 위해서는 비옥한 땅에 정착해야 했고, 또 수확한 농산물을 보관할 토기도 필요했어요. 도구도 뗀석기에서 간석기로 진화하며 한층 정교해졌지요. 이렇듯 농경과 목축을 시작하면서 인류의 생활에 생긴 큰 변화를 '신석기 혁명'이라고 부른답니다.

• 석기 시대: 돌로 도구를 만들어 쓰던 시대예요. 구석기 시대와 신석기 시대로 분류해요.

#신석기 #신석기 혁명 #농경과 목축

지금으로부터 약 1만 년 전, 빙하기가 끝나면서 지구의 기온이 상승했어요. 그 결과 지구의 환경에는 큰 변화가 찾아왔지요. 다양한 식물이 자라났고, 몸집이 큰 동물들이 사라지는 대신 몸집이 작고 잽싼 동물들이 많아졌어요. 인류 역시 이러한 환경의 변화에 맞춰 그전까지 쓰던 뗀석기 대신 돌을 갈아 만든 간석기를 사용하기 시작했어요. 이 시기를 신석기 시대라고 해요.

신석기 시대의 가장 큰 변화는 사람들이 농사를 짓고 가축을 기르기 시작했다는 점이에요. 농경과 목축의 비중이 증가하면서, 신석기인은 곡식을 저장하고 조리할 토기를 만들었어요. 흙으로 빚은 토기는 물과 불에 강해 음식을 굽거나 끓일 수 있었으므로, 더욱 다양한 음식을 만들 수 있게 되었지요.

> 옛날 사람들도 예쁜 무늬를 좋아했나 봐.

> 저 알아요! 빗살무늬 토기, 민무늬 토기…

> 빗살무늬 토기와 민무늬 토기는 우리나라 신석기 시대의 대표적인 유물이지. 지역마다 토기의 모양이 다른 것이 신기하지 않니?

고대 중국의 두 귀 달린 토기
(국립중앙박물관 소장)

우리나라의 빗살무늬 토기
(국립중앙박물관 소장)

메소포타미아의 두 귀 달린 토기
(국립중앙박물관 소장)

농경을 시작하면서 인류는 한곳에 머물러 살게 되었어요. 주로 물을 구하기 쉽고 비옥한 강가나 바닷가에 정착해 움집을 짓고 마을을 이루어 살았지요. 신석기 시대 사람들은 서로 협동해 농사를 짓고, 사냥을 하고, 채집을 했어요. 그리고 그 결과물은 다 같이 나누어 가지는 평등한 공동체 생활을 했어요.

태양과 동물이 수호신이 되다

신석기 시대 사람들은 농경을 시작하고 정착 생활을 하면서 자연스럽게 농사에 영향을 끼치는 자연 현상에 관심을 갖게 되었다. 그러면서 특정 동물과 영혼을 숭배하는 신앙이 발달하기도 했다.

- 애니미즘: 농경과 밀접한 관련이 있는 해, 달, 강, 나무, 바위와 같은 자연물에 영혼이 있다고 믿는 신앙
- 토테미즘: 부족의 기원을 동물이나 식물과 연결해 사슴, 곰 등 특정 동물을 부족의 수호신으로 숭배하는 신앙
- 샤머니즘: 무당과 그 주술을 믿는 신앙

메소포타미아 문명 시작 **기원전 3500년경**　　이집트 문명 시작 **기원전 3000년경**　　중국 문명, 인도 문명 시작 **기원전 2500년경**

왜 모든 문명은 큰 강 근처에서 발생했을까요?

30초 해결사

세계 각지에 형성된 대표적인 고대 문명은 티그리스강과 유프라테스강 유역의 메소포타미아 문명, 나일강 유역의 이집트 문명, 인더스강 유역의 인도 문명, 황허강 유역의 중국 문명이에요. 이 네 문명을 4대 문명이라고 불러요. 4대 문명이 발생한 지역은 모두 큰 강 유역에 위치하고 있는데, 해마다 홍수가 나서 주변의 땅이 비옥해 농사를 짓기에 알맞았어요. 또 기후가 온난하고 땅이 평평해 마을을 이루어 모여 살기에도 적합했지요.

#4대 문명　#메소포타미아 문명　#이집트 문명　#인도 문명　#중국 문명　#청동기 시대

"물이 매년 넘치니 농사가 풍년이네!"

신석기 시대부터 농사를 짓게 되면서 사람들은 큰 강 주변에 마을을 이루어 모여 살았어요. 생산량이 늘자 인구도 늘었고, 인구가 늘자 생산량도 함께 늘었어요. 마을 내에 규칙도 생기기 시작했지요. 신석기 시대에는 생산물을 모두가 공유하는 평등한 구조였어요. 그러나 생산량이 늘자 남는 생산물이 생겼고, 이를 개인이나 일부 지배층이 독점하면서 사유 재산의 개념이 생겨났어요.

4대 문명의 발상지

빈부의 차이가 생기자 계급이 생겨났어요. 청동기 시대의 지배 계급은 청동으로 만든 무기를 사용해 정복 활동을 활발하게 했어요. 그 결과 여러 부족이 통합되어 도시가 생겨났지요. 이러한 도시는 지배 계급이 군사 조직을 만들고, 왕궁과 신전, 성곽을 세우는 등 국가 조직을 정비하면서 점차 도시 국가의 형태로 발전했어요. 또한 통치와 교역을 위해 문자를 사용하게 되었어요. 문자가 없던 선사 시대에서 역사 시대로 접어든 거예요.

문명을 뜻하는 영어 단어, 'civilization'은 라틴어 'civis(시민)'와 'civitas(도시)'가 어원이에요. 도시의 성립이 문명의 등장과 밀접한 관련이 있음을 알 수 있지요.

선사 시대와 역사 시대를 가르는 기준, 문자

인류가 문자를 사용하기 이전을 '선사 시대'라고 한다. 따라서 선사 시대는 유적과 유물 등을 통해 그 당시 사회의 모습을 알 수 있다. 반면, 문자를 사용하기 시작한 이후부터를 '역사 시대'라고 한다. 역사 시대는 문자로 기록된 문헌을 통해 사회의 모습을 확인할 수 있다.

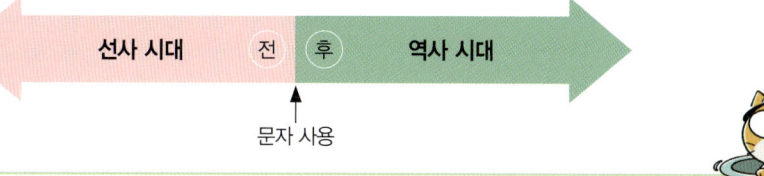

기원전 3500년경	기원전 1750년경	기원전 1500년경
메소포타미아 문명 시작	바빌로니아의 왕 함무라비, 함무라비 법전 편찬	바빌로니아 왕국 멸망

'눈에는 눈, 이에는 이'가 법인 나라가 있었다고요?

30초 해결사

고대 왕국 바빌로니아의 제6대 왕 함무라비왕 때 완성된 성문법인 함무라비 법전에는 '눈에는 눈, 이에는 이'와 같이 복수를 허락하는 조항이 담겨 있었어요. 2.25미터 높이의 돌기둥에 쐐기 문자로 내용이 새겨진 함무라비 법전은 당시 바빌로니아의 형벌, 계약, 혼인, 상속 등에 관한 규정을 알 수 있는 귀중한 자료예요.

- 성문법: 문자로 적어 문서의 형식을 갖춘 법을 뜻해요.
- 쐐기 문자: 기원전 3100년경부터 메소포타미아 지역을 중심으로 쓰였던 쐐기처럼 생긴 문자예요.

#메소포타미아 문명 #함무라비 법전 #지구라트

돌기둥에 쐐기 문자로 새겨진 함무라비 법전(기원전 1750년경, 루브르박물관 소장)

기원전 3500년경, 서아시아의 티그리스강과 유프라테스강 사이에서 최초의 문명인 메소포타미아 문명이 발생했어요. 메소포타미아 지역에 가장 먼저 문명을 건설한 것은 수메르인들이었어요. 수메르에는 다양한 신을 숭배하는 다신교의 전통이 있었어요. 수메르인들은 도시의 중심에 지구라트라는 신전을 지어 제사를 지냈고, 왕은 신의 대리인 역할을 했어요. 사방이 트여 외부의 침입이 잦았던 탓에 수메르에는 사후 세계보다는 현재를 더 중시하는 문화가 발달했어요. 수메르인은 쐐기 문자를 새긴 점토판을 많이 남겼는데, 이를 통해 수메르인들이 신에게 제사를 지내고, 왕의 업적을 기록하고, 교역을 활발히 했음을 알 수 있어요. 또 이들은 천체를 연구해 달력을 만들고, 60진법을 사용했지요.

수메르인이 세운 도시가 쇠퇴한 뒤, 바빌로니아의 함무라비왕은 메소포타미아 지역을 통일하고 함무라비 법전을 만들어 체제를 정비해 다스렸어요. 함무라비 법전의 조항을 몇 가지 살펴볼까요?

> 언뜻 보면 잔인한 것 같지만, 사실은 보복 범죄를 막기 위한 목적이었단다. 누구든 사적으로 과한 복수를 할 수 없도록 말이야.

1조 남을 살인죄로 고발하고도 그 증거를 제시하지 못한 자는 죽임을 당한다.
196조 귀족이 귀족의 눈을 멀게 하면 그의 눈도 멀게 될 것이다.
198조 귀족이 평민의 눈을 멀게 하거나 뼈를 부러뜨리면, 은화 1미나를 지급한다.
199조 남의 노예의 눈을 멀게 하거나 뼈를 부러뜨리면, 그 노예 가격의 반을 지급한다.

수메르의 거대한 신전, 지구라트

수메르인들은 메소포타미아의 여러 도시에 하늘과 지상을 연결하기 위한 건물인 지구라트를 건설했다. 지구라트는 '높은 곳'이라는 뜻으로, 햇볕에 말린 진흙 벽돌로 여러 층의 단을 쌓은 피라미드 형태의 계단식 신전이다. 신이 현세에서 거주하는 용도로 건설되었으며 성탑이나 신전탑이라고도 불린다. 현재 이라크의 우르에 있는 지구라트는 가로 45미터, 세로 64미터에 달하는 거대한 신전으로 여기서 '달의 신'에게 제사를 지내기도 했다.

수메르인이 세운 도시, 우르에서 발견된 지구라트

함무라비 법전은 공정한 법전이었을까?

> 함무라비 법전은 범죄뿐만 아니라 농업이나 상업, 상속 등과 관련한 법으로 백성들의 생활을 편안하게 만들었어. 범죄에 대한 처벌이 엄격했던 것은 사실이지만, 기원전 도시 국가 시대 때 만들어진 법전이라는 배경을 고려해야 해. 바빌로니아는 신분제 사회였는데, 귀족들은 평민이 조금만 잘못해도 폭력을 휘둘렀어. 그런 상황 속에서 '눈에는 눈, 이에는 이'와 같은 처벌은 오히려 귀족의 횡포로부터 백성을 지키는 수단이었어. 도시에서 공동체를 유지하기 위해 지켜야 할 규율을 정리한 함무라비 법전은 공정하고 약자를 배려한 법전이었다고 할 수 있어.

기원전 1750년경, 바빌로니아의 함무라비왕은 메소포타미아 지역 대부분을 통일한 뒤 함무라비 법전을 만들었다. 이 법전은 282개의 조항으로 구성되어 있으며, 범죄를 엄격히 처벌하는 엄벌주의, 피해자가 입은 피해를 가해자에게 똑같이 받게 하는 동해보복의 원칙을 포함하고 있다. 우리에게는 '눈에는 눈, 이에는 이'란 문구로 널리 알려져 있다. 함무라비 법전은 당시 백성들을 보호하고 사회를 안정시키는 데 큰 역할을 한 사회 규범으로 평가받는다. 한편 왕족과 귀족에 대한 처벌이 약하고, 신체를 훼손하는 과도한 형벌도 있어 오늘날의 기준으로는 공정하지 않다는 의견도 있다.

신분과 돈을 따져 판결을 내리는 불공정한 법이었어!

> 함무라비 법전을 살펴보면, 같은 범죄를 저질러도 신분에 따라 받는 처벌이 달라져. 지배층이었던 왕족과 귀족은 돈을 내는 대신 처벌을 피할 수 있었어. 하지만 평민, 외국인, 노예 들은 혹독한 처벌을 받아 불구가 되거나 사형을 당하기도 했어. 이렇게 같은 범죄여도 신분에 따라 처벌의 내용이 바뀐다는 건 그 법이 불평등하다는 의미야. 신분제가 있던 고대 국가에 만들어진 법전인 점을 고려해야겠지만, 오늘날의 기준으로 살펴보면 결코 공정한 법전은 아니야. 노예를 인정하고, 신체를 훼손하는 가혹한 처벌이 있었다는 점 역시 비판받아야 해.

이집트 문명 시작	최초의 피라미드 완공	기자의 대피라미드 완공
기원전 3000년경	기원전 2611	기원전 2566

왜 파라오는 피라미드처럼 큰 무덤이 필요했을까요?

30초 해결사

피라미드는 고대 이집트의 왕인 파라오의 무덤이에요. 이집트 사람들은 육체가 죽어도 영혼은 사라지지 않으며 사후 세계가 있다고 믿었어요. 이집트 사람들에게 피라미드는 단순한 무덤이 아니라, 죽은 파라오가 부활해 영생을 누리는 공간이었어요. 부활한 파라오가 편히 느끼도록 생전에 쓰던 집기와 호화스러운 장식품을 함께 넣었고, 영혼이 몸을 알아볼 수 있도록 관 뚜껑에 초상화도 그려 넣었어요. 피라미드가 클수록 무덤의 주인이 권력자였음을 알 수 있어요.

#이집트 문명 #파라오 #피라미드 #미라

기원전 3000년경 나일강 유역에 이집트 문명이 생겨났어요. 이 지역은 일정 시기마다 범람하는 나일강 덕분에 토양이 무척 비옥했어요. 그래서 일찍부터 농업이 발달하여 도시 국가가 생겨났고, 여러 도시 국가가 통합되어 이집트가 탄생했어요. 주변이 지중해와 사하라 사막, 홍해로 가로막혀 외부로부터 침입이 어려웠기에 이집트는 오랫동안 번성하며 통일 국가를 유지했지요.

파라오는 태양신 '라'의 아들로 여겨지며 절대적인 권력을 행사했어요. 파라오의 거대한 무덤인 피라미드는 살아생전 파라오의 거처만큼이나 공들여 지어졌어요. 피라미드는 오직 사람의 힘으로만 수백만 개의 돌을 쌓아 올렸을 뿐만 아니라, 내부의 복잡한 구조와 외벽의 각도까지 계산되어 지어진 정교한 건축물이에요. 그중에서도 가장 크고 오래된 기자의 대피라미드는 세계 7대 불가사의 중 하나로 꼽혀요.

> 수메르의 왕과 이집트의 파라오처럼 정치와 종교를 한 명의 권력자가 모두 장악하는 정치 형태를 '신권 정치'라고 부른단다.

기자의 피라미드군(ⓒRicardo Liberato)

피라미드 외에도 고대 이집트인들이 남긴 많은 유물을 통해 이집트인들의 놀라운 기술과 지식을 엿볼 수 있어요. 이집트인들은 나일강의 범람 시기를 정확하게 예측하기 위해 태양력을 만들었으며, 범람 지역의 경작지를 매년 새로 구획하는 과정에서 기하학과 측량술도 크게 발달했어요.

개념연결 이집트인들이 미라를 만든 까닭

미라는 인공적으로 건조한 시체를 뜻한다. 오랫동안 썩지 않고 원형에 가까운 모습을 유지하는 것이 특징이다. 고대 이집트에서는 파라오와 왕족, 고위 관리의 사체에서 내장과 뇌를 제거한 후 방부 처리하여 미라로 만들었다. 이집트인들은 죽은 사람의 영혼이 저승에 가서 심판을 받고, 곧 다시 부활한다고 믿었다. 영혼이 부활하기 위해서는 육체가 온전히 남아 있어야 했는데, 이를 위해서 특수한 기술로 미라를 제작했다. 이렇게 만든 미라는 사후 세계의 안내서인 『사자의 서』와 함께 묻었다.

이집트인의 이런 내세에 대한 믿음은 나일강과 관련이 깊다. 나일강은 일정한 시기마다 반복적으로 범람했는데, 이집트인들은 이 반복되는 질서를 생명의 탄생과 죽음, 그리고 부활의 과정이라고 보았다.

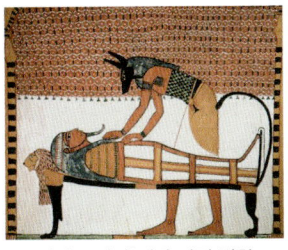

이집트 미라 제작 과정 벽화

이집트의 파피루스는 종이와 달라요?

30초 해결사

고대 이집트인들은 파피루스의 줄기를 얇게 잘라 물에 불린 뒤, 투명해진 줄기를 겹겹이 겹쳐 말려 종이와 비슷하게 만들어 사용했어요. 종이가 발명되기 이전 가장 종이와 비슷했던 매체라고 할 수 있지요. 영어 단어 중 종이를 뜻하는 페이퍼paper의 어원도 파피루스랍니다. 하지만 파피루스와 종이는 만드는 방법이 약간 달라요.

- 파피루스: 나일강 습지에서 자라는 다년생 식물로, 1미터에서 최대 5미터까지 자라요. 새순과 가지는 먹을 수 있고, 뿌리는 말려 연료로 사용할 수 있어요.

#이집트 문명 #파피루스 #종이 #사자의 서 #로제타석

고대 이집트인들은 파피루스 두루마리를 많이 남겼어요. 고대 이집트의 명령 체계와 보고서의 형식, 회계, 의학 체계, 기도문, 문학, 설계도 등 많은 정보가 파피루스에 기록되어 있지요. 또 고대 이집트인들에게 정말 중요한 종교 문서였던 『사자의 서』도 파피루스로 되어 있어요. 『사자의 서』에는 문자뿐만 아니라 다양한 그림도 함께 기록되어 있어, 오늘날 학자들에게 많은 정보를 알려 주지요. 파피루스를 제작하는 방법을 알아볼까요?

파피루스로 기록된 『사자의 서』(영국박물관 소장)

1. 파피루스를 적당한 길이로 자른다.
2. 부드러운 줄기 속을 얇게 잘라 4~6장으로 만든 다음, 가로, 세로로 겹쳐 쌓는다.
3. 강하게 두들긴 후 물에 담가 자연스럽게 고무즙이 스며들어 밀착되게 한다.
4. 물에서 건진 다음, 무거운 것으로 눌러 햇볕에 바짝 말린다.

파피루스가 조직된 형태

정말 우리가 아는 종이랑은 조금 다르게 생겼네.

이렇게 만든 여러 장의 파피루스를 하나로 이어 두루마리로 사용했어요. 파피루스는 매우 편리하고 저렴하며 대량으로 생산할 수 있었기 때문에 이집트뿐만 아니라 지중해 여러 지방에서도 두루 사용되었어요.

개념연결 로제타석과 이집트 상형 문자

세 가지 문자로 글이 쓰여 있는 로제타석(기원전 196, 영국박물관 소장)

1799년 7월 이집트를 침공한 나폴레옹의 프랑스군은 로제타라는 지역에서 독특한 비석을 발견했다. 발견한 지역의 이름을 따 '로제타석'이라 불리게 된 이 비석에는 그리스어, 이집트 민중 문자, 고대 이집트 상형 문자 등 세 가지의 다른 문자로 글귀가 적혀 있었다. 프랑스의 이집트학 연구자 장 프랑수아 샹폴리옹이 로제타석에 새겨진 상형 문자를 해독해 내면서 본격적으로 이집트 상형 문자에 대한 연구가 시작되었다. 이집트에서는 사물의 모양을 본떠 그림으로 형상화한 상형 문자를 사용했다. 상형 문자는 직관적으로 알아보기 쉽다는 장점이 있었지만, 시간이 흐르면서 사물의 수가 늘어나는 만큼 문자도 늘어나야 한다는 단점이 있었다. 또 '사랑'이나 '행복'과 같이 본떠 그릴 형체가 없는 단어들은 문자로 나타낼 수가 없었다. 이런 한계에 부딪힌 이집트의 상형 문자는 점차 특정 사물이 아닌 소리를 나타내는 기호로 변해 갔다.

| 인도 문명 시작 | 모헨조다로 건설 | 모헨조다로 발견 |
| 기원전 2500년경 | 기원전 2500년경 | 1922 |

공중목욕탕이 기원전 2500년경에도 있었다고요?

30초 해결사

인도 문명의 중심지, 모헨조다로에는 정교하게 설계된 대형 목욕장이 있어요. 기원전 2500년경 지어진 모헨조다로의 대형 목욕장은 인류 역사상 가장 오래된 공중목욕탕이라고 불려요. 그 가치를 인정받아 1980년 유네스코 세계 문화유산으로 지정되었지요.

- 모헨조다로: 인도 문명이 남긴 최대의 도시 유적이에요. 오늘날 파키스탄 중남부 지역에 있어요.

#인도 문명 #모헨조다로 #드라비다인

인도의 인더스강과 갠지스강 유역에 건설된 문명을 통틀어 인도 문명이라고 불러요. 인도 문명은 기원전 2500년경 인더스강 유역에서 드라비다인을 중심으로 생겨났어요.

모헨조다로는 드라비다인이 건설한 여러 도시 중에서도 가장 먼저 건설된 도시예요. 주로 지배층이 머물렀을 것으로 추정되는 성과 요새 구역에서 곡물 창고와 집회소, 그리고 대형 목욕장이 발견되었지요. 마을 구역에는 잘 포장된 도로를 중심으로 건물이 밀집되어 있는데, 건물마다 방과 욕실, 창문이 잘 갖춰져 있어 생활 수준을 짐작할 수 있어요. 또 벽돌로 만든 배수구를 통해 집에서 나오는 오물을 배출할 수 있었고, 배수구 관리와 청소를 위해 맨홀과 맨홀 뚜껑도 설치되어 있었어요.

> 모헨조다로는 '죽은 자의 언덕'이라는 뜻이래! 꽤 오싹한 이름인걸.

모헨조다로와 대형 목욕장(ⓒSaqib Qayyum)

모헨조다로에서 가장 눈길을 끄는 건축물인 대형 목욕장은 한쪽 길이가 11.7미터, 깊이가 2.5미터 정도로 거대해요. 물이 나왔을 것으로 추정되는 여섯 개의 구멍과 배수 시설을 갖췄지요. 연구자들은 이 대형 목욕장이 단순히 목욕을 위한 공중목욕탕이 아니라, 종교 의식을 거행하기 전 청결하게 몸과 마음을 단장하던 장소였을 것으로 추정하고 있어요.

기원전 1500년경부터는 갠지스강 유역까지 진출한 아리아인이 이 지역 곳곳을 정복하며 세력을 확대했어요. 그러면서 드라비다인은 점차 쇠퇴했지요.

모헨조다로의 인장

모헨조다로에서는 2~3센티미터 크기의 정교한 인장이 약 2,000여 개 발굴되었다. 이 인장들에는 물고기, 호랑이, 물소, 코뿔소 등의 동물과 함께 당시의 문자로 보이는 부호가 함께 새겨져 있었다. 이 인장에 새겨진 문자를 그림 문자 또는 인장 문자라고 부른다. 이 인장들의 용도는 신분증, 통행증, 상품 수령증, 부적 등 여러 가지로 추정하고 있으나 아직 확실하게 밝혀진 바는 없다. 모헨조다로에서 발굴된 인장 중에는 요가를 하는 시바신이 새겨진 것도 있다. 시바신은 힌두교의 중요한 신 중 하나로, 힌두교가 나타난 것은 모헨조다로보다 훨씬 이후의 일이지만 시바신의 원형이 드라비다인의 토속신이었을 가능성을 보여 준다.

물소가 새겨진 모헨조다로 인장

요가를 하는 시바신이 새겨진 모헨조다로 인장

기원전 1500년경	기원전 1000년경
아리아인, 인더스강 유역 진출	아리아인, 갠지스강 유역 진출

태어날 때부터 인생이 정해져 있는 사람들이 있었다고요?

30초 해결사

기원전 1000년경 갠지스강 유역에 진출한 아리아인은 엄격한 신분 제도인 카스트 제도를 만들었어요. 카스트 제도는 모든 사람을 네 신분으로 구분했어요. 가장 높은 지배층인 브라만(사제), 그다음 계급인 크샤트리아(왕족, 전사), 피지배층에 해당하는 바이샤(농민, 수공업자, 상인), 그리고 하층민인 수드라(노예)였지요. 아리아인이 카스트 제도를 만든 이유는 갠지스강 유역에 원래 살고 있던 원주민을 노예로 지배하고, 자신들의 특권을 공고히 하기 위해서였어요.

- 불가촉천민: '손 대지 말아야 하는 사람들'이라는 뜻으로, 카스트 제도에 속하지 못할 정도로 미천한 존재 취급을 받았어요.

#인도 문명 #카스트 제도 #아리아인 #베다

아리아인은 원래 중앙아시아 일대에서 유목 생활을 하며 살다가, 인도 서북쪽에 정착했어요. 일찍이 철기를 사용하기 시작한 아리아인은 인도 곳곳을 점령하며 동쪽의 갠지스강 유역까지 진출하는 데 성공했어요. 그 과정에서 많은 원주민을 정복하며 지배 계층으로 성장했지요.

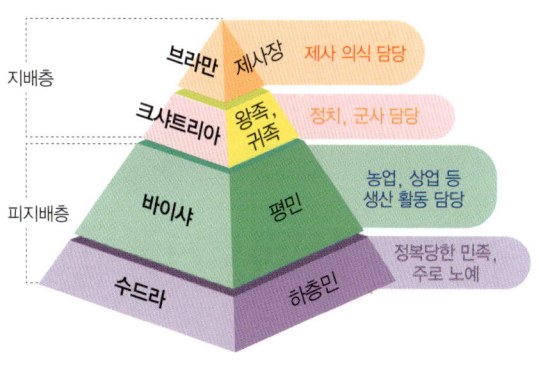

카스트 제도의 신분 구조

카스트 제도는 직업에 따라 신분을 나누는 제도로 정착되었지만, 실제로는 지배자로서의 아리아인의 입지를 다지기 위해 만들어졌어요. 카스트 제도에는 신분마다 지켜야 하는 행동 규범과 지녀야 하는 직업이 규정되어 있었고 타고난 카스트에 따라 결혼 상대도 이미 정해져 있었어요. '혈통'이라는 뜻의 포르투갈어 '카스타'가 카스트 제도의 어원으로, 18세기 들어 영국인들이 이렇게 부르기 시작했어요. 인도인은 자신들의 신분제를 '바르나(색깔)'라고 불렀는데, 피부색에 따라 신분을 구분했기에 이렇게 불렀을 것으로 추정해요. 오늘날 카스트 제도는 인도에서 법적으로는 폐지되었으나, 여전히 일상에서는 영향을 미치고 있다고 해요.

> 아리아인은 비교적 피부색이 밝고 키가 큰 편이고, 드라비다인은 비교적 피부색이 어두웠거든.

아리아인은 태양, 물, 불, 바람 등 자연 현상을 신격화한 브라만교를 믿었어요. 복잡한 제사 의식을 도맡던 브라만 계급이 카스트 제도에서 굳건히 지배 계층의 지위를 지킨 것을 보면, 아리아인의 사회에서 종교가 큰 권위를 가졌음을 알 수 있지요.

아리아인의 성경, 『베다』

아리아인들은 태양, 물, 불, 바람 등 자연 현상을 다스리는 신들에게 제사를 지냈다. 이 신들을 찬양하는 경전이 『베다』다. 전 세계에서 문서로 기록된 것 중 가장 오래된 문헌으로 알려져 있는 『베다』는 어느 한 사람이 집필한 것이 아니라, 구전으로 내려오던 여러 사람의 깨달음을 집대성한 책이다. 역사적 사실이나 철학적인 내용을 담고 있는 책은 아니지만, 옛 시대의 사회를 이해하는 데 도움이 되는 방대한 내용이 담겨 있어 종교와 역사 연구에 아주 중요한 자료가 된다.

중국 문명 시작	상 왕조 건국	주 왕조 건국
기원전 2500년경	기원전 1600년경	기원전 1046

중국의 왕은 거북으로 점을 쳤다고요?

30초 해결사

중국 고대 상 왕조의 왕들은 국가의 중요한 일은 물론, 일상생활과 관련된 여러 문제를 해결하기 위해 점을 쳤어요. 신에게 제사를 언제 지내면 좋을지, 전쟁을 해야 할지 말아야 할지, 어떻게 하면 풍년이 들지 등 결정이 필요한 일이 있으면 점을 쳐서 답을 구했지요. 점을 치는 방법에는 여러 가지가 있었지만 거북의 배딱지를 사용하는 방법이 가장 흔했어요.

#중국 문명 #상 왕조 #갑골 문자 #주 왕조 #봉건제

갑골문(국립민속박물관 소장)

"모월 모일에 점을 쳤다. 결과를 본 왕이 사흘 뒤에 비가 올 것이라고 말했다. 사흘 뒤에 비가 내렸다."

중국 문명은 황허강 유역에서 시작되었어요. 황허강 유역은 기름진 황토로 덮여 있어 일찍이 농경이 발달했어요. 기원전 2500년경, 이 지역에서는 청동기를 사용하고 성곽과 정치 조직을 갖춘 도시 국가들이 출현했어요. 이후 기록상 중국 최초의 나라인 하 왕조가 등장했어요. 기원전 1600년경이 되자 상 왕조가 하 왕조를 정복하고 황허강 유역을 다스렸지요.

상 왕조의 왕은 나라의 중요한 일을 결정하기 위해 주로 거북의 배딱지(갑)나 짐승의 뼈(골)를 이용해 점을 쳤어요. 이를 합쳐서 갑골이라고 불러요. 상 왕조 사람들은 이렇게 점을 치고 난 다음 갑골에 점을 친 날짜와 사람, 내용과 결과를 새겨 기록했는데, 이것을 갑골문이라고 해요. 갑골문을 보면 제사, 농사, 전쟁, 수렵에 관한 내용이 가장 많고, 왕의 통치에 관한 내용이나 질병, 재앙을 어떻게 할 것인지에 대한 내용도 있어요. 이 갑골문은 오늘날 사용하는 한자의 기원이 되었어요.

> 거북 배딱지로 대체 어떻게 점을 쳤다는 거예요?

> 거북 배딱지의 한쪽 면을 간 다음, 한 줄씩 깊은 홈을 팠단다. 그리고 신에게 묻고 싶은 내용을 큰 소리로 알리고, 배딱지를 불에 구웠지. 구워진 배딱지가 갈라지며 금이 생기면 그것이 신의 답이라고 생각했단다.

개념연결 주 왕조와 고대 중국의 봉건제

기원전 11세기, 주 왕조가 상 왕조를 멸망시키고 창장강 유역까지 영토를 확장했다. 주 왕조는 봉건제를 시행했다. 왕은 수도 주변 지역을 다스리고, 왕족과 공신을 제후로 임명해 나머지 지역을 다스리게 했다. 봉건이란 '토지를 나누어 주어(봉) 제후국을 세운다(건)'라는 뜻이다. 제후는 왕으로부터 토지와 관직을 받는 대신, 군역과 공납을 바칠 의무가 있었다. 제후는 다시 혈연 관계에 있는 형제, 친척들에게 직위를 주고 토지와 관직을 수여했다. 이처럼 주 왕조의 봉건제는 혈연 관계를 바탕으로 중앙 정부의 통치력을 유지하는 구조였다. 그래서 종묘와 사직에 제사를 지내는 일과 혈연 내의 상하 질서를 확인하는 것을 중시하는 문화가 발달했다.

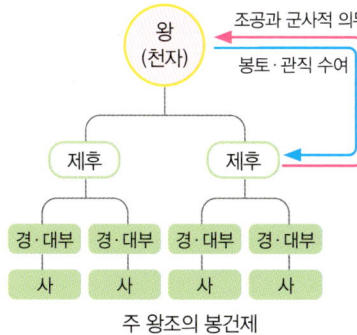

주 왕조의 봉건제

잉카 문명 시작	잉카인, 쿠스코에 마추픽추 건설	잉카 제국 멸망
12세기	1460년대	1533

해발 2,430미터에 도시가 있었다고요?

30초 해결사

12세기 말, 페루 남부 안데스 고원의 잉카인들은 주변 영토를 정복하고 잉카 제국을 세웠어요. 잉카인들은 수도 쿠스코에 거대한 태양의 신전을 세우고, 쿠스코를 중심으로 도로를 정비하고 영토를 넓혀 갔어요. 가장 유명한 잉카 문명 유적지는 마추픽추예요. 깎아지른 듯한 절벽과 솟아오른 봉우리가 마치 한 풍경처럼 자연스럽게 어우러지며 건설된 이 고대 도시는 보는 이의 감탄을 자아내지요. 무엇보다 놀라운 점은 마추픽추가 무려 해발 2,430미터에 달하는 높은 고도에 지어졌다는 사실이에요.

#아스테카 문명 #잉카 문명 #마추픽추

유럽인이 침입하기 전, 아메리카 대륙에서는 독자적인 문명이 발전하고 있었어요. 13세기경 멕시코 고원에서는 아스테카 문명이 발전했는데, 이곳의 수도 테노치티틀란은 30만여 명이 거주할 정도로 큰 도시였어요. '선인장의 땅'이라는 의미의 테노치티틀란은 거대한 섬들을 긴 대로와 십자형 수로로 연결하여 구획한 계획 도시였어요. 아스테카인들은 이곳에서 번성하며 피라미드식 신전을 지어 제사를 지냈어요. 이곳에서는 그림 문자와 달력을 만들어 사용한 흔적도 발견되었어요.

한편 안데스산맥에서는 잉카 문명이 발전했어요. 12세기 잉카 제국의 수도 쿠스코에 있었던 거대한 태양의 신전은 16세기에 쳐들어온 에스파냐 군대에 의해 대부분 파괴되었지만, 남아 있는 부분을 통해 그 크기와 당시 잉카인들의 정교한 건축 기술을 짐작해 볼 수 있어요. 돌을 잘 다루었던 잉카인들은 금속을 다루는 기술의 발달은 늦었지만 역법, 직물업, 건축 등 다방면에서 뛰어난 발전을 이루었어요. 안데스산맥의 비탈을 따라 계단식 밭을 만들어 옥수수와 감자를 재배하기도 했고, '키푸'라고 부르는 새끼줄 매듭을 사용해 장부를 기록하기도 했지요.

고대 잉카 제국의 도시, 마추픽추

아스테카 제국과 잉카 제국의 멸망

에르난 코르테스의 초상화
(1879년경, 스페인 왕립역사아카데미 소장)

신항로 개척 후, 아메리카 곳곳에 유럽인이 들어오면서 아스테카 문명과 잉카 문명은 급속도로 파괴되었다. 1521년, 에스파냐군의 사령관 에르난 코르테스는 총으로 무장한 병사를 동원해 아스테카 제국의 수도 테노치티틀란을 정복했다. 이후 뉴에스파냐(오늘날의 멕시코)의 식민지 총독으로 임명된 코르테스는 원주민을 수탈했다. 또 에스파냐 왕의 지원을 받아 페루를 침략한 프란시스코 피사로는 1533년 잉카 제국을 멸망시키고, 수도 쿠스코를 점령해 대학살을 자행했다. 그 과정에서 다량의 보물이 약탈되고, 수많은 유적지가 파괴되었다.

3 동아시아의 역사

중국, 한국, 일본은 동아시아 문화권을 형성하며 각자 고유한 문화를 발전시켰어. 춘추 전국 시대의 혼란을 지나 진나라와 한나라가 각각 중국을 통일했고, 당나라와 명나라는 주변 국가와 활발히 교류하며 많은 영향을 미쳤지. 중국과 한반도에서 선진 문물을 받아들인 일본은 막부를 수립하고, 쇼군이 나라를 다스리는 독특한 제도를 만들어 나갔어. 치열한 동아시아 역사 속으로 들어가 보자!

중국 베이징

몽골 제국 쿠빌라이 칸, 베이징 천도

세계사
- 기원전 770 춘추 시대 시작
- 기원전 221 진나라, 중국 통일
- 기원전 214 만리장성 건설
- 기원전 202 한나라, 중국 통일
- 105 채륜, 채후지 발명
- 618 당나라 건국
- 645 일본, 다이카 개신

한국사
- 신라 건국 기원전 57
- 고구려 건국 기원전 37
- 백제 건국 기원전 18
- 금관 가야 건국 42
- 백제 멸망 660
- 고구려 멸망 668
- 신라, 삼국 통일 676

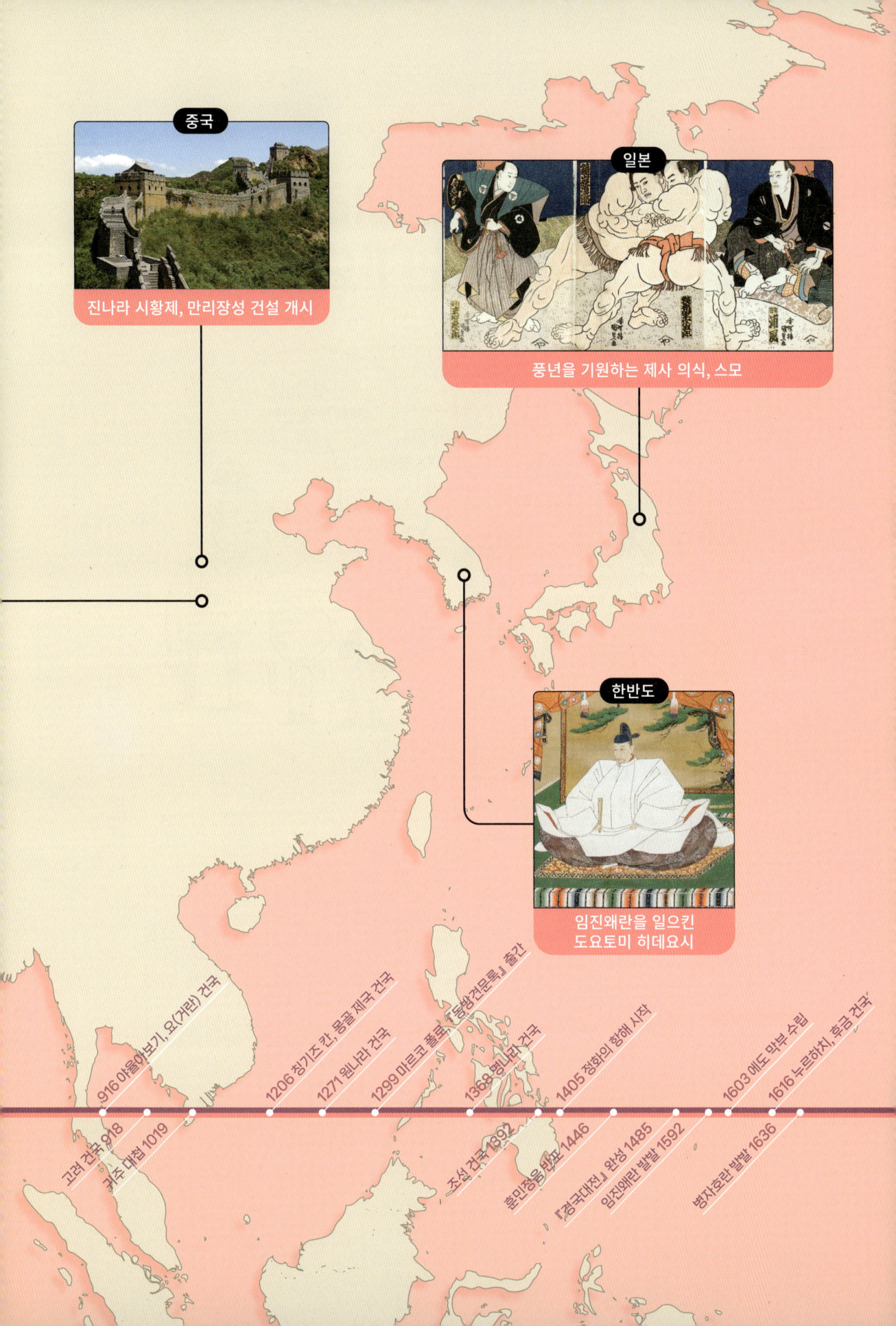

중국 — 진나라 시황제, 만리장성 건설 개시

일본 — 풍년을 기원하는 제사 의식, 스모

한반도 — 임진왜란을 일으킨 도요토미 히데요시

916 야율아보기, 요(거란) 건국
1206 칭기즈 칸, 몽골 제국 건국
1271 원나라 건국
1299 마르코 폴로, 『동방견문록』 출간
1368 명나라 건국
1405 정화의 항해 시작
1603 에도 막부 수립
1616 누르하치, 후금 건국

고려 건국 918
귀주 대첩 1019
조선 건국 1392
훈민정음 반포 1446
『경국대전』 완성 1485
임진왜란 발발 1592
병자호란 발발 1636

춘추 시대 시작	공자 출생	전국 시대 시작
기원전 770	기원전 551	기원전 403

제자가 백 명이라서 제자백가인가요?

30초 해결사

제자백가는 춘추 전국 시대에 활약한 다양한 사상가와 학파를 뜻해요. '제자'는 공자, 맹자와 같은 여러 사상가를, '백가'는 유가, 법가, 도가 등 여러 학파를 의미하지요. 춘추 전국 시대는 여러 나라가 패권을 차지하기 위해 싸웠던 혼란한 시대였어요. 이 과정에서 등장한 제자백가는 당시의 문제를 해결하기 위해 여러 개혁안을 제시했어요.

- 부국강병富國強兵: 나라를 부유하게 하고 병력을 강하게 한다는 뜻의 고사성어예요.

#춘추 전국 시대 #제자백가 #부국강병 #철기 시대 #공자

"힘없는 왕은 천하를 가질 자격이 없어! 이제부턴 내가 왕이야!"

기원전 8세기 무렵 주 왕실의 힘이 약해지자 각 지방의 제후들이 하나둘 독립해 나라를 세웠어요. 여러 나라가 천하의 주도권을 잡기 위해 다투었지요. 이 시기를 춘추 전국 시대라고 불러요.

춘추 전국 시대에는 강한 나라만이 살아남을 수 있었어요. 각 나라는 부유하고 강한 나라를 위해 혈통과 신분에 상관없이 유능한 인재를 등용했지요. 제자백가는 이 시기에 혼란스러운 사회를 안정시키기 위해 정치, 사회에 관련한 다양한 개혁안을 제시했어요. 대표적인 학자와 주장을 같이 살펴볼까요?

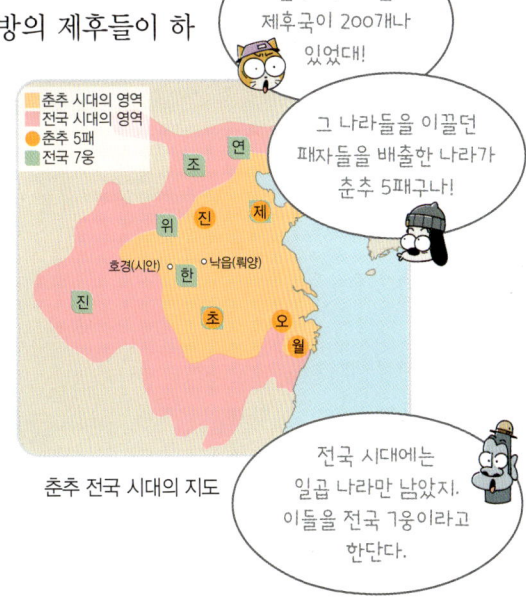

춘추 전국 시대의 지도

학파	대표적인 학자	주장
유가	공자	'인'과 '예'를 중심으로 도덕적인 정치를 해야지.
법가	한비자	엄격한 법으로 백성들을 통치하면 질서가 잡힐 거야!
도가	노자	욕심을 버리고 자연의 순리에 따라야 해.
묵가	묵자	모든 사람을 차별 없이 사랑하면 될 텐데!

제자백가의 다양한 주장은 이후 중국 학문과 사상의 바탕이 되었어요. 나아가 한국, 일본 등 동아시아 각국의 정치와 문화에 큰 영향을 주었어요.

개념연결 춘추 전국 시대를 변화시킨 철기

춘추 전국 시대에 사용된 철기는 사회와 경제에 큰 변화를 가져왔다. 철제 농기구가 보급되고 소를 이용해 농사를 짓는 우경이 시작되면서 농업 생산량이 크게 향상되었다. 이를 통해 상업과 수공업이 발달하고 도시도 크게 성장했다. 도전, 포전 등의 다양한 청동 화폐도 사용되었다. 한편 철기는 전쟁에도 영향을 끼쳤다. 철제 무기를 사용하면서 전쟁의 규모가 더욱 커지고 치열해진 것이다. 각국의 전쟁은 더 빈번해졌고, 전쟁에서 평민의 역할이 확대되기도 했다.

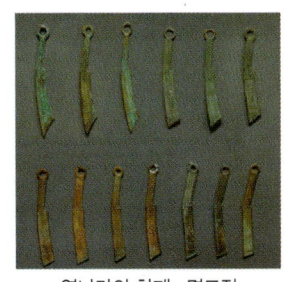

연나라의 화폐, 명도전
(ⓒBaomi)

시황제 즉위	진나라, 중국 통일	진나라 멸망
기원전 246	기원전 221	기원전 206

황제라는 말은 누가 처음 썼나요?

30초 해결사

중국을 최초로 통일한 진秦나라의 왕은 '황제皇帝'라는 칭호를 처음으로 사용했어요. 중국 고대 신화의 전설적인 임금인 삼황三皇과 오제五帝에서 한 글자씩 따온 칭호이지요. 황제라는 명칭에는 통일 제국을 지배하는 '절대적인 존재'라는 뜻이 담겨 있어요. 진나라의 왕은 자신을 첫 번째 황제라는 뜻의 시황제(진시황제)라고 부르게 했어요. 황제가 국가를 다스리는 체제는 이후 중국 역사에서 2,000년 동안이나 이어지게 되었답니다.

#진나라 #시황제 #중국 통일 #군현제 #병마용

춘추 전국 시대의 작은 나라였던 진나라는 법가 사상을 바탕으로 국력을 키워 중국을 최초로 통일했어요. 시황제는 황제 중심의 강력한 중앙 집권 국가를 만들어 제국을 통치하고자 했어요.

시황제는 먼저 전국을 36개 군으로 나누고 그 밑으로 현을 두어 중앙에서 관리를 파견하는 군현제를 시행했어요. 전국에 도로를 건설해 왕의 명령을 빠르게 전달했으며 문자와 화폐를 통일했어요. 길이, 부피, 무게를 재는 기구와 단위법인 도량형도 통일했어요.

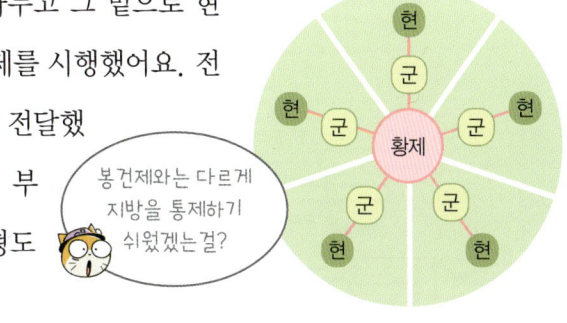

봉건제와는 다르게 지방을 통제하기 쉬웠겠는걸?

반량전

무게를 재는 추

곡식의 양을 재는 기구

한편, 시황제는 엄격한 법치주의를 내세워 백성들을 가혹하게 통치했어요. 유학자들이 시황제의 폭정을 비판하자, 시황제는 유학자들을 산 채로 땅에 묻었어요. 그리고 실용적인 서적과 역사서를 제외한 나머지 서적을 모두 불태웠어요. 이 사건을 분서갱유라고 해요. 또 만리장성, 진시황릉, 아방궁 같은 대규모 토목 공사를 진행해 백성들의 삶을 힘들게 했지요. 폭정을 일삼던 시황제가 죽자 각지에서 반란이 일어났고, 결국 진나라는 통일을 이룬 지 15년 만에 멸망했어요.

시황제의 무덤을 지키는 병사들, 병마용

1974년 중국 산시성 시안에서 가뭄으로 우물을 파던 한 농부가 땅굴을 발견했다. 땅굴 안에는 흙으로 빚은 병사 모형이 가득했다. 바로 시황제가 자신의 무덤을 지키기 위해 만든 병마용이었다. 갱도에는 병사, 전차, 말, 곡예사와 악사 등 다양한 사람과 사물이 묻혀 있었다. 8,000개가 넘는 병마용은 살아 숨 쉬듯 사실적으로 표현되었으며, 각기 모습도 다르다. 현재도 계속 발굴 중인 병마용갱은 강력했던 시황제의 권력을 보여 준다.

병마용갱의 병사 모형(ⓒOvedc)

시황제는 위대한 통치자일까?

중국을 통일하고 나라의
기틀을 마련한 위대한 군주야!

> 시황제는 춘추 전국 시대의 혼란기를 끝냈어. 전쟁으로 피폐했던 백성들의 삶을 바로잡았지. 시황제가 중국을 통일하지 않았으면 전쟁은 계속되었을 거고, 백성들은 고통받았을 거야. 문자, 도량형, 화폐를 통일해 중국 사람들을 하나로 묶은 건 어떻고! 수로와 도로를 정비하면서 백성들의 생활 수준도 향상되었고, 교통과 농업도 발전했지. 나라를 위해 힘쓴 시황제의 성과는 인정해 줘야 해.

'황제'라는 칭호를 최초로 사용한 진나라의 시황제는 중국을 최초로 통일하고, 도량형과 도로를 정비하는 등 큰 업적을 남긴 군주다. 시황제는 관료제와 군현제를 시행하여 중앙의 통치력이 지방까지 미치게 하는 강력한 중앙 집권 국가를 만들었다. 한편 시황제는 아방궁 건설과 같은 무리한 건축 공사를 실시해 백성들을 노예처럼 부렸고, 자신에 반대하는 이를 처단하며 나라를 혼란스럽게 만든 군주이기도 하다. 시황제가 사망한 이후 진나라는 각지에서 반란이 끊이지 않다가, 결국 중국을 통일한 지 15년 만에 멸망했다.

백성을 괴롭히고 나라를 공포로 물들인 폭군이야!

> 시황제는 진나라를 통일한 뒤 엄격한 법가 사상으로 공포 정치를 펼쳐 백성들을 두려움에 떨게 했어. 그리고 실용적인 책을 뺀 나머지 책을 전부 불태우고, 자신에게 반대하는 의견을 제시하는 신하들은 가혹하게 처벌했어. 만리장성과 아방궁을 지으며 수많은 백성을 죽이고 나라의 재정도 파탄에 이르렀지. 시황제의 잘못도 조명해야 해.

시황제, 만리장성 축조 시작	시황제, 흉노족과 전투 개시	만리장성, 유네스코 세계 문화유산 등재
기원전 220	기원전 215	1987

중국의 만리장성은 왜 만들어졌을까요?

흉노의 침입을 막아야 해!

돌을 옮기다가 다친 사람도 있는 것 같은데…

30초 해결사

진나라와 북쪽 국경을 맞대고 있는 흉노가 강성해지자, 시황제는 30만 대군으로 흉노를 공격해 북쪽으로 몰아냈어요. 그리고 흉노의 침입을 막기 위해 춘추 전국 시대부터 있었던 북방의 요새와 성벽을 연결하고 새롭게 쌓아 방어용 성벽인 만리장성을 짓기 시작했어요. 만리장성은 이후 중국의 여러 왕조를 거치며 증축과 보수를 거듭하다가, 명나라 때에 이르러 마침내 오늘날의 모습으로 완성되었어요.

#진나라 #시황제 #흉노 #만리장성

중학교에 가면 | 문명의 발생과 고대 세계의 형성 3. 고대 제국들의 특성과 주변 세계의 성장 ② 고대 동아시아 세계가 형성되다

인간이 만든 가장 위대한 건축물 중 하나로 손꼽히는 만리장성의 길이는 지도상으로 2,700킬로미터예요. 중간에 갈라져 나온 성벽을 모두 합치면 6,400킬로미터로, 지구의 반지름과 거의 비슷한 길이예요. 시황제는 만리장성을 쌓기 위해 수많은 백성을 강제로 동원했어요. 언제 공사가 끝날지 몰랐기 때문에 백성들은 공사 현장을 떠나지 못하고 계속 일해야 했지요. 그렇게 동원된 백성 중 상당수가 만리장성을 쌓다가 다치고, 생을 마감했어요. 시황제는 만리장성으로 흉노의 침입을 견제하면서, 남쪽으로는 지금의 베트남 북부까지 영토를 넓혔어요. 오늘날 중국의 영어 국명인 차이나China는 통일 제국의 기틀을 닦은 진Chin나라에서 유래했어요. 중국을 대표하는 건축물 만리장성은 그 가치를 인정받아 1987년 유네스코 세계 문화유산에 등재되었어요.

진산링 만리장성의 모습(ⓒSeverin.stalder)

만리장성은 우주에서 보일까?

세계에서 가장 길고 큰 성벽인 만리장성이 우주에서도 보인다는 이야기가 있다. 만리장성은 정말로 우주에서 보일까? 미국 항공 우주국NASA은 공식적으로 "우주에서 육안으로 만리장성을 보기는 어렵다"라고 보고한 바 있다. 만리장성은 길이가 길지만 가로 폭은 최대 10미터밖에 되지 않기 때문에, 만리장성을 지구에서 100킬로미터 이상 떨어진 곳에서 육안으로 보는 것은 불가능하다.

우주에서 본 만리장성
(미국 항공 우주국 제공)

한나라, 중국 통일	한나라 무제, 유학 기관 태학 설립	후한 멸망
기원전 202	기원전 135	220

유교 지식이 없으면 관리가 될 수 없었다고요?

30초 해결사

한나라의 무제는 유학자 동중서의 건의를 받아들여 충과 효를 앞세운 유교를 국가의 통치 이념으로 삼았어요. 유교는 이후 국가의 생활 규범이 되었어요. 유교 지식을 얼마나 이해하느냐에 따라 관리를 선발할 정도였지요. 유교는 이후 중국 왕조에 큰 영향을 끼쳤을 뿐만 아니라, 동아시아 여러 국가의 정치와 사회를 이끌어 가는 중요한 사상과 학문이 되었어요.

#한나라 #군국제 #무제 #동중서 #유교

진나라가 멸망한 후, 한나라를 세운 유방(고조)이 초나라의 항우를 꺾고 중국을 다시 통일했어요. 고조는 주나라의 봉건제와 진나라의 군현제를 합친 군국제로 나라를 다스렸어요. 수도와 가까운 곳에는 관리를 임명해서 군현제로 다스리고, 수도와 먼 곳에는 제후를 보내 봉건제로 다스렸지요.

한나라는 무제 때 전성기를 맞았어요. 무제는 군현제를 실시해 중앙 집권 체제를 강화하고 황제의 권위를 높이는 한편, 국가를 통치하기 위한 대책을 고민했어요. 이때 유학자인 동중서가 "황제의 권력은 하늘에서 비롯되었고, 상하 질서의 예법은 유가를 통해 지킬 수 있습니다"라고 건의문을 올렸어요. 무제는 동중서의 건의에 따라 유교를 국가의 통치 이념으로 삼았어요. 유교는 지위에 따라 정해진 역할과 규범을 강조했는데, 정치적으로 황제의 권한을 뒷받침했고 사회적으로는 사회 질서의 형성과 유지에 큰 역할을 했기 때문이었어요. 또 수도인 장안에 유학 교육 기관인 태학을 세워 유학 교육을 장려했어요.

무제가 죽은 뒤 한나라는 쇠퇴했어요. 어린 황제들이 계속 즉위하자 외척과 환관들이 권력 다툼을 벌였고, 지방 호족이 토지를 두고 다퉈 백성들의 생활이 어려워졌어요. 잇따른 농민 봉기와 황건적의 난으로 결국 한나라는 220년에 멸망했어요.

「공자성적도」 중, 공자에게 제사를 지내는 한나라 고조
(미국 세인트루이스미술관 소장)

'꼰대' 문화는 유교 사상 때문일까?

유교가 '꼰대' 문화를 상징하는 단어로 손꼽히면서 유교를 안 좋게 보는 경향이 있다. 유교 사상의 대표적인 학자 공자도 '꼰대'였을까? 사실 공자가 주장한 장유유서長幼有序라는 말은 나이 든 사람이 무조건 배려를 받아야 한다는 뜻이 아니었다. 공자는 윗사람이 윗사람답게, 아랫사람이 아랫사람답게 행동하는 것이 중요하다고 생각했다. 장유유서에는 '어른이 먼저 어린 사람들에게 모범을 보여야 한다'는 의미도 들어 있는 것이다. 공자는 모르는 것이 있으면 상대가 어린아이여도 가르침을 받는, 요즘 말하는 꼰대와는 거리가 먼 인물이었다. 공자가 오늘날 '유교가 꼰대 문화의 시작이야'라는 말을 듣는다면 꽤 억울할 것이다.

한나라 무제,	장건,	한나라 무제,
장건을 대월지에 파견	서방을 조사해 귀국	흉노족과 전투 개시
기원전 139	기원전 126	기원전 123

비단길은 비단이 깔려 있는 길인가요?

30초 해결사

'실크로드'라고도 불리는 비단길은 중국과 서양을 잇는 길이에요. 중국의 대표적인 상품인 비단이 이 길을 통해 서양에 전해졌기 때문에 비단길이라고 부르게 되었어요. 비단길을 개척한 사람은 한나라의 관리인 장건이에요. 장건은 무제의 명을 받아 대월지와 동맹을 맺으려 서역으로 향했어요. 장건이 비단길을 개척하면서 동양과 서양의 문화 교류가 활발해졌답니다.

• 대월지: 중앙아시아 지역에 살았던 유목 민족 또는 그들이 세운 나라를 말해요.

#흉노 #장건 #비단길

"이번에야말로 북방의 흉노를 물리치고 말겠다!"

흉노는 기원전 3세기 중국 북방 초원 지대에 살던 유목 민족이에요. 진나라가 멸망한 이후 세력을 넓힌 흉노는 한나라가 세워진 이후에도 계속 영토를 침범했어요. 심지어 고조와는 전쟁을 벌여 승리하기도 했지요. 활발한 정복 활동을 벌이던 무제는 눈엣가시 같은 흉노를 정벌하고 싶었어요. 그래서 서역의 대월지와 군사 동맹을 맺고 흉노를 물리치기 위해 장건을 서역으로 파견했어요.

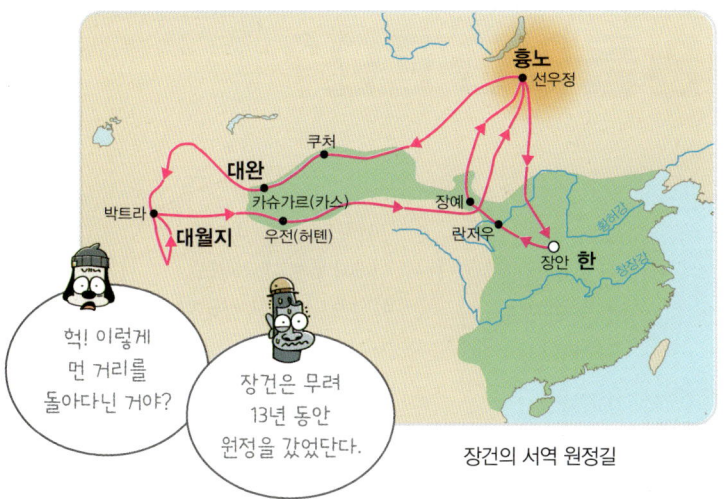

장건의 서역 원정길

서역으로 가는 길은 쉽지 않았어요. 흉노에게 포로로 잡히고, 도망쳐 떠돌기도 하면서 장건은 어렵게 대월지에 도착했어요. 하지만 흉노와 굳이 싸우고 싶지 않았던 대월지는 군사 동맹을 거부했지요. 원래의 목적을 달성하지는 못했지만, 장건은 서역에 대한 정보를 많이 얻어 한나라로 돌아왔어요. 장건이 발견한 길을 따라 포도, 석류, 호두, 상아와 같은 중앙아시아의 새로운 물건이 중국에 들어왔고, 중국의 비단은 중앙아시아를 건너 유럽까지 전해졌지요. 비단길은 이후에도 동양과 서양의 문화와 물자가 오가는 중요한 통로가 되었답니다.

하룻밤에 천 리를 달리는 말, 한혈마

서역에서 돌아온 장건은 무제에게 한혈마에 대해 이야기했다. 서역의 대완이라는 나라에는 하룻밤에 천 리를 달릴 정도로 빠른 말이 있는데, 신기하게도 달리면 땀을 피처럼 흘린다는 것이었다. 무제는 좋은 말이 있으면 흉노를 이길 수 있다고 생각했다. 그래서 외척인 이광리를 보내 대완과 전쟁을 벌였고, 한혈마 수십 필과 준마 3,000여 필을 노획했다. 이후 한혈마는 중국 기마병의 작전 능력을 높이는 데 획기적인 역할을 담당했다.

마답비연상(220년경, 중국 간쑤성박물관 소장, ©G41rn8)

채륜, 채후지 발명	종이, 한반도에 전파	종이, 유럽에 전파
105	4세기	13세기

나무껍질을 삶아서 종이를 만들었다고요?

30초 해결사

한나라의 채륜은 오랫동안 실험을 거듭해, 나무껍질과 천 등을 이용하여 종이를 만드는 기술을 개량했어요. 종이가 발명되기 이전 사람들은 주로 나무, 대나무, 비단 등에 문자를 기록했어요. 특히 대나무를 길게 잘라 이어 붙인 죽간에 글을 많이 썼는데, 죽간은 부피가 크고 무겁다는 단점이 있었지요. 그와 비교해 부피가 작고 가벼운 종이는 문자를 기록하고 책을 만드는 데 널리 활용되었답니다.

#채륜 #종이 #사기

한나라의 환관이었던 채륜은 학문을 좋아하고 새로운 물건을 만드는 데 재능이 있었어요. 채륜은 이전까지 포장지 정도로만 쓰였던 종이를 발전시켜 문자를 기록할 수 있는 형태로 만들었어요.

105년, 채륜은 나무껍질과 천 조각 등을 삶아 으깬 다음 틀 위에 얇게 펴 말리는 방식으로 종이를 만드는 기술을 개량했어요. 채륜이 만든 종이는 그의 이름을 따 '채후지'라고 불렸어요. 하지만 새로운 종이는 당시에는 환영받지 못했어요. 대량으로 생산할 기술이 부족했고 질도 좋지 않아 기록하기에 불편했기 때문이었어요. 사람들은 여전히 죽간과 비단을 많이 사용했어요. 종이는 평민도 쉽게 만들 수 있었기에, 지식인과 상류층은 자신들의 지위가 떨어질까 봐 사용을 꺼렸어요.

시간이 지나면서 종이는 중국뿐만 아니라 전 세계에 널리 퍼졌어요. 종이를 대량으로 생산하는 기술이 발전하면서 쉽고 저렴하게 종이를 구할 수 있었지요. 학자들이 자신의 생각과 학문을 종이에 기록해 책을 만들면서 중국의 학문과 사상은 크게 발전했어요. 종이는 비단길을 통해 다른 나라에도 전해졌어요. 14세기에는 서유럽에 종이 만드는 기술이 전해졌고, 15세기에는 인쇄술이 발달하면서 종이의 사용이 더욱 활발해졌어요.

종이 제작 과정을 그린 그림

중국의 가장 오래된 역사서, 『사기』

『사기』는 한나라의 역사가 사마천이 중국의 신화 시대부터 한나라 무제 때까지의 역사를 편찬한 책이다. 어릴 때부터 학자의 소양을 키운 사마천은 세상을 떠난 아버지의 뜻을 이어 『사기』의 저술을 시작했다. 사마천은 48세 되던 해 무제의 노여움을 사 궁형(생식기가 잘리는 형벌)을 당했을 때에도 『사기』의 저술을 멈추지 않았고 마침내 책을 완성할 수 있었다. 『사기』는 황제들의 업적과 각종 제도, 인물을 생생하게 서술해 동아시아 역사 서술법의 틀을 만들었으며, 『삼국사기』를 비롯한 우리나라의 역사 서술에도 큰 영향을 주었다.

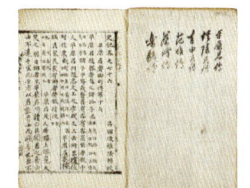

『사기』(국립중앙박물관 소장)

위·촉·오 삼국 시대 시작
220

진나라, 삼국 통일
280

남북조 시대 시작
420

의자와 침대가 원래 유목 민족의 문화라고요?

30초 해결사

위진 남북조 시대에 북방의 유목 민족이 중국 북부를 지배하면서 유목 민족의 생활 문화가 한족 사이에 퍼져 나갔어요. 바닥에 앉아 생활하던 한족은 유목 민족이 사용하던 의자와 침대를 받아들였어요. 유목 민족이 먹던 염소와 양의 젖, 그리고 요구르트, 치즈, 버터를 만드는 방법 등도 중국에 전해졌지요. 유목 민족과 한족은 서로 영향을 주고받으며 더욱 풍부한 문화를 만들어 갔어요.

#위진 남북조 시대 #유목 민족 문화 #한족 문화 #한화 정책 #화목란

한나라가 멸망한 이후 중국은 다시 혼란스러워졌어요. 위·촉·오 삼국 시대를 거쳐 진晉나라가 삼국을 통일했고, 북쪽에서는 유목 민족들이 중국으로 쳐들어와 자신들의 나라를 세웠어요. 이후 중국 북쪽에는 유목 민족의 왕조인 북조가, 남쪽에는 한족의 왕조인 남조가 세워져 서로 대립했어요. 수나라가 중국을 통일할 때까지 약 400년 동안 이어진 이 시기를 위진 남북조 시대라고 불러요.

이 시기 동안 유목 민족과 한족의 문화가 서로 퍼지고 섞였어요. 유목 민족은 낮과 밤의 기온 차가 크고 바람이 센 사막과 초원 지대에서 살았어요. 그래서 입고 벗기 편하고 바람을 막아 주는 의복이 발달했고, 소매나 품이 딱 맞는 옷을 주로 입었어요. 이런 유목 민족의 의복 문화는 한족의 의복에 영향을 주었어요. 침대와 의자, 유제품 등도 한족의 생활을 바꾸었지요. 유목 민족도 한족 문화의 영향을 받았어요. 북위의 황제 효문제는 적극적으로 한화 정책을 펼쳤는데, 선비족이 입던 옷과 언어를 금지하고 넓은 소매와 화려한 문양이 특징인 한족의 옷을 입도록 했어요. 선비족에게 한족의 성씨를 주고, 한족과의 결혼을 장려하기도 했어요.

'5호 16국'의 5호는 흉노, 갈, 선비, 저, 강의 다섯 유목 민족을 말해.

16국은 유목 민족들이 세운 나라의 개수겠네요!

진나라는 남쪽에서 동진을 건국했어. 두 왕조는 창장강을 경계로 대립했단다.

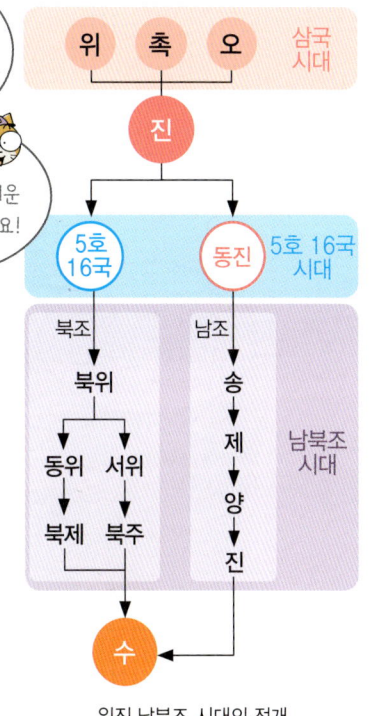

위진 남북조 시대의 전개

영화 「뮬란」의 주인공이 된 중국의 여전사, 화목란

장편 애니메이션 영화 「뮬란」은 6세기경 북조 시대의 장편 서사시인 『목란사』를 원작으로 한 작품이다. 주인공인 뮬란은 『목란사』에 등장하는 화목란에게서 영향을 받았다. 영화는 뮬란이 늙고 병든 아버지와 어린 남동생을 대신하여 남장을 하고, 유목 민족과의 전쟁에 참여해 나라를 구한다는 내용이다. 원작 『목란사』에서도 화목란은 아버지를 대신해 남장을 하고 12년 동안이나 군 복무를 할 정도로 효심이 지극하고 가족애가 깊은 인물이다. 화목란은 고대 중국의 대표적인 여성 영웅으로 알려져 있으나 실제 존재했는지는 알 수 없다.

화목란 석상(중국 허난성 소재)

수나라, 중국 통일	수나라 양제, 통제거 개통	고구려 을지문덕, 살수 대첩 승리
589	605	612

사람들이 땅을 파서 강을 만들었다고요?

30초 해결사

중국의 큰 강들은 대부분 서쪽에서 동쪽으로 흘러요. 강을 통해 남쪽과 북쪽으로 물자를 보내기는 어려웠지요. 수나라 양제는 중국 남쪽의 물자를 북쪽으로 옮기기 위해 대운하를 건설했어요. 대운하가 건설되자 남북의 물자가 원활하게 이동할 수 있었고, 중국의 정치와 문화 교류에도 도움을 주었어요. 대운하는 현재에도 중국 남북을 잇는 중요한 운송로의 역할을 맡고 있어요.

#수나라 #대운하 #양제

"대운하를 건설하면 황제인 나의 명성도 더욱 높아지겠지!"

수나라를 건국한 문제의 아들인 양제는 기존의 운하를 정비하고, 중국의 강을 남북으로 잇는 대운하를 건설하고자 했어요. 수나라 이전에도 운하는 있었지만, 위진 남북조 시대 동안 수로가 대부분 막혀서 제 기능을 하지 못했어요. 양제는 대운하와 교통로를 건설하여 수도로 향하는 물길을 만들고, 교통을 편리하게 만들었어요. 창장강 남쪽의 풍부한 물자를 수도인 대흥으로 옮길 수도 있었고, 비상시에 군수품을 옮기기도 좋았지요. 대운하는 수나라의 중앙 집권화에 도움을 주었고 남과 북의 경제와 문화 교류를 촉진하는 결과를 가져왔어요.

수나라와 현재의 대운하 지도

하지만 대운하를 짧은 시간에 빠르게 만들다 보니 그 과정에서 수많은 백성이 죽거나 다쳤어요. 양제가 대운하에서 잔치를 벌이는 등 온갖 사치를 부리자 민심은 더욱 나빠졌어요. 그러던 중 고구려와의 전쟁에서 패하자 백성들의 불만이 폭발하고 말았어요. 백성들은 각지에서 반란을 일으켰고, 양제는 결국 부하에게 죽임을 당했어요. 결국 수나라는 건국된 지 38년 만에 멸망하고 말았답니다.

수나라의 100만 대군을 물리친 고구려

수나라는 고구려와 연이어 전쟁하면서 국력을 크게 소모했다. 수나라의 문제는 돌궐을 제압한 뒤 고구려에게 복종을 강요했다. 그러나 고구려는 수나라를 먼저 공격했다. 문제는 고구려를 침략했으나 홍수와 전염병으로 패배해 돌아와야만 했다. 이후 문제의 아들 양제는 113만 명의 군사를 이끌고 다시 고구려를 침공했지만 요동성에서 더 나아가지 못했다. 양제는 30만 명의 부대를 따로 꾸려 평양성을 공격하게 했다. 그러나 을지문덕의 고구려군이 살수에서 용맹하게 수나라 군대를 물리쳤다. 이 전투가 '살수 대첩'이다. 수나라는 계속해서 고구려를 침략하려 했지만 번번이 실패했다. 국력을 소모한 수나라는 이후 멸망의 길을 걸었다.

당나라 건국	당나라 멸망
618	907

당나라의 수도는 외국인들로 북적거렸다고요?

30초 해결사

당나라의 수도 장안에는 외국 사신들을 맞이하는 기관인 홍려시가 있었어요. 장안은 비단길의 시작 지점에 있어 국제 교류가 활발히 이루어지는 도시였어요. 여러 나라의 사신을 비롯해 학자, 승려, 상인 등이 이곳을 자유롭게 드나들었지요. 그러면서 세계의 여러 문화가 당나라로 흡수되었고, 동아시아를 비롯한 다양한 나라가 당나라의 문화를 모방하기도 했어요.

#당나라 #홍려시 #비단길 #당삼채

당나라는 태종 때 국가의 기틀을 다졌어요. 태종은 여러 법과 제도를 묶은 율령을 반포했고, 돌궐을 공격해 제압한 뒤 영토를 확장했어요. 7세기 중엽 당나라는 중앙아시아로 세력을 뻗어 비단길을 장악했어요. 대외적인 개방 정책을 펼쳐 주변 국가는 물론 서역의 여러 나라와도 비단길과 바닷길을 통해 문물을 교류했지요. 서역의 유리와 보석이 당나라에 들어왔고, 비단과 도자기 등이 세계 곳곳으로 퍼져 나갔어요.

당나라의 수도 장안은 인구가 100만 명이 넘는 대도시였어요. 동양과 서양의 문화가 교차하는 곳이기도 했어요. 세계 각지의 사신과 유학생, 학자, 예술가, 승려와 상인 등이 당나라의 문화를 배우기 위해 장안에 모여들었어요. 조로아스터교, 이슬람교 등 다양한 종교의 사원이 당나라에 세워지기도 했어요. 이처럼 장안은 국제 문화 교류의 중심지 역할을 했어요.

당나라 장회태자의 무덤에서 발굴된 「예빈도」

당나라에서 발견한 서양의 흔적, 당삼채

당삼채는 백색 바탕에 녹색, 갈색, 남색 등의 유약을 발라 만든 당나라의 도자기로, 주로 7세기에서 8세기에 제작되었다. 대체로 백색과 녹색, 갈색의 3색으로 배합된 것이 많아 삼채라는 이름이 붙었다. 당삼채는 여러 가지 형태로 제작되었는데, 남녀의 인물상, 말과 낙타 등의 동물상, 그리고 항아리와 병, 쟁반 등의 그릇이 있었다. 당시 유행한 서아시아풍의 의장과 복식도 보여 국제적 성격의 당나라 문화를 엿볼 수 있다.

낙타를 탄 서역 악사들
(중국국가박물관 소장)

당나라 건국	당나라 멸망
618	907

동아시아 불상들의 모습은 왜 비슷할까요?

30초 해결사

한국과 일본의 불상 모양이 중국 불상과 비슷한 이유는 당나라 시기에 중국의 영향을 받았기 때문이에요. 당나라는 활발한 대외 교류를 펼쳐 주변 나라에 많은 영향을 주었어요. 그 결과 동아시아에서는 율령, 유교, 불교, 한자를 공통 요소로 하는 하나의 동아시아 문화권이 형성되었어요. 한국과 일본의 불상이 중국의 불상과 비슷하게 생긴 이유예요.

#동아시아 문화권 #율령 #유교 #불교 #한자

한나라 때부터 이어진 중국의 제도와 문화는 당나라 때 크게 발전했어요. 한반도, 일본, 베트남 등 당나라와 지리적으로 가까운 국가들은 장안에 사신과 유학생을 파견해 중국의 선진 문화를 자신들의 전통과 특성에 맞게 받아들이면서 고대 국가로 발전했어요. 이렇게 형성된 동아시아 문화권은 오늘날에도 계속 이어지고 있답니다. 어떤 문화를 공통으로 가졌는지 살펴볼까요?

율령	율령은 형법, 행정법, 조세 제도 등 나라를 다스리는 기본 법령이에요. 율령은 동아시아 국가들이 왕권을 강화하는 데 크게 기여했어요. 당나라의 3성 6부제는 발해, 고려, 일본 등 중앙 통치 제도의 모범이 되었어요. 그러나 명칭과 운영 방식은 각 나라에 맞게 바꿔 독자적으로 운영했어요.
유교	한나라 이후 유교는 중국의 통치 이념이 되었어요. 한반도와 일본도 유교를 받아들여 정치 이념과 사회 규범으로 삼았어요. 문묘를 세워 공자를 모셨고, 지식인들은 유교 경전을 공부했어요. 각 나라의 지식인들은 당나라의 과거(빈공과)에 응시해 합격하기도 했어요.
불교	불교는 한반도와 일본 등에서 왕실의 보호를 받으며 국가 신앙으로 발전했어요. 지배층을 중심으로 받아들여진 동아시아 불교는 왕권을 강화하고 사회를 안정시키기 위한 호국불교로 발전했어요. 사찰과 석굴 등의 건축도 활발히 이루어졌어요.
한자	동아시아 국가들은 한자로 지식과 정보를 교류했어요. 한자는 한반도의 이두, 일본의 가나 문자, 베트남의 쯔놈 문자 형성에 영향을 주었어요.

『서유기』 속 삼장 법사의 정체

현장은 당나라 초기의 승려이자 불교 경전 번역가다. 우리에게는 『서유기』에 등장하는 삼장三藏 법사로 유명하다. 현장은 10세의 어린 나이에 절에 들어가 중국 각지를 오가며 불교를 연구했다. 당시 중국에 있는 인도 불경은 중국어로 번역되었기 때문에 불교의 중요한 개념과 교리를 이해하기 힘들었다. 현장은 17년 동안 인도를 비롯한 서역을 다니며 불교를 연구하고 돌아왔다. 이후 당나라 왕조의 지원을 받아 불경을 번역하면서 자신의 인도 여행을 적은 『대당서역기』를 남겼다. 현장이 여행한 138개국의 도시에서 직접 보고 전해 들은 이야기를 12권으로 엮은 것이다. 당시 중앙아시아와 인도의 불교, 문화, 풍습, 지리와 기후 등을 세밀하게 기록해 역사적으로 큰 가치가 있다.

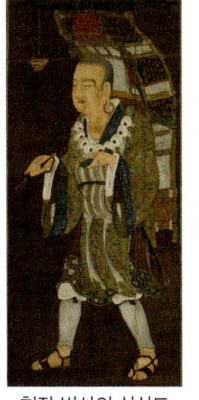

현장 법사의 상상도
(일본 도쿄국립박물관 소장)

수나라 문제 즉위	수나라, 과거 제도 실시	고려, 과거 제도 실시
581	587	958

시험을 봐서 관리를 선발했다고요?

30초 해결사

과거科擧는 시험을 통해 관리를 선발하는 제도를 말해요. 수나라 문제 때 처음 시행된 이후 1,000년 넘게 중국에서 이어졌어요. 과거에 합격하기 위해서는 유교 경전과 국가 정책을 이해하는 수준이 높아야 했고, 시문을 짓는 능력도 중요했어요. 능력 있는 사람에게 신분 상승의 기회를 주었기에 출세의 지름길이라고도 불렸어요. 과거 제도는 한반도와 일본, 베트남 같은 주변국에도 영향을 주었어요. 우리나라는 958년 고려 광종 때 쌍기의 권유로 과거 제도를 처음 시행했어요.

#송나라 #과거 제도 #문치주의

"나에게 충성하는 신하가 필요한데…"

수나라 문제는 중국을 통일한 이후 강한 권력을 가진 귀족들을 견제하고자 했어요. 그래서 황제에게 충성하는 관리를 뽑기 위해 과거 제도를 시행했어요. 당나라 때는 과거 시험의 과목을 늘려 여러 분야의 관리를 뽑았어요. 외국인도 과거에 응시할 수 있었기에 신라의 최치원도 당나라의 관리가 될 수 있었지요.

송나라 때 본격적으로 과거 제도의 틀이 만들어졌어요. 송나라는 문신을 우대하는 문치

송나라의 과거 시험 모습

주의 정책을 펼치며 과거 제도를 개혁했어요. 지방에서 1차 시험을 치르고, 합격한 사람을 대상으로 수도에서 2차 시험을 보게 했지요. 최종 단계인 3차 시험에서는 황제가 직접 시험관으로 참여해 합격자의 순위를 결정했어요. 과거에 합격한 관리들은 자신을 뽑아 준 황제와 스승과 제자의 관계를 맺었기 때문에 황제에 대한 충성심이 높을 수밖에 없었어요.

송나라의 과거 제도는 3년에 한 번꼴로 시행되었고, 한 번에 약 300~400명의 사람만 합격했어요. 당시 송나라의 인구가 1억 명에 이를 것으로 추정되는데, 관리가 되는 것은 그야말로 낙타가 바늘귀에 들어가는 것만큼 어려운 일이었지요. 과거를 통해 관료가 된 이들은 사대부라는 새로운 지배 계층이 되었어요.

부정행위의 역사

옛날 사람들도 오늘날 사람들처럼 시험을 볼 때 부정행위를 했다. 책을 시험장에 몰래 숨겨서 들어가거나, 작은 종이에 책을 베껴 오기도 했다. 심지어 속옷에 시험 문제 내용을 적어 입고 오는 사람도 있었다. 조를 짜 대리 시험을 봐 주기도 했는데, 대신 글을 써 주는 사람과 글씨를 멋있게 베껴 쓰는 사람 등 역할도 다양했다. 국가는 부정행위를 막기 위해 몸수색을 강화하는 등 여러 방법으로 노력했다. 작성자의 이름을 가리는 호명법, 응시 정보를 적어 답안지 옆에 밀봉한 뒤 시험이 끝나고 열어 필체를 확인하는 봉미법, 관리가 응시자의 답안지를 다시 적어 필체를 알 수 없게 하는 등록법 등이 사용되었다.

조선 시대의 대리 시험
(국립중앙박물관 소장)

송나라 건국	최초의 지폐 발명	송나라 멸망
960	997	1279

송나라에 불이 꺼지지 않는 도시가 있었다고요?

거리에 사람들이 북적거리네.

한밤중인데도 낮처럼 밝아요.

그래서 카이펑은 불야성이라는 별명이 있단다.

30초 해결사

송나라의 수도 카이펑은 당시 인구가 100만 명이 넘는 대도시였어요. 카이펑이 대도시가 된 까닭은 도로와 강, 대운하가 연결되는 위치에 있어 주변의 물자가 쉽게 모여들었기 때문이었어요. 상업 활동이 활발해 카이펑의 상점들은 밤새도록 불을 켜고 장사를 했어요. 그래서 사람들은 '밤이 오지 않는 것 같다'라면서 카이펑을 '불야성'이라고 부르기도 했어요.

• 불야성不夜城: 불이 환하게 켜져 있어 밤에도 대낮같이 밝은 곳을 말해요.

#송나라 #카이펑 #청명상하도 #교자

"자~ 물건이 쌉니다! 그릇부터 향료, 상아와 각종 약재까지 없는 게 없어요!"

"맛있는 음식이 많아요! 와서 드시고 가세요!"

카이펑은 도시 전체가 거대한 시장이었어요. 당나라 때는 시장의 영업 구역과 시간이 정해져 있었어요. 송나라 때는 이러한 규제가 사라지면서 상업 활동이 활발해졌어요. 다양한 음식점이 도로 주변을 채웠고 밤에도 가게는 사람들로 북적였지요. 떠돌이 연예인의 공연이나 오락장 등 서민들이 즐길 거리도 많았어요. 상업이 발달하고 도시가 성장하면서 서민들의 사회적·경제적 지위는 향상되었어요. 서민 문화도 이때 크게 발달했어요.

화가 장택단이 그린 「청명상하도」에서는 당시 카이펑의 번화한 모습을 확인할 수 있어요. 이 그림에는 12세기 송나라의 수도 카이펑과 인근 지역의 모습이 세세하게 표현되어 있어요. 거리에 널린 술집, 고급 음식점, 여관, 상점 등 다양한 가게와 서민들의 생활 모습을 엿볼 수 있지요. 당시 사대부, 승려, 마차꾼, 상인, 의원 등 다양한 신분과 직업을 가진 사람들이 북적대는 모습도 볼 수 있어요. 마차, 수레를 끄는 말의 모습 등도 생동감 있고 정교하게 묘사되어 있지요. 이처럼 카이펑은 당시 송나라 경제의 중심지였어요.

장택단, 「청명상하도」(중국 고궁박물원 소장)

「청명상하도」의 높이는 약 25cm, 너비는 약 530cm란다. 비단에 그린 긴 두루마리 그림이지.

5m가 넘는다고? 그렇게 큰 그림을 그리다니 대단해!

사람들의 다양한 모습을 보는 재미가 있는걸?

세계 최초의 지폐, 교자

세계 최초의 지폐는 송나라 태종 때 쓰촨성에서 만들어졌다. 당시 송나라에서는 상업이 발달하고 상거래가 활발해지면서 동전이 많이 쓰였다. 하지만 동전은 무거워서 사용하기가 불편했다. 정부는 쓰촨성을 중심으로 '교자'라는 지폐를 발행하기 시작했다. 교자는 송나라 전체로 퍼져 나갔다. 세계 최초로 국가가 주도하는 지폐가 만들어진 것이다. 종종 지폐를 위조하는 사례가 생겨 위조한 사람을 처벌하는 내용을 지폐에 적었다고 한다. 지폐는 이후 원나라의 교초, 명나라의 대명보초 등으로 변하며 이어졌다.

송나라의 교자

송나라 건국	나침반 발명	화약, 유럽에 전파
960	11세기경	13세기경

중국의 4대 발명품 중 세 개가 송나라에서 만들어졌다고요?

30초 해결사

송나라 때 세계 역사를 바꾼 활판 인쇄술, 화약, 나침반이 발명되었어요. 한나라 때 채륜이 개량한 종이와 함께 중국의 4대 발명품으로 불리지요. 송나라 때는 학문과 사상이 발전하고 경제가 크게 번성했어요. 도시가 성장하고 서민 문화도 발달했어요. 과학 기술도 이러한 나라의 성장에 발맞추어 비약적으로 발전했지요.

#송나라 #인쇄술 #화약 #나침반

중국의 목판 인쇄술은 송나라에 이르러 활판 인쇄술로 발전했어요. 11세기 중엽 송나라의 발명가 필승이 활자를 발명했지요. 활판 인쇄술은 진흙에 글자를 하나씩 새긴 뒤 굽고, 필요한 활자를 자유롭게 판에 배열해 문장을 만든 다음 종이에 찍는 방법이에요. 인쇄가 끝나면 활자를 다시 배열해 새로운 활판을 만들 수 있었기에 인쇄 효율과 속도를 크게 높여 주었어요. 이 기술이 동아시아는 물론 이슬람과 유럽 세계에도 전해지면서 지식을 보급하고 문화를 발달시키는 데 큰 영향을 주었지요.

활판 인쇄술

화약

화약은 불로장생을 위한 신비한 묘약을 만들던 사람들이 우연히 발명했어요. 송나라 사람들은 화약을 이용해 화살에 화약통을 달아 불을 붙여 날리는 불화살, 쇠공에 화약을 채워 심지에 불을 붙여 터뜨리는 폭탄 등을 제작했어요. 이러한 무기들은 이민족인 금나라, 몽골을 막는 데 사용되었어요.

송나라에서 발명된 나침반은 자석의 원리를 이용해 실 끝에 바늘을 달고 밑에 방위판을 놓아 방향을 확인할 수 있는 기구였어요. 나침반 덕분에 중국인들은 먼 거리를 쉽게 항해할 수 있게 되었고, 해상 무역도 활발해졌어요. 이슬람 상인들은 나침반을 통해 항해 기술을 발전시켰고, 이것이 유럽에 전해지면서 신항로 개척이 시작되었어요.

나침반

중세 유럽을 변화시킨 화약

중국에서 발명된 화약은 13세기경 유럽으로 전파되었다. 원나라가 서아시아에 군대를 보내면서 이슬람 세계에 화약과 화포 기술이 건너간 것이다. 유럽은 이슬람을 통해 화약 무기의 위력을 깨달았다. 유럽인들은 화약 무기를 개발했고 14세기 중반에는 전쟁에 총포가 등장했다. 중세 군사력의 상징이었던 말을 탄 기사는 총포를 이용한 공격에 큰 힘을 발휘하지 못했다. 전쟁의 양상이 바뀌자 기사는 몰락했고, 유럽 사회의 근간이었던 봉건제 또한 무너지게 되었다.

화포를 쓰는 유럽 군대

야율아보기, 요나라(거란) 건국	요나라, 연운 16주 획득	금나라 건국
916	936	1115

송나라가 거란족과 여진족에게 꼼짝 못 했다고요?

30초 해결사

송나라는 지나친 문치주의로 군사력이 약해지면서 북방 유목 민족들에게 자주 공격을 받았어요. 당나라가 멸망한 이후부터 유목 민족들은 통일 제국을 세워 세력을 확대했는데, 거란족이 요나라를, 탕구트족이 서하를, 여진족이 금나라를 세워 송나라를 압박했어요. 송나라는 요나라, 서하, 금나라 등 북방 민족의 침입을 막기 위해 전쟁에 비용을 많이 썼어요. 평화를 유지하기 위해 매년 많은 양의 비단과 은을 주기도 했지요.

#송나라 #거란족 #여진족 #요나라 #금나라 #왕안석

거란족의 야율아보기는 916년에 요나라를 세우고 세력을 확장했어요. 만리장성 이남의 연운 16주를 차지한 요나라는 송나라를 압박해 송나라를 형으로, 요나라를 아우로 하고 양쪽의 국경을 유지하는 맹약을 맺었어요. 이 맹약에 따라 송나라는 요나라에 매년 막대한 공물을 보내야 했어요.

한편 여진족의 아구다는 1115년에 금나라를 세웠어요. 금나라는 송나라와 연합해 요나라를 멸망시킨 뒤, 송나라의 수도 카이펑을 공격해 중국 북부를 통치했어요. 송나라는 수도를 항저우로 옮기고 왕조를 재건했는데 이를 남송이라 한답니다. 남송은 금나라와 계속 전쟁을 벌인 끝에 금나라에게 신하의 예를 갖추고 매년 은과 비단을 제공할 것을 약속했어요. 이후 한족 문화에 동화되어 군사력이 약해진 금나라는 남송과 연합한 몽골에게 패해 멸망했어요.

요나라와 금나라 시기의 지도

개념연결 지배 계층의 반발로 실패한 왕안석의 개혁

송나라 황제 신종은 국가의 재정 적자를 회복하기 위해 왕안석을 등용하고 개혁을 추진했다. 춘궁기에 농민들에게 곡식을 빌려주는 청묘법, 요역을 면제해 주는 대신 돈을 받는 면역법, 수리 시설을 지어 농토를 확충하는 농전수리법 등을 실시해 농민들을 보호했다. 상품의 유통을 국가 중심으로 바꾸는 균수법으로 재정을 확충하고 대상인들의 횡포를 막으려 했다. 시역법으로는 중소 상인에게 낮은 이자를 받았으며, 민병대를 만드는 보갑법으로 군사력을 강화하려 했다. 이러한 왕안석의 개혁은 지주와 대상인 등 지배 계층의 반발로 실패했다.

칭기즈 칸, 몽골 제국 건국	쿠빌라이 칸 즉위	쿠빌라이 칸, 국호를 '대원'으로 고치고 베이징 천도
1206	1260	1271

달리는 말 위에서 활을 쏘며 세계를 정복했다고요?

30초 해결사

몽골 제국은 몽골군의 뛰어난 기동력과 전투력으로 인류 역사상 가장 넓은 영토를 차지했어요. 몽골 제국을 건설한 칭기즈 칸의 본명은 테무친이에요. 그는 몽골의 여러 부족을 통합하며 1206년 몽골 제국의 칸이 되었어요. 칭기즈 칸은 중앙아시아와 서하 등의 땅을 정복했고, 그의 뒤를 이은 칸들은 영토를 계속 확장했어요. 몽골 제국은 동쪽으로는 러시아 연해주 일대, 서쪽으로는 동유럽을 아우르는 유라시아 대제국으로 발전했어요.

• 칸: 튀르크어로 우두머리를 뜻해요. 몽골 제국의 군주들은 모두 칸이라 불렸어요.

#몽골 제국   #기마병   #몽골 제일주의   #칭기즈 칸   #원나라   #쿠빌라이 칸

칭기즈 칸의 손자이자 몽골 제국의 제5대 칸인 쿠빌라이는 수도를 대도(지금의 베이징)로 옮기고 국호를 원元으로 고쳤어요. 그리고 남송을 멸망시켜 중국 전체를 다스렸지요.

원나라는 몽골 제일주의로 나라를 다스렸어요. 수도와 가까운 곳은 중국의 제도로 다스렸지만, 지방에는 몽골 관리인 다루가치를 파견해 다스렸어요. 또한 몽골인을 가장 우대하고, 나머지 민족은 몽골 제국에 얼마나 협조적이었는가를 따져 차별을 두었어요. 대체로 몽골 제국에 항복한 순서에 따라 구별했지요. 서역 출신의 색목인을 우대해 이들에게 국가의 행정 업무를 맡기는 한편, 중국에 살던 한인과 남송 출신의 남인은 피지배 계층으로 삼아 부당한 대우를 받게 했어요. 특히 몽골 제국의 침입 때 저항했던 남인들은 가장 심한 차별을 받았어요.

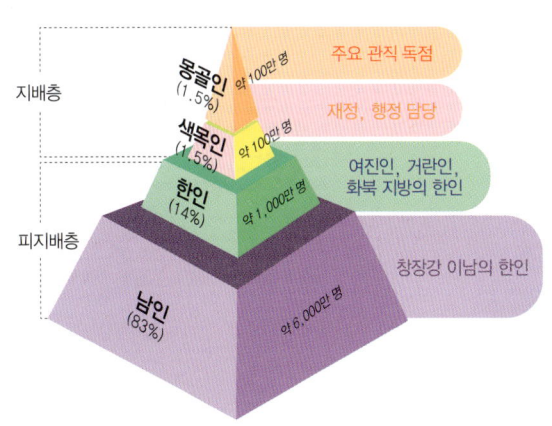

원나라의 인구 구성

쿠빌라이가 사망하자 황위 계승을 둘러싸고 원나라 내부에서는 분열이 일어났어요. 지배층의 사치로 재정도 나빠졌어요. 이를 해결하고자 세금을 더 거두고 지폐를 마구 생산했지만, 물가가 폭등하면서 사정은 더 나빠졌어요. 이러한 가운데 농민 봉기인 홍건적의 난까지 일어나 원나라는 더욱 쇠퇴하게 되었어요.

> 홍건적은 한족 출신의 농민들이 일으킨 반란이야. 머리에 붉은 두건을 두르고 있어 그런 이름이 붙었지.

몽골이 대제국을 건설할 수 있었던 이유

몽골군의 가장 큰 무기는 뛰어난 기동력과 우수한 무기, 전투력이었다. 기마병은 여러 마리의 말을 끌고 바꿔 타며 하루에 70킬로미터를 이동할 수 있을 정도로 기동력이 좋았다. 또한 소고기나 양고기를 말린 음식 '보르츠'로 군량의 무게를 줄였고, 가볍고 튼튼한 갑옷으로 기동력을 더욱 높였다. 또 몽골 병사들은 어릴 때부터 기마술을 익혀 달리는 말 위에서 몸을 완전히 비틀고 화살을 쏠 수 있을 정도로 전투력이 뛰어났으며, 사정거리가 200미터에 달하는 작고 단단한 활, 반달 모양으로 휘어진 칼, 파괴력이 있는 투석기 등 우수한 무기를 사용했다.

「원세조출렵도」 중, 몽골의 기마병 (대만 국립고궁박물원 소장)

칭기즈 칸은 위인일까, 침략자일까?

다양한 민족을 아우르는 제국을 세운 위인이야!

> 칭기즈 칸이 정복 전쟁을 펼쳐 넓은 대제국을 건설하면서 사람들은 동양과 서양을 안전하고 자유롭게 오갈 수 있게 되었어. 덕분에 교통과 무역이 더욱 활발해졌지. 또 칭기즈 칸은 민족과 출신을 차별하지 않았고, 자신을 반대했던 사람이나 적이라고 해도 능력만 있다면 과감히 신하로 삼을 정도로 인망과 지도력을 갖춘 인물이었어. 위대한 인물로 꼽히기에 충분해.

칭기즈 칸은 분열되었던 몽골 부족을 통합해 몽골 제국을 세운 인물이다. 이후 칭기즈 칸은 정복 전쟁을 일으켜 아시아의 초원 지대와 동유럽, 시베리아와 페르시아만에 이르는 거대한 대제국을 건설했다. 오늘날 역사상 가장 중요한 인물 중 하나로 꼽히는 칭기즈 칸은 정복 군주이자 대단한 지도자로 평가받지만, 한편으로는 정복 전쟁 과정에서 무수한 사람을 학살한 침략자라는 평도 받고 있다.

제국을 위해 다른 민족을 짓밟은 침략자야!

> 칭기즈 칸의 제국 건설은 이웃 국가에 대한 침략의 역사야. 몽골 제국군은 다른 나라를 정복하는 과정에서 무고한 민간인들을 대량으로 학살했어. 당시 몽골 제국에게 당한 중앙아시아와 유럽 지역의 국가들에서는 칭기즈 칸의 악명이 자자했다고 해. 정복당한 나라의 입장에서 칭기즈 칸은 침략자에 불과해. 민간인들을 죽이며 만든 제국에 어떤 의미가 있을까?

칭기즈 칸,	쿠빌라이 칸 즉위	쿠빌라이 칸, 국호를 '대원'으로 고치고 베이징 천도
몽골 제국 건국		
1206	1260	1271

몽골 제국에도 고속도로 휴게소가 있었다고요?

30초 해결사

몽골 제국은 수도를 중심으로 전국 각지를 연결하는 도로망을 건설하고, 지금의 고속도로 휴게소와 같은 '역참'을 교통의 중심지마다 설치했어요. 역참에서는 관리나 사신에게 숙식과 말을 제공했고, 지친 말 대신 새 말로 바꿔 탈 수도 있었어요. 역참을 이용할 수 있는 통행증은 '패자'라고 하는데, 몽골 문자(파스파 문자), 위구르 문자 등 다양한 문자로 내용이 새겨져 있었어요.

몽골의 패자

#몽골 제국 #역참 #패자 #비단길

몽골 제국이 유라시아를 대부분 통합하면서 동서 교류가 활발해졌어요. 몽골 제국은 주요 교역로에 40킬로미터마다 역참을 설치해 중앙과 각 지방을 연결했어요. 연결망이 생기니 비단길, 초원길, 바닷길이 모두 수도인 대도(베이징)와 연결되었고, 이슬람 상인들과 유럽인들은 편하게 중국을 오갈 수 있었어요.

한나라의 장건이 개척한 비단길은 오래전부터 동서 교류를 위한 가장 중요한 교역로였어요. 비단길을 통해 비단, 도자기, 화약, 제지술 등 귀중품과 과학 기술이 서역으로 넘어갔어요. 유럽인들도 비단길을 통해 중국으로 와 문화와 지식을 서로 나누었지요.

초원길은 유라시아 초원 지대를 가로지르는 교역로였어요. 흉노, 선비, 돌궐족 등 유목 민족들이 이 길을 통해 교류하면서 발전했어요. 몽골 제국은 이 초원길을 이용해 유럽으로 진출하여 대제국을 건설할 수 있었어요.

바닷길은 중국의 남동해안부터 동남아시아와 인도, 홍해와 지중해를 잇는 길이었어요. 처음에는 중국인과 동남아시아인, 인도인들이 이용하다가 8세기 이후부터는 이슬람 상인들이 주로 사용했지요.

몽골 제국의 동서 교류 교역로

몽골 제국의 술, 소주

고려 시대에 원 간섭기를 지나며 고려와 원나라의 교류가 활발해졌다. 몽골 제국에서 즐겨 마시던 소주는 고려로 제조 기술이 전파되어 우리나라를 대표하는 술로 발전했다. 그 외에도 앞머리를 밀고 뒷머리를 남겨 땋는 몽골식 변발과 수라, 무수리, 장사치, 벼슬아치 등의 몽골 언어도 들어왔다. 반대로 원나라에는 고려의 모시, 쌈 문화 등이 유행했다. 이렇게 고려에 전해진 몽골 제국의 풍습은 '몽골풍', 원나라에 전해진 고려 풍습은 '고려양'이라고 부른다.

소주를 만들 때 사용하는 소줏고리 (국립민속박물관 소장)

랍반 사우마, 『서방견문록』 출간	마르코 폴로, 『동방견문록』 출간	이븐 바투타, 『여행기』 출간
13세기경	1299	1355

몽골 제국을 여행한 책이 당시의 베스트셀러였다고요?

30초 해결사

이탈리아 베네치아의 상인 출신인 마르코 폴로는 원나라에서 색목인 관료로 근무했어요. 그가 17년간 아시아 각지를 여행한 경험을 바탕으로 만들어진 책이 『동방견문록』이지요. 이 책은 당시 유럽인들의 동양에 대한 호기심을 크게 자극했어요. 『동방견문록』은 유럽에서 성경 다음으로 많이 읽힐 정도로 인기가 많았어요.

#원나라 #마르코 폴로 #동방견문록 #이븐 바투타

"원나라에는 신기한 것이 정말 많구나! 고향 사람들에게도 알려 주고 싶은걸?"

몽골 제국이 동서 교류의 중심지가 되면서 여러 나라 사람들이 원나라의 수도로 모여들었어요. 마르코 폴로는 원나라를 방문한 외국인 중 한 명이었어요. 아버지, 숙부와 함께 여행을 떠나 서아시아와 중앙아시아를 거쳐 원나라에 도착한 마르코 폴로는 쿠빌라이 칸의 신임을 얻어 17년 동안 원나라에서 색목인 관리로 일했어요.

마르코 폴로는 바닷길을 거쳐 다시 베네치아로 돌아갔지만, 전쟁에 휩쓸려 포로로 투옥되고 말았어요. 그는 감옥에서 같이 수감 생활을 한 루스티켈로에게 동방에서 겪은 이야기를 들려주었고, 이는 『동방견문록』이라는 책으로 출간되었어요.

원나라 복식을 한 마르코 폴로

『동방견문록』에는 유럽인들이 흔히 동방이라고 부르던 중국과 인도뿐만 아니라, 아시아의 여러 지방과 아프리카, 러시아, 시베리아도 소개되어 있어요. 이 책을 통해 당시 동방을 미지의 세계로 여겼던 유럽인들의 세계관이 크게 바뀌었지요.

한편 중동에서는 모로코 출신의 이슬람교도인 이븐 바투타가 쓴 『여행기』가 큰 인기를 끌었어요. 그는 메카로 성지 순례를 떠났다가 여러 나라를 거쳐 몽골 제국까지 방문했어요. 아시아, 아프리카, 유럽 등을 돌아다니며 각 지역의 문화와 풍습을 체험하고 기록해 『여행기』를 출간했지요.

개념연결 중국에서 유럽으로 향한 여행가, 랍반 사우마

13세기 후반 마르코 폴로가 쿠빌라이 칸을 만날 무렵, 그와 정반대로 중국에서 유럽으로 여행한 사람이 있었다. 중앙아시아 소수 민족 출신의 네스토리우스교 수도사 랍반 사우마다. 그는 쿠빌라이 칸의 특사로 파견되어 원나라의 베이징부터 프랑스 파리까지 긴 여정을 떠났다. 그 과정에서 프랑스의 왕, 로마 교황 등을 만나며 외교 업무를 수행했다. 그가 여행 중에 유럽에 대한 인상을 담은 책이 바로 『서방견문록』이다. 랍반 사우마의 『서방견문록』은 13세기 동양과 서양의 역사를 비교할 수 있는 중요한 책이다.

명나라 건국	영락제 즉위	자금성 완공
1368	1402	1420

방이 9,000개나 있는 궁궐이 있다고요?

"궁궐 안에 건물이 수백 채나 된대!"

"황제가 살던 곳이라 그런가?"

"그만큼 사람도 많았겠지?"

30초 해결사

베이징에 있는 자금성은 800여 채의 건물과 9,000여 개의 방이 있어 세계 최대의 궁궐이라고 불려요. 명나라의 영락제는 난징에서 베이징으로 수도를 옮기면서 국력을 과시하기 위해 자금성을 지었어요. 이후 자금성은 청나라 때까지 궁궐로 쓰이며 황제 권력의 상징이 되었어요.

#명나라 #홍무제 #영락제 #자금성 #육유

명나라의 첫 번째 황제인 홍무제(주원장)는 가난한 농민 출신이었어요. 그는 원나라에 반대하는 세력을 모아 난징을 수도로 삼고 명나라를 세웠어요. 황제의 자리에 오른 홍무제는 몽골을 북쪽으로 몰아내고 한족 왕조를 부활시켰어요.

명나라는 영락제 때 전성기를 맞이했어요. 수도를 베이징으로 옮기고 자금성이 건설된 것도 이때예요. 자금성 내부의 가운데 솟아오른 돌길은 황제만이 걸을 수 있었고, 지붕의 기와는 황제를 상징하는 황색으로 칠했지요. 황색은 흙을 뜻하고, 흙은 만물의 근원이라 여겼기 때문이에요. 자금성의 건물 전체는 황제가 온 천하의 중심임을 드러내고 있지요.

영락제가 사망한 이후 명나라는 환관들의 횡포와 권력 다툼으로 혼란해졌어요. 북쪽에서는 몽골이 침입하고, 남동쪽 해안에서는 왜구가 약탈을 일삼았지요. 게다가 임진왜란과 여진족과의 전쟁으로 재정이 나빠졌어요. 재정을 보충하기 위해 세금을 무리하게 거두자 농민들은 각지에서 저항했어요. 명나라는 결국 1644년에 이자성이 이끄는 농민군에 의해 멸망했어요.

북쪽에서 바라본 자금성의 모습(©Picrazy2)

백성들이 지켜야 할 여섯 가지 유교 윤리, 육유(六諭)

홍무제는 명나라를 세우며 원나라 때 무너진 한족의 문화와 질서를 되살리고자 했다. 여기에는 유교 이념도 포함되어 있었다. 홍무제는 유교 이념을 반영하여 백성들이 지킬 여섯 가지 교훈인 '육유'를 반포했다. 그 내용은 다음과 같다. '부모에게 효도하라', '웃어른을 공경하라', '이웃과 화목하라', '자손들을 잘 교육하라', '자신의 일에 최선을 다하라', '나쁜 짓을 하지 말라'. 육유는 오늘날에도 우리 주변에서 흔히 이야기하는 일반적인 유교 윤리로 자리매김했다.

명 태조 홍무제 어진
(대만 국립고궁박물원 소장)

정화, 항해 시작	정화, 영락제에 기린 진상	명나라 멸망
1405	1415	1644

정화의 대항해가 콜럼버스보다 앞섰다고요?

30초 해결사

정화의 항해는 콜럼버스와 바스쿠 다가마보다 약 90년, 마젤란보다 약 120년 더 빨리 이루어졌어요. 명나라의 환관이었던 정화는 영락제 때인 1405년부터 선덕제 때인 1433년까지 28년에 거쳐 총 일곱 번 항해했어요. 정화의 배는 길이가 135미터 정도였으며 수백 명을 태울 수 있었어요. 이는 90년 뒤 콜럼버스가 신항로 개척 때 사용한 함대보다 7배 정도 더 큰 규모예요.

#명나라 #정화 #대항해 #국제 질서

"다른 나라에 명나라의 위대함을 보여 주도록 해라!"

영락제는 전성기를 맞이해 적극적으로 대외 팽창 정책을 펼쳤어요. 직접 군대를 이끌어 몽골을 수차례 공격했고 남쪽의 베트남까지 점령했지요. 또한 명나라 중심의 세계 질서를 확대하고자 환관인 정화에게 대규모 항해를 명령했어요. 정화는 이슬람교도이자 환관으로, 전쟁에서 공을 세워 영락제의 두터운 신임을 받고 있었어요.

정화는 1405년에 첫 항해를 시작했어요. 함대는 동남아시아와 인도를 거쳐 페르시아만과 아프리카까지 진출했어요. 항해의 규모가 가장 컸을 때는 대형 함선 60척, 소형 함선 100척, 병사 2만 7,000여 명이 함께 항해했어요. 함대에는 기술자, 통역가, 의사 등도 함께했고 황제의 하사품과 지역 사절단들도 있었어요. 항해를 마치고 돌아올 때는 각지의 왕이 바친 헌상품을 배에 가득 채워 왔지요.

영락제는 정화를 통해 동남아시아, 인도, 아프리카까지 명나라의 위세를 과시했어요. 이후 명나라는 30여 개 국가로부터 새롭게 조공을 받으며 명나라 중심의 국제 질서를 확대했어요.

정화의 항해로

기린의 유래

아프리카 동물인 기린의 이름은 명나라 때 지어졌다. 정화는 항해 중 벵골 술탄국을 방문했는데, 그곳의 통치자가 애완동물로 키우던 기린을 공물로 받아 영락제에게 바쳤다. 당시 중국에서 기린은 용, 봉황 등과 함께 전설 속의 신성한 동물이었다. 사람들은 기린을 사슴의 몸에 화려한 털을 가졌고, 소의 꼬리, 말과 비슷한 발굽이 있으며 이마에는 기다란 뿔이 났다고 생각했다. 그런데 전설 속 기린과 비슷한 동물이 나타나자 백성들은 영락제가 신성한 하늘의 은혜를 받았다고 생각했다. 그 결과 정화가 데려온 동물은 상상 속 동물인 기린과 똑같은 이름을 갖게 되었다.

심도, 「기린도」(1414, 미국 필라델피아미술관 소장)

누르하치, 후금(청) 건국	청나라, 베이징 점령	건륭제 즉위
1616	1644	1735

청나라는 왜 사람들에게 변발을 강요했을까요?

30초 해결사

청나라는 한족들에게 만주족에 대한 복종의 표시로 변발을 강요했어요. 당시 만주족은 한족이 다스리던 중국을 정복했지만, 지배층인 만주족의 숫자는 한족에 비교해 턱없이 적었어요. 만주족은 어떻게 한족을 지배하고 정권을 유지할 수 있을지 고민했지요. 청나라는 이후 변발 등의 강경책과 과거 제도 등의 회유책으로 한족을 포함한 다양한 민족을 아우르는 정책을 펼쳤어요.

#청나라 #만주족 #변발

"명나라가 약해진 지금이 기회다."

1616년, 만주에 있던 여진의 여러 부족을 통합한 누르하치(태조)는 후금이라는 나라를 세웠어요. 누르하치의 뒤를 이은 홍타이지(태종)는 국호를 청으로 바꾸고 몽골과 조선을 침략했어요. 이후 명나라가 멸망하자 청나라는 중국 전체를 지배했어요.

소수의 만주족이 세운 나라, 청나라는 다수의 한족을 다스리기 위해 강경책과 회유책을 썼어요. 먼저 강경책으로 만주족의 풍습인 변발과 호복을 강요했고, 청나라의 지배를 비판하는 말이나 서적에 대해 가혹하게 처벌했어요. 한족들은 특히 변발에 저항했는데, 한족의 전통이 무너진다고 생각했기 때문이었어요. 한족의 저항이 거세자 청나라는 회유책으로 과거 제도를 실시해 고위 관직에 오른 한족의 특권을 인정해 주었고, 중앙 정치에 만주족과 함께 한족을 등용했지요. 또 한족 지식인들을 대규모 편찬 사업에 동원해 중국 문화를 존중하는 모습을 보였어요.

청 태종 숭덕제 어진(중국 고궁박물원 소장)

청나라는 이후 강희제, 옹정제, 건륭제에 이르는 130여 년간 전성기를 누렸어요. 특히 건륭제 때는 활발한 정복 활동으로 티베트와 신장, 몽골을 포함한 오늘날 중국 영토의 대부분을 차지했을 정도였어요.

중국의 소수 민족들

중국은 한족과 만주족, 위구르족 등 공식 발표된 중국 내 소수 민족만 55개에 이르는 다민족·다문화 국가다. 중국에는 현재 22개의 성과 4개의 직할시, 신장 위구르 자치구와 서장 티베트 자치구를 비롯한 5개의 자치구가 있으며, 각 성에도 소수 민족의 자치권을 인정하는 30개의 자치구가 있다. 소수 민족들이 거주하는 자치 지역은 그들 고유의 언어와 문화를 유지하고 있다. 중국의 다양한 소수 민족 문화는 오늘날 관광 산업으로 활용되기도 한다.

전통 의상을 입은 중국의 소수 민족, 묘족
(ⓒArian Zwegers)

「패왕별희」 개봉
1993

청나라에 오페라가 있었다고요?

30초 해결사

경극은 중국 베이징 지역에서 발달한 음악극이라는 뜻에서 '베이징 오페라' 라고도 불려요. 중국의 가장 대표적인 전통 연극이 바로 경극이지요. 경극은 음악과 춤이 합쳐진 종합 예술로, 배우들은 짙은 화장을 하고 호화로운 의상을 입고 등장해요. 2010년 유네스코 인류 무형 문화유산 대표 목록으로 지정되면서 중국의 가장 대중적인 예술로 자리 잡았어요.

#청나라 #베이징 #경극 #패왕별희

경극은 17세기 중반에 안후이성의 극단이 공연하면서 시작되었어요. 건륭제의 팔순 연회 공연에 참여하면서 인기가 높아진 극단은 황실의 지원으로 베이징에 남아 민간 공연을 진행하면서 경극을 발전시켰어요. 오늘날 경극은 신분의 제약 없이 누구나 즐길 수 있는 대중 예술로 자리 잡았어요.

경극의 배역은 크게 남자 역인 '생', 여자 역인 '단', 얼굴에 그림을 그린 배역 '정', 어릿광대 역인 '축'으로 구성돼요. 여자 배역도 남자가 연기한다는 점이 독특해요. 경극은 대부분 1시간 내외로 짧게 공연하는데, 주로 역사, 정치, 사회와 일상생활에 관한 이야기, 재미와 함께 교훈을 줄 수 있는 이야기를 담고 있어요.

경극의 재미를 높이는 연출 방법으로 네 가지를 들 수 있어요. 배우들은 일정한 리듬에 맞춰 대사를 말하고, 우리나라의 판소리처럼 독특한 창법으로 노래해요. 또 화려한 무술 동작을 함으로써 관객의 흥미를 불러일으키지요. 눈길을 잡아끄는 의상도 빼놓을 수 없어요. 배역에 따른 의상을 통해 인물의 신분, 직업, 성격과 위상을 알 수 있어요.

경극 「서유기」의 공연 모습(ⓒ陈文)

인물의 성격에 따라 얼굴에 칠한 색깔이 달라진대!

붉은색은 긍정적인 인물, 검은색은 지혜로운 인물, 푸른색과 녹색은 영웅호걸, 금색과 은색은 귀신을 상징하지.

개념 연결 중국에서 가장 유명한 경극, 「패왕별희」

「패왕별희」는 중국 초나라의 패왕 항우와 그의 연인 우희의 애절한 사랑 이야기를 다룬 경극이다. 중국에서 가장 유명한 경극 중 하나이기도 하다. 이 경극은 1993년에 개봉한 영화 「패왕별희」의 중요한 소재로도 사용되었다. 경극을 사랑한 두 남자의 사랑과 질투, 그리고 경극의 아름다움을 표현한 영화 「패왕별희」는 그 작품성을 인정받아 칸 영화제의 황금종려상을 수상했으며, 전 세계인들에게 경극을 알리는 데 큰 역할을 했다.

영화 「패왕별희」의 포스터

중국 도자기, 유럽에 전파	시누아즈리가 유럽에서 유행	독일, 베를린에 샤를로텐부르크 궁전 완공
15세기경	17세기경	1699

온 유럽이 중국 문화에 반했다고요?

30초 해결사

17~18세기 유럽에서는 중국 문화가 엄청난 인기를 누렸어요. 유럽의 군주들은 중국의 도자기와 중국풍의 가구로 궁전을 꾸몄어요. 또 중국식 정원을 짓고 그곳에서 중국 차를 마시는 모임도 유행했지요. 중국 도자기는 부르는 게 값일 정도로 비싸졌어요. 차 마시는 습관은 점차 유럽에서 고급 취미가 되었어요. 지금도 영국 등 유럽에는 차 문화가 발달해 있답니다.

#시누아즈리 #차 문화 #도자기

17세기 이후, 서양 선교사들이 청나라를 오가면서 중국의 다양한 문화가 유럽에 소개되었어요. 17~18세기 유럽의 왕족과 귀족 사회에서는 중국풍의 문화와 물건들이 크게 유행했어요. 이러한 유행을 '시누아즈리Chinoiserie'라고 불러요. 중국을 뜻하는 프랑스어 '시누아chinois'에서 유래한 이름이지요.

중국풍은 영국의 동인도 회사가 중국과 인도의 공예품들을 수입하면서 대중화되었어요. 유럽인들은 중국과 동양의 건축, 예술에 관심을 갖게 되었고, 도자기, 비단, 차 문화는 온 유럽에 유행처럼 퍼졌어요. 특히 중국의 도자기를 소유하는 것은 부와 권력의 상징처럼 여겨졌어요. 유럽의 왕족과 귀족들은 궁궐과 저택에 '차이나 룸'을 만들어 방을 전부 중국풍으로 꾸몄어요. 방에 가득한 중국 도자기는 그들의 자랑거리였지요. 차를 마시는 문화는 처음에는 고급 취미였기에 상류층만 주로 즐겼어요. 그러다 18세기 중엽부터는 노동자 계층에도 차 문화가 퍼지면서 누구나 즐기는 문화로 자리 잡았어요.

프랑수아 부셰, 「중국식 정원」
(1742, 프랑스 브장송고고학예술박물관 소장)

귀족들이 중국풍을 즐기는 모습이야!

중국 정원에 비단옷까지… 여기가 중국이야, 유럽이야?

독일 샤를로텐부르크 궁전의 '도자기의 방'

독일 베를린에 있는 샤를로텐부르크 궁전은 프로이센의 국왕 프리드리히 1세가 자신의 왕비에게 여름 별장으로 지어 준 궁전이다. 왕비의 이름인 조피 샤를로테의 이름을 따 성의 이름을 지었다. 이 궁전에는 '도자기의 방'이 있다. 다양한 청화 백자들이 방에 빼곡히 진열되어 있어 화려함의 극치를 보여 준다. 중국 도자기에 열광한 당시 유럽 사회의 분위기를 짐작할 수 있다. 당시 중국의 청화 백자는 동양 문화의 매력을 보여 주며 유럽의 문화와 사회에 큰 영향을 끼쳤다.

도자기의 방(ⓒRichard Mortel)

아스카 시대 시작	쇼토쿠 태자가 호류사를 창건
593	607년경

일본에서 백제라는 이름이 유행한 적이 있다고요?

30초 해결사

오사카 지역에는 '백제천百濟川', '백제촌百濟村', '백제역百濟驛' 등 백제에서 따온 이름이 많아요. 오사카시의 공립 학교인 남백제초등학교는 1894년부터 남백제라는 명칭을 쓰고 있지요. 고대 일본은 백제와 지속적으로 교류하며 고대 국가를 형성했어요. 그래서 일본 곳곳에서는 아직도 백제의 흔적을 찾아볼 수 있어요. 백제와의 교류는 일본의 고대 문화 형성에 큰 토대가 되었어요.

#아스카 문화 #백제 #오사카

백제는 역사적으로 일본과 깊은 우호 관계를 맺었어요. 일본은 백제를 '구다라'라고 부르는데, 일본어로 '쓸모없다'라는 뜻의 '구다라나이百済無い'가 '백제 것이 아니면 가치가 없다'라는 뜻에서 유래했다는 주장이 있을 정도지요. 백제는 고구려와 신라를 정치적으로 견제하기 위해 왜국을 우호국으로 활용했고, 왜국은 백제로부터 선진 문물을 받아들여 국가의 기틀을 다졌어요.

한반도의 고구려와 백제, 신라, 가야는 고대 일본에 다양한 영향을 주었어요. 고구려의 담징은 종이와 먹을 만드는 기술을 일본에 전파했고, 신라는 배를 만드는 기술과 둑을 쌓는 기술을 전파했어요. 가야는 일본에 철과 토기를 수출했어요. 가야 토기가 일본에 영향을 주어 일본 토기인 스에키의 바탕이 되었지요. 백제는 일본과 가장 적극적으로 교류한 국가였어요. 일본에 불교를 전파하고 백제의 학자, 화가, 공예 기술자 등을 파견해 문물을 전했지요. 이렇게 전해진 삼국의 문화는 일본의 아스카 문화를 발전시키는 데 도움을 주었어요.

일본 오사카의 구다라오 신사

세계에서 가장 오래된 목탑

호류사 오층 목탑은 일본 호류사(법륭사)에 있는 목탑이며, 세계에서 가장 오래된 목조 건축물이다. 7세기 일본의 아스카 문화를 대표하는 건축물로 일본의 국보이자 유네스코 세계 문화유산으로 등재되어 있다. 높이는 31.5미터이며 1층에서 5층으로 갈수록 층의 크기가 작아진다. 목탑의 구조는 백제 부여의 정림사지 오층 석탑과 유사한 양식을 보인다. 호류사 오층 목탑은 백제 문화의 일본 전파를 보여 주는 유물 중 하나로, 양국의 교류를 엿볼 수 있어 가치가 높다.

호류사 오층 목탑
(ⓒ663highland)

일본, 신토 발생	일본, 백제로부터 불교 도입	야스쿠니 신사 건립
고대 일본	552	1869

일본에는 신이 800만이나 있다고요?

30초 해결사

일본인들은 모든 자연물에 혼이 깃들어 있다고 생각하고, 이들을 신으로 섬겨요. 이렇게 선조나 자연을 숭배하는 일본의 토착 신앙을 '신토神道'라고 해요. 신토는 자연물에 깃든 신과 사람이 죽어서 된 신 등 무수히 많은 신을 모셔요. 이 수많은 신을 모시고 제사를 지내는 곳이 바로 신사지요.

- 800만의 신: 800만은 구체적인 수를 뜻하는 것이 아니라 무한대로 신이 많음을 뜻해요. 신토에서는 무엇이든 신이 될 수 있다고 믿어요.

#신토 #신사 #민속 신앙

일본의 신토는 외래 종교인 불교와 조화롭게 공존하며 발전했어요. 552년 일본은 백제로부터 불교를 받아들였어요. 지배층은 왕권을 강화하기 위해 나라 곳곳에 절과 불상을 세웠고, 불교는 일본인들에게 널리 퍼지기 시작했어요. 신토는 불교의 체계적인 형식을 받아들여 발전했어요. 불교도 토착 신앙인 신토를 인정하며 두 종교는 큰 충돌 없이 조화를 이루었어요. 지금도 일본의 절에서는 부처님과 신토의 신들을 함께 모시는 모습을 쉽게 볼 수 있어요. 신사와 절이 같이 붙어 있거나, 신사에 부처님이 모셔져 있기도 해요.

신토는 창시자도 없고 설교도 없는 종교예요. 신토를 믿는 신자라는 말도 없지요. 그러나 신토는 일본인들의 생활에 뿌리 깊게 자리하고 있어요. 일본인들은 작은 사당을 방 한쪽에 두고 그 앞에서 죽은 이를 추모하거나 가족의 행복을 기원하는 기도를 드려요. 새해가 되면 신들에게 건강을 기원하기 위해 신사를 찾기도 해요. 지금도 신토는 일본인의 문화와 정체성을 구성하는 요소 중 하나로 자리하고 있어요.

일본의 전통 결혼식 모습(ⓒRobert Young)

전쟁 범죄자들을 신으로 모시는 야스쿠니 신사

우리나라와 중국을 비롯해 일본의 침략을 받은 국가들은 일본 정치인의 야스쿠니 신사 참배를 반대한다. 일본 최대 규모의 신사인 야스쿠니 신사는 1869년 일본 왕을 위해 목숨을 바친 사람들에게 제사를 지내기 위해 지어졌다. 그런데 일본 제국이 벌인 전쟁에서 숨진 246만 명을 신으로 모시고 제사를 지내고 있어 논란이 되었다. 1978년부터는 제2차 세계 대전 당시의 전쟁 유물과 A급 전쟁 범죄자들의 위패도 함께 보관하고 있다. 전쟁을 일으킨 범죄자를 국가 영웅으로 만들고 신처럼 떠받드는 것이다. 일본 총리를 비롯한 일부 고위 정치인들은 여전히 야스쿠니 신사를 참배하며 과거의 침략 전쟁과 식민 지배를 미화하고 있어 국제적으로 문제가 되고 있다.

야스쿠니 신사(ⓒWiiii)

야마토 정권 출현, 일본 통일	다이카 개신	야마토 정권, 국호를 일본으로 정하고 천황 칭호를 사용
4세기경	645	7세기 말

일본에는 아직도 천황이 있다고요?

30초 해결사

일본은 아직도 천황이 존재하는 나라예요. 천황은 원래 인간이면서 신이라는 의미의 호칭인데, 제2차 세계 대전에서 일본이 패배한 이후 신적인 요소는 사라지고 국가와 국민을 통합하는 상징적인 존재로만 남게 되었어요. 오늘날 천황은 우리나라의 대통령과 마찬가지로 일본의 국가 원수이지만, 정치적으로 중립을 지키며 어떠한 정치 문제에도 관여하지 않아요.

#야마토 정권 #천황 #쇼토쿠 태자 #다이카 개신 #나라 시대

"이제부터 짐을 왕이 아닌 천황이라고 부르도록 하라!"

4세기 무렵 야마토 정권은 일본을 통일하고 왕권을 강화하기 위해 많은 노력을 기울였어요. 한반도와 중국에 사신과 유학생, 승려를 보내 다양한 문물을 받아들였고, 6세기 후반부터는 쇼토쿠 태자가 본격적으로 불교 장려 정책을 펼쳤어요. 645년에는 당나라의 율령을 도입해 중앙 집권 정치 체제를 만들고 백성과 토지를 국가의 지배 아래에 두었어요. 이 개혁을 다이카 개신이라고 해요.

야마토 정권은 7세기 말 덴무 대왕의 시기부터 '일본'이라는 국호를 사용하면서 왕을 '천황天皇'이라고 부르기 시작했어요. 일본어로는 '덴노'라고 부르지요. 천황이라는 칭호의 어원에는 여러 이야기가 있어요. 도교의 최고 신인 '천황대제'에서 나온 것이라고도 하고, 당나라 고종이 천황이라는 칭호를 쓰면서 일본에서도 사용했다고 보기도 해요. 천황이라는 말이 쓰이기 이전에는 수장이라는 뜻의 대왕, 천왕을 사용했어요.

8세기가 되자 일본은 지금의 나라 지역에 당나라의 장안성을 본뜬 헤이조쿄를 세우고 수도를 옮겼어요. 이 시기를 나라 시대라고 불러요. 나라 시대에는 신라, 당나라와 교류가 활발했고, 도다이사 등의 사찰을 지으며 불교 문화도 크게 발전했어요.

일본에서 가장 큰 목조 건물, 도다이사

도다이사는 8세기 중엽 나라 시대 때 쇼무 천황이 세운 불교 사찰이다. 이 시기에는 왕권을 강화하기 위해 여러 곳에 불교 사찰을 많이 세웠는데 도다이사도 그중 하나다. 도다이사의 대불전은 높이가 47미터에 달하는 세계 최대의 목조 건축물로, 대불전 안에는 높이 15미터의 거대한 불상이 놓여 있다. 불상을 제작하는 데는 많은 시간과 막대한 비용이 투입되었으나, 이를 통해 왕실의 권위를 내보이고 백성들의 믿음을 하나로 모을 수 있었다.

도다이사 대불전(©663highland)

헤이안 시대 시작	가마쿠라 막부 성립	몽골, 일본에 원정군 파견
794	1185	1274

야구 방망이를 든 사무라이가 있다고요?

30초 해결사

사무라이는 헤이안 시대에 나타난 일본의 무사 계층을 말해요. 일본 야구 국가대표 팀은 2009년, 팀의 공식 명칭을 '사무라이 재팬'으로 정했어요. 사무라이가 칼을 휘두르듯 방망이를 휘둘러 공을 쳐서 우승하겠다는 의미였지요. 우리나라 축구 국가대표를 '태극 전사'라고 부르듯, 일본 야구 국가대표는 '사무라이 재팬'이라고 불린답니다.

#헤이안 시대　#쇼군　#막부 시대　#사무라이　#가미카제

"이제부터 쇼군(장군)이 천황을 대신해 나라를 다스리겠다."

8세기 중엽 외척과 귀족 세력이 강성해지자 천황은 수도를 지금의 교토인 헤이안쿄로 옮겼어요. 이후 약 400년간을 헤이안 시대라고 부르지요. 그러나 10세기 무렵부터 귀족과 지방 호족들이 장원을 확대하면서 중앙 집권 체제가 무너졌어요. 귀족들은 자신들의 재산과 토지를 보호하기 위해 무사들을 고용했어요. 무사들은 실력을 인정받고 중앙에 진출하기도 하면서 자신들의 가문을 세울 정도로 발전했어요. 헤이안 시대 말기에는 일본을 통치하는 지배층이 되었지요.

무사 계급의 힘이 커지면서 12세기 말에는 가마쿠라 지역에 최초의 막부가 탄생했어요. 막부는 전쟁터에서 회의하는 천막을 가리키는 말이었지만, 점차 무사 정권을 뜻하는 말로 바뀌었어요. 이후 일본에서는 천황 대신 쇼군이 나라를 다스리는 무사 정권이 700여 년 동안 이어졌어요. 이 시기의 무사 계층을 사무라이라고 불러요. 막부 시대에는 쇼군과 가신(다이묘, 사무라이)이 주종 관계를 맺는 일본 특유의 봉건제가 시행되었어요.

쇼군은 가신에게 토지와 토지 지배권을 주었어.

그 대가로 가신들은 쇼군에게 충성하고 복종했군요!

천황
↓
쇼군(장군)
보호, 토지 분배 ↓ ↑ 충성, 복종
다이묘(영주)
보호, 토지 분배 ↓ ↑ 충성, 복종
사무라이(하급 무사)
지배 ↓ ↑ 조세, 부역
농민 | 수공업자 | 상인

무사 계급

일본의 봉건제

몽골 제국으로부터 일본을 구한 '가미카제'

13세기 후반 몽골 제국의 쿠빌라이 칸은 일본에 여러 차례 사신을 파견해 조공을 요구했다. 하지만 일본은 이를 거절하고 몽골 사신을 살해했다. 분노한 몽골 제국은 일본을 두 차례 침입했으나, 태풍으로 배가 대부분 난파하면서 실패하고 말았다. 일본은 몽골 제국의 침공 과정에서 일본을 구한 바람을 '신이 보내 준 바람'이라는 뜻의 '가미카제'라고 불렀다. 또한 '일본은 신이 지켜 주는 나라'라는 신국사상이 널리 퍼지게 되었다. 한편, 가미카제는 제2차 세계 대전 말기에 전투기에 폭탄을 실어 적함에 충돌하는 자살 공격을 한 일본의 특공대 이름으로 사용되기도 했다.

「대일본역사금회」 중, 폭풍우에 침몰하는 몽골군의 배 (1858년경, 일본 국립국회도서관 소장)

| 도요토미 히데요시, 일본 통일 1590 | 임진왜란 1592 | 정유재란 1597 |

일본에 귀를 잘라 묻은 무덤이 있다고요?

임진왜란 때 일본군이 목 대신 베어 갔던 조선인의 귀와 코를 묻은 무덤이야.

얼마나 아프셨을까!

30초 해결사

일본 교토의 귀 무덤은 도요토미 히데요시를 신으로 삼는 도요쿠니 신사 앞에 있어요. 무덤에는 조선인 12만 6,000여 명의 귀와 코가 묻혀 있어요. 임진왜란 때 일본군은 자신들의 전공을 증명하기 위해 조선 백성의 귀와 코를 베어 일본으로 보냈어요. 도요토미 히데요시는 일일이 그 수를 세어 장수들에게 상을 내렸어요. 임진왜란 당시 우리 민족이 받은 피해와 고통을 짐작할 수 있지요.

• 전공: 전투에서 세운 공로를 뜻해요.

#임진왜란 #귀 무덤 #에도 막부 #산킨코타이

가마쿠라 막부가 쇠퇴하자 14세기 초 아시카가 다카우지는 무로마치(교토)에 막부를 열었어요. 무로마치 막부는 명나라와 교류하고 왜구를 단속하며 경제적으로 안정을 이루었지요. 하지만 15세기 중반 쇼군의 후계자 문제로 분쟁이 일어나면서 막부의 권위가 떨어지자, 전국 각지에서 무사들이 전쟁을 거듭하는 전국 시대가 100여 년간 계속되었어요. 이 전국 시대를 통일한 인물이 도요토미 히데요시예요.

도요토미 히데요시는 내부 세력의 불만을 잠재우고 명나라까지 영토를 확장하기 위해 1592년 조선을 침략했어요. 이 전쟁을 임진왜란이라고 해요. 전쟁 초기에 일본군은 풍부한 전투 경험과 최신 무기인 조총을 앞세워 함경도까지 진출했어요. 그러나 이순신의 수군과 의병들의 활약, 명나라의 참전으로 전쟁의 양상이 바뀌었어요. 동아시아의 국제 질서에 큰 영향을 미친 임진왜란은 도요토미 히데요시의 사망과 함께 일본군이 철수하면서 7년 만인 1598년에 끝이 났어요.

1603년에는 도쿠가와 이에야스가 쇼군에 오르며 에도(도쿄)에 막부를 세웠어요. 에도 시기에는 쇼군이 중앙과 지방의 직할지를 지배하고, 지방의 다이묘(영주)들이 번이라고 불리는 영지를 지배했어요. 막부와 번으로 나뉜 이 시기의 지배 체제를 막번 체제라고 해요.

도쿠가와 이에야스 초상화
(일본 교토대박물관 소장)

에도 막부에 정치적 안정을 가져온 산킨코타이 제도

산킨코타이 제도는 에도 막부 때 다이묘에게 정기적으로 에도를 오가게 한 제도로, 다이묘의 힘을 견제하려는 목적이 있었다. '산킨'은 다이묘가 쇼군이 머무는 에도에 오는 것, '코타이'는 자신의 영지로 돌아가는 것을 의미한다. 다이묘가 에도에 머무는 기간은 영지의 거리에 따라 6개월에서 6년까지 다양했다. 다이묘는 가족들이 에도에 인질로 잡혀 있어 에도를 오갈 수밖에 없었고, 에도에 방문할 때마다 최대 4,000여 명에 이르는 수행원을 데려갔기에 재정적 부담이 컸다. 그러나 영주들이 에도를 오가면서 교통로가 정비되고 상업이 발달했으며, 중앙과 지방의 교류가 활발해지는 효과도 있었다.

「에도로 향하는 다이묘 행렬」
(1700년경, 미국 메트로폴리탄미술관 소장)

「고사기」, 「일본서기」에
스모 등장

8세기 초

스모는 원래 스포츠가 아니라 종교 의식이었다고요?

30초 해결사

일본을 대표하는 스포츠인 스모는 일본의 종교인 신토의 제사 의식 중 하나였어요. 스모는 경기장 위에서 스모 선수인 '리키시(역사力士)' 두 사람이 힘을 겨루는 운동이에요. 상대를 넘어뜨리거나 경기장 밖으로 밀어내면 이기는데, 승부는 단 한 판으로 결정돼요. 스모는 나라 시대 때 처음 규칙이 만들어졌고, 에도 시대 때는 서민들도 즐기는 대중적인 스포츠가 되었어요.

#스모 #스포츠 #가부키

일본에서는 옛날부터 신들에게 풍년을 기원하는 제사를 지낼 때 마을별로 대표 선수를 선발해 스모 경기를 했어요. 스모 경기에서 이긴 마을에 풍년이 든다고 믿었지요. 지금도 스모에서 종교적 성격을 엿볼 수 있어요. 스모 경기장은 짚으로 경계를 만든 원 안에 흙을 깐 형태인데, 이 흙과 짚은 농경을 상징해요. 스모 선수들은 신들 앞에서 청결한 맨몸으로 시합하기 위해 상반신은 맨몸으로, 하반신은 '마와시'라는 천으로 가리고 경기를 치러요. 또 스모 선수들은 경기 시작부터 끝까지 표정을 드러내지 않고, 경기에서 승리해도 기쁨을 내색하지 않아요. 경기를 신들을 향한 경건한 의례로 여겼기 때문이에요.

스모는 황족과 귀족들에게 인기를 끌며 궁중 행사로 자리 잡았어요. 천황은 성대한 스모 경기를 개최해 권력을 드러내기도 했지요. 에도 시대에 이르자 스모는 오늘날과 같은 규칙과 형태를 갖추게 되었고, 서민들의 오락으로 널리 퍼졌어요. 오늘날 스모는 1,500년의 오랜 역사와 전통을 가진 스포츠이자 일본 전통 문화로 사랑받고 있어요.

일본의 전통 예술, 가부키

일본을 대표하는 고전 연극인 가부키는 음악과 무용, 연기가 합쳐진 종합 예술이다. 에도 시대에는 서민들의 유흥거리로서 다양하고 역동적인 연극을 보여 주었다. 초기에는 여성 배우들도 있었지만, 미풍양속을 어지럽게 한다는 이유로 금지되어 성인 남성들이 여자 역까지 담당하게 되었다. 배우들은 과장된 목소리와 몸짓으로 감정을 표현한다. 회전 무대, 배우들이 등장하거나 사라지는 비밀 문 장치 등 독특한 연출로 사람들의 관심을 끌었다. 근대 이후 가부키는 고급스러운 전통 예술로 변모하면서 세계 여러 나라에서 공연되고 있다.

가부키 공연(ⓒGanMed64)

에도 시대 시작	파리 세계 박람회에서 우키요에 소개	빈센트 반 고흐, 「빗속의 다리」 발표
1603	1855	1887

고흐의 작품에 일본 그림이 숨어 있다고요?

30초 해결사

네덜란드의 화가 빈센트 반 고흐의 작품 「탕기 영감의 초상」의 배경에는 일본의 후지산과 기녀의 모습 등이 그려진 그림이 빼곡히 걸려 있어요. 이 그림들은 에도 시대 일본에 유행했던 '우키요에'라는 풍속화예요. 에도 막부는 네덜란드 상인들과 교역을 했는데, 이때 우키요에도 서양 세계로 넘어가 고흐, 모네, 고갱 등 당대의 많은 미술가에게 영감을 주었어요.

#조닌 #난학 #우키요에

에도 시대에는 200여 년 동안 평화가 이어지면서 농업은 물론 수공업과 상업도 발달했어요. 수도인 에도는 인구가 100만 명에 달하는 대도시였어요. 에도를 비롯한 각 대도시에서는 경제력을 갖춘 상공업자인 조닌 계층이 성장했어요. 가부키와 우키요에 등의 서민적이고 도시적인 조닌 문화도 발전했지요.

우키요에는 에도 시대에 유행한 풍속화예요. 당시 일본은 대외적으로 쇄국 정책을 펼쳤는데, 막부는 나가사키 항구를 통한 네덜란드 상인과의 교역만을 예외적으로 허용했어요. 교역을 통해 전해진 서양의 의학, 천문학과 같은 학문을 난학(란가쿠)이라고 해요. 우키요에는 서양에서 들어온 미술 기법을 일본의 전통화에 적용해 만들어진 화풍이에요. 서민들의 일상, 아름다운 풍경, 역사적 장면을 다양하고 화려한 색감으로 표현했어요. 주로 목판화로 제작했기 때문에 저렴한 가격으로 대량 생산되어 서민들이 쉽게 구할 수 있었어요. 우키요에는 1855년 프랑스 파리에서 열린 세계 박람회에 출품하는 도자기의 포장지로 쓰이면서 유럽에도 널리 알려졌어요. 유럽의 인상파 화가들은 우키요에의 매력에 빠져들었지요. 고흐의 작품에는 우키요에가 자주 등장해요.

두 그림이 정말 비슷하네!

우타가와 히로시게, 「아타게 다리에 내리는 소나기」 (1857, 미국 브루클린미술관 소장)

빈센트 반 고흐, 「빗속의 다리」 (1887, 네덜란드 반고흐미술관 소장)

'천하의 부엌', 오사카

에도 시대 오사카는 경제의 중심지였다. 이전부터 교토의 주변 항구 도시로 경제가 발달했던 오사카는 도요토미 히데요시가 오사카성을 짓고 오사카를 수도로 삼으며 더욱 번성했다. 운하를 통해 전국의 쌀과 지방의 특산물이 오사카에 모여들었고, 그러면서 '천하의 부엌'이라는 별명을 얻게 되었다. 그에 따라 오코노미야키, 타코야키 등 오사카의 길거리 음식도 발달하게 되었다.

오사카의 운하, 도톤보리강

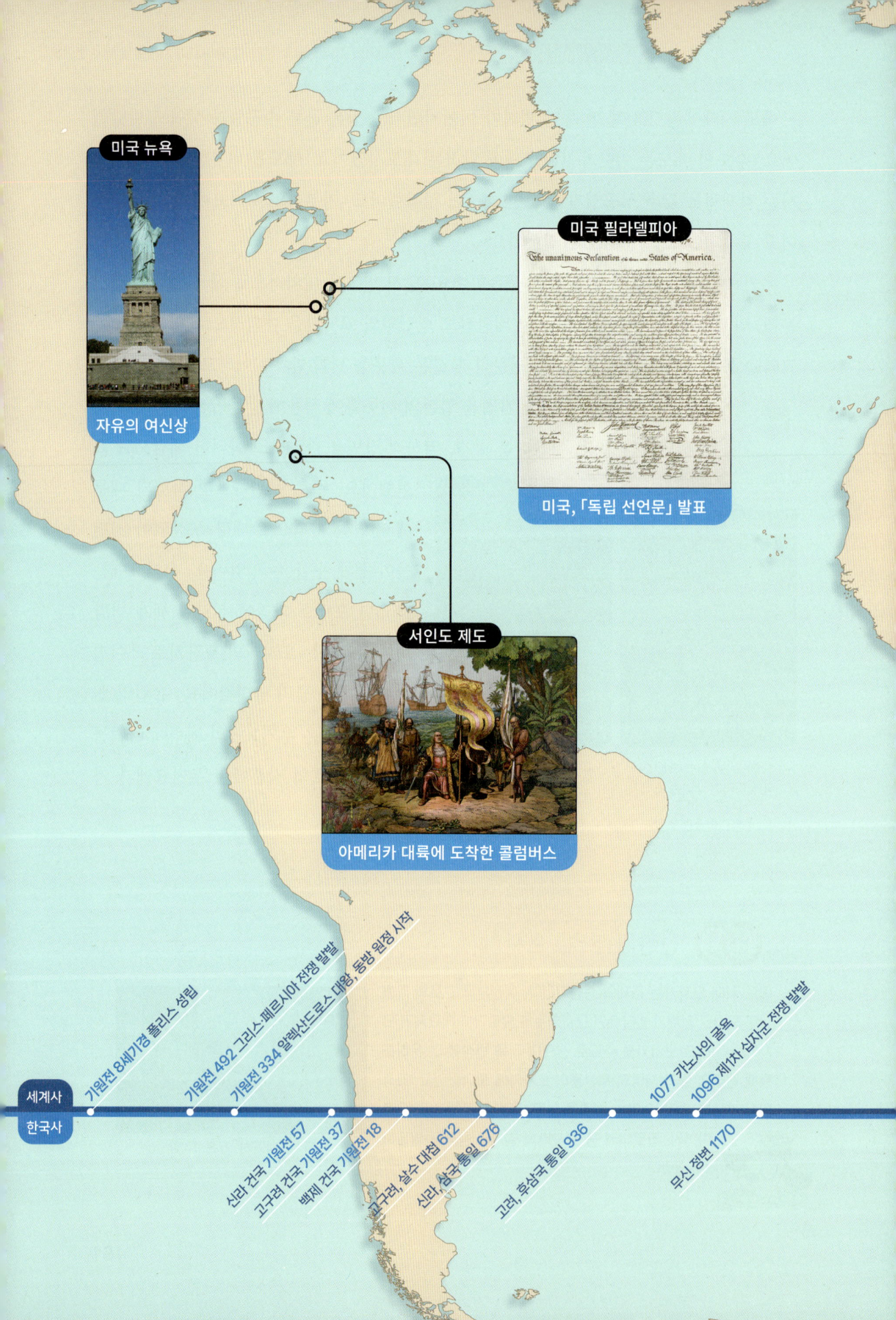

프랑스 파리

바스티유 감옥 습격 사건

이탈리아 로마

갈릴레이, 지동설 발표

④ 유럽·아메리카의 역사

고대 그리스는 유럽 대륙에 민주주의와 철학을 꽃피웠고, 로마는 강력한 제국을 세워 유럽을 호령했지. 중세 시대에는 크리스트교가 중심이 되었고, 르네상스 시대에는 예술과 과학이 크게 발전했어. 크리스토퍼 콜럼버스가 아메리카 대륙을 발견하면서 유럽의 식민지 시대가 시작되었어. 유럽 대륙의 빛과 어둠, 그리고 미국을 비롯한 아메리카 대륙 국가들의 독립 역사 속으로 들어가 보자!

- 1337 백 년 전쟁 발발
- 1347 유럽에서 흑사병 창궐
- 1492 콜럼버스, 아메리카 항로 발견
- 1517 루터, 「95개조 반박문」 발표
- 1533 잉카 제국 멸망
- 1600 영국 동인도 회사 설립
- 1642 영국, 청교도 혁명
- 1688 영국, 명예 혁명
- 1765 제임스 와트, 증기 기관 개량
- 1773 미국, 보스턴 차 사건
- 1776 미국, 독립 선언
- 1789 프랑스 혁명 시작
- 1804 나폴레옹, 프랑스 황제 즉위
- 1861 미국, 남북 전쟁 발발

- 조선 건국 1392
- 훈민정음 반포 1446
- 『경국대전』 시행 1485
- 임진왜란 발발 1592
- 인조 반정 1623
- 병자호란 발발 1636
- 대동법, 전국적으로 실시 1708
- 홍경래의 난 1811

폴리스 성립	그리스·페르시아 전쟁 발발	펠로폰네소스 전쟁 발발
기원전 8세기	기원전 492	기원전 431

그리스의 폴리스는 경찰이 많은 도시예요?

폴리스? 경찰은 어디 있지?

경찰서도 안 보이는데.

너희 정말 그리스까지 와서 경찰만 찾으려고?

30초 해결사

폴리스Polis는 경찰police이 아니라 고대 그리스에 있었던 도시 국가를 뜻해요. 고대 그리스는 섬과 산이 많은 지역에 있었는데, 이로 인해 하나로 통일된 국가를 이루기가 어려웠어요. 사람들은 주로 외적의 침략을 방어하기 쉬운 곳에 모여 살며 요새나 성을 쌓았고, 그렇게 크고 작은 도시 국가인 폴리스가 생겨났지요. 각각의 폴리스는 독립적으로 운영되었지만 같은 언어를 사용하고 같은 신을 믿었어요.

`#폴리스` `#아테네` `#스파르타` `#아크로폴리스` `#아고라` `#도편 추방제`

고대 그리스는 약 300여 개의 폴리스로 구성되어 있었어요. 폴리스의 구조를 살펴볼까요?

대표적인 폴리스로는 아테네와 스파르타가 있어요. 아테네는 가장 먼저 민주주의를 꽃피운 폴리스예요. 초기에는 귀족들이 정치를 이끌었지만, 무역을 통해 부를 축적한

아크로폴리스 폴리스의 시가지 언덕에 있는 종교와 군사의 거점

아고라 폴리스의 중앙에 위치한 집회와 상거래가 이루어지는 광장

평민들이 전쟁에 참가해 공을 세우면서 평민들도 정치에 참여하는 민주 정치가 발전했어요. 아테네에서는 시민권을 가진 성인 남성들이 모여 나랏일을 결정하는 직접 민주주의 제도가 자리를 잡았어요. 하지만 여성과 노예, 외국인은 정치에 참여할 수 없었다는 한계가 있었지요.

스파르타는 소수의 시민이 다수의 원주민을 다스리는 형태의 폴리스였어요. 스파르타는 아테네와 달리 군국주의 정책을 펼쳤어요. 스파르타 시민은 어려서부터 군사 훈련을 받았고, 공동 식사를 통해 엄격한 공동체 생활을 했어요.

> 직접 민주주의 제도란 모든 구성원이 직접 정치에 참여하는 제도란다. 대표자를 뽑아 대신 정치에 참여하게 하는 제도는 간접 민주주의 제도라고 한단다.

> 그럼 우리나라는 대통령과 국회 의원을 뽑으니까 간접 민주주의 제도예요.

독재자는 가라! 도편 추방제

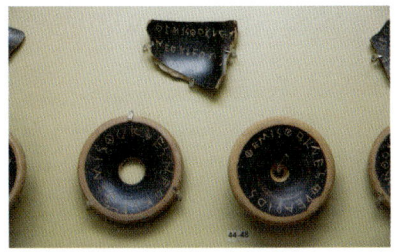

위험 인물의 이름을 쓴 도편(기원전 482, 그리스 아테네아고라박물관 소장, ©zde)

아테네에는 시민들이 직접 독재자가 될 만한 위험 인물을 도자기 파편, 즉 도편에 써서 내는 제도가 있었다. 6,000표 이상이 나오면 그 사람을 10년 동안 국외로 추방했는데, 이 제도를 도편 추방제라고 한다. 도편 추방제는 독재자의 출현을 막고 권력을 통제하기 위한 수단이었으나, 차츰 정치적 경쟁자를 제거하는 데 활용되는 등으로 변질되면서 결국 폐지되었다.

그리스·페르시아 전쟁 발발	델로스 동맹	펠로폰네소스 전쟁 발발
기원전 492	기원전 477	기원전 431

이란에서는 마라톤 대회가 열리지 않는다고요?

30초 해결사

이란은 마라톤 대회를 개최하지 않는 국가예요. 기원전 490년, 서아시아의 강대국 페르시아는 아테네 동북부의 마라톤 평원에서 아테네와 큰 전투를 벌인 끝에 패배했어요. 이를 마라톤 전투라고 부르는데, 이란은 마라톤 전투에서 패배한 페르시아의 후예예요. 그렇기 때문에 마라톤 전투의 승리를 기념하는 마라톤을 거부하는 것이지요. 1974년 이란의 수도 테헤란에서 열린 제7회 아시안 게임에서는 마라톤 종목을 아예 제외해 논란이 일기도 했어요.

- 마라톤: 42.195킬로미터를 달리는 장거리 달리기예요. 올림픽 달리기 경기 중 가장 긴 거리를 달리는 종목이에요. '올림픽의 꽃'이라고도 불려요.

#마라톤 #마라톤 전투 #그리스·페르시아 전쟁 #펠로폰네소스 전쟁 #올림픽

"아테네가 승리했습니다!"

마라톤 평원에서 아테네까지 달려 마라톤 전투의 승리 소식을 전한 그리스군의 전령 페이디피데스는 이 한마디를 남기고 그 자리에서 숨을 거두었다고 전해져요. 그의 죽음을 기리기 위해 마라톤 대회가 시작되었다고 하지요.

사실 헤로도토스의 『역사』에는 마라톤의 기원에 대한 이야기가 실려 있지 않단다. 재미로만 들으렴.

헤로도토스의 『역사』는 기원전 5세기에 집필된 인류 최초의 역사서라고 해.

기원전 5세기 무렵 서아시아를 통일한 페르시아는 세 차례에 걸쳐 그리스·페르시아 전쟁을 일으켰어요. 그리스는 아테네를 중심으로 뭉쳐 곳곳에서 페르시아를 막아 냈지요.

전쟁이 끝난 후, 그리스의 폴리스들은 페르시아의 침략에 대비해 델로스 동맹을 맺었어요. 이 동맹 덕에 아테네는 정치적 영향력이 커졌고, 해상 무역을 통해

그리스·페르시아 전쟁의 전개

경제적 번영을 누리게 되었어요. 이렇게 아테네의 세력이 커지자 위협을 느낀 폴리스들은 스파르타를 중심으로 펠로폰네소스 동맹을 강화하며 아테네에 대항했고, 그 결과 펠로폰네소스 전쟁이 일어났어요. 전쟁에서는 펠로폰네소스 동맹이 승리했지만, 그리스 전체의 세력은 약화되었어요. 그 후에도 그리스는 폴리스 간의 잦은 다툼으로 점차 쇠퇴한 끝에 마케도니아에 의해 멸망했어요.

개념연결 올림피아 제전과 올림픽

여러 폴리스로 나뉘어 있던 고대 그리스는 민족 통합을 도모하기 위해 4년에 한 번 제우스신을 위한 올림피아 제전을 열었다. 올림피아 제전이 열리는 해에는 어떤 폴리스도 전쟁을 할 수 없었고, 운동 경기에서 승리하면 월계관과 함께 큰 명예를 얻었다. 크리스트교가 힘을 얻으면서 역사 속으로 사라지는 듯했던 올림피아 제전은 프랑스 교육자이자 올림픽 창시자인 피에르 드 쿠베르탱에 의해 부활했다. 전 세계 청년들이 스포츠로 화합하기를 꿈꿨던 쿠베르탱은 올림피아 제전을 국제적인 행사로 재현하고자 했다. 그렇게 1896년 아테네에서 제1회 올림픽 대회가 개최되었고, 오늘날에는 세계인의 축제로 확고하게 자리매김했다.

달리기 경주를 묘사한 그림이 그려진 아테네의 암포라(기원전 530년경, 미국 메트로폴리탄미술관 소장)

알렉산드로스 대왕, 동방 원정 시작	로마, 이집트 정복
기원전 334	기원전 30

세계에서 가장 강력한 왕의 이름을 딴 도서관이 있다고요?

30초 해결사

마케도니아의 왕 알렉산드로스는 기원전 334년 동방 원정에 나서 그리스 전역을 통일한 후 이집트, 페르시아를 차례로 무너뜨리고 중앙아시아와 인더스강 유역까지 진출했어요. 불과 10년 만에 유럽, 아시아, 아프리카에 이르는 대제국을 세웠지요. 세계에서 가장 강력했던 왕이라고 할 수 있어요. 알렉산드로스 대왕이 죽은 뒤 그 뒤를 이은 프톨레마이오스 왕조는 알렉산드로스 대왕의 이름을 딴 이집트의 도시 알렉산드리아에 알렉산드리아 도서관을 세웠답니다.

#알렉산드로스 대왕   #헬레니즘   #알렉산드리아 도서관

기원전 4세기, 그리스가 약해진 틈을 타 북쪽의 마케도니아가 크게 성장했어요. 마케도니아의 알렉산드로스 대왕은 그리스, 이집트, 페르시아에 이어 동쪽의 인더스강 유역까지 정복하면서 광대한 제국을 세웠어요. 알렉산드로스 대왕은 제국을 하나로 만들

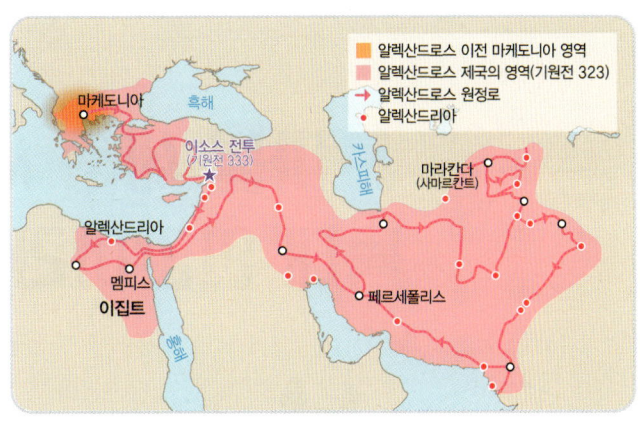

알렉산드로스 대왕의 정복 전쟁 전개

기 위해 여러 정책을 펼쳤어요. 그리스인과 페르시아인 간의 혼인을 장려하고, 페르시아의 정치 제도 등을 받아들이도록 했어요. 또 정복지 곳곳에 자신의 이름을 딴 알렉산드리아라는 도시를 세우고, 그리스인들을 그곳으로 이주시키는 정책도 펼쳤어요. 이 과정에서 자연스럽게 그리스의 문화가 오리엔트(이집트 등 근동 지역) 각지로 확산되었고, 그리스 문화와 오리엔트 문화가 융합된 헬레니즘 문화가 꽃피게 되었어요.

하지만 알렉산드로스 대왕이 젊은 나이에 갑작스럽게 사망하면서 광대했던 알렉산드로스 제국은 마케도니아, 시리아, 이집트로 분열되었어요. 알렉산드로스 대왕이 원정을 시작한 때부터, 이집트가 로마 제국에게 정복당할 때까지의 약 300년 동안을 헬레니즘 시대라고 부른답니다.

개념연결 헬레니즘 시대의 예술

트로이의 신관 라오콘과 그의 아들들이 포세이돈의 저주를 받는 모습을 조각한 「라오콘 군상」 (기원전 2세기, 바티칸미술관 소장)

헬레니즘 시대의 미술은 그리스 미술을 바탕으로 하면서도 사실적이고 생동감 넘치는 것이 특징이다. 그리스 미술의 특징은 인간 중심적이며, 조화와 균형을 중시한다는 점인데, 헬레니즘 미술에서는 이를 좀 더 역동적으로 나타내는 경향을 볼 수 있다. 헬레니즘 미술의 대표적인 작품인 라오콘 군상, 밀로의 비너스 등을 보면 훨씬 풍부한 감정과 육체의 아름다움을 구현하고자 했음을 느낄 수 있다. 이러한 헬레니즘 미술의 특징은 인도의 간다라 미술과 중국과 우리나라의 미술에도 영향을 미쳤다. 우리나라의 석굴암 본존불 역시 헬레니즘 미술의 영향을 받은 작품 중 하나다.

로마 건국	로마, 제정 시작	로마, 동서로 분리
기원전 753	기원전 27	395

로마를 세운 사람이 늑대 인간이라고요?

30초 해결사

로마 건국 신화에는 늑대 젖을 먹고 자란 형제, 로물루스와 레무스가 등장해요. 이 쌍둥이 형제는 전쟁의 신 마르스와 인간 사이에서 태어났는데, 세상에 나오자마자 강에 버려져 늑대의 돌봄을 받다가 양치기에게 발견되어 그 손에 자랐어요. 무럭무럭 성장한 형제는 함께 새로운 도시를 세우기로 했어요. 그러나 도시를 어디에 세울지를 놓고 다툰 끝에 결국 형인 로물루스가 동생인 레무스를 죽이고, 팔라티누스 언덕을 중심으로 로마를 건국해 로마의 초대 왕이 되었어요.

- 팔라티누스 언덕: 고대 로마는 일곱 개의 언덕을 중심으로 세워졌는데, 그중 가장 중심이 되는 언덕이에요.

#로마 건국 신화 #로물루스 #포에니 전쟁 #그라쿠스 형제

로마는 기원전 8세기 무렵 작은 도시 국가로 출발했어요. 처음에는 왕이 다스렸으나, 기원전 6세기 말 귀족들이 왕을 몰아내고 공화정을 세웠어요. 공화정 초기에는 원로원을 장악한 귀족이 주로 정치를 주도했지만, 점차 전쟁에 나서는 평민이 늘어나면서 평민의 목소리가 커지게 되었어요. 그 결과 평민을 대표하는 호민관이 선출되는 등 점차 평민의 정치 참여 기회가 늘어났어요.

> 공화정은 원래 국민이 뽑은 대표자 또는 대표 기관이 주권을 행사하는 정치 체제야. 하지만 로마의 공화정은 귀족을 중심으로 운영되었어.

평민의 정치적 권리가 확대되자, 로마 시민의 공동체 의식도 강해졌어요. 기원전 3세기 이탈리아를 통일한 로마는 지중해의 패권을 놓고 카르타고와 세 차례에 걸쳐 전쟁을 벌였어요. 이 전쟁을 포에니 전쟁이라고 불러요. 포에니 전쟁에서 승리한 로마는 지중해 세계를 장악하며 강대국이 되었어요.

오랜 전쟁은 로마에 많은 변화를 불러왔어요. 귀족은 전쟁 포로를 노예로 삼아 넓은 농장을 운영하며 부귀를 누렸어요. 반면 농민은 전쟁 동안 땅을 돌보지 못해 일을 잃고 떠돌이 신세가 되는 경우가 많았어요. 이를 불공정하다고 여긴 로마의 명문 귀족, 그라쿠스 형제는 농민을 보호하기 위해 개혁을 시도했으나 귀족들의 강한 반대에 목숨을 잃고 말았어요. 개혁이 실패한 후 로마에서는 검투사 노예였던 스파르타쿠스가 반란을 일으키고, 농민층을 사병으로 거느린 군인 정치가들이 권력 다툼을 하는 등 혼란이 커졌어요.

개념연결 그라쿠스 형제의 개혁

"조국을 위해 싸우고 죽어 가는 로마 시민에게 남은 것은 햇볕과 공기밖에 없다. 집도 없고 땅도 없이 처자식을 데리고 떠돌고 있다. (…) 한 뼘의 땅도 갖지 못하고 있다."

형제 중 첫째인 티베리우스는 농민들에게 토지를 지원하고 소수 유력자들이 대토지를 갖는 것을 반대하는 정책을 펼치고자 했다. 하지만 이런 정책에 반대하는 귀족 세력에 의해 목숨을 잃고 말았다. 동생 역시 형의 뒤를 이어 가난한 시민들에게 저렴한 값에 곡물을 공급하는 정책을 시행하려 했지만, 마찬가지로 귀족들의 반대로 뜻을 펼치지 못하고 죽음을 맞았다. 그라쿠스 형제의 개혁은 실패로 돌아갔지만, 이들은 귀족들에게 맞서 평민들의 이익을 대변한 위대한 정치가로 평가받고 있다.

그라쿠스 형제 조각상

로마, 제정 시작	밀라노 칙령	로마, 동서로 분리
기원전 27	313	395

모든 길은 로마로 통한다고요?

어디로 가든 로마로 통한다잖아!

이렇게 무턱대고 걸어간다고 정말 로마가 나오겠냐!

너희, 그 말이 왜 나온 건지는 아니?

30초 해결사

'모든 길은 로마로 통한다'라는 말이 있어요. 고대 로마 제국이 여러 대륙에 걸친 도로망을 만들면서 생긴 말이에요. 오늘날에는 목표를 이루기 위한 방법은 여럿이라는 뜻의 격언으로도 많이 쓰이지요. 왕정과 공화정을 거쳐 대제국으로 성장한 로마는 각지에 큰 도로를 건설해 군대와 물자 이동을 쉽게 하고 주요 도시들을 연결했어요. 또 발달된 건축과 토목 기술을 이용해 물을 공급하는 수로와 수도교, 공중목욕탕 등 다양한 시설들을 지었어요.

• 토목 기술: 건물을 짓고, 항구를 만들고, 길을 닦는 등의 공사 기술을 뜻해요.

#로마 제국 #카이사르 #아우구스투스 #로마의 평화 시대 #밀라노 칙령 #콜로세움

기원전 1세기 무렵 로마 사회는 무척 혼란스러운 상황이었어요. 전쟁에서 큰 공을 세우며 권력을 쥔 카이사르가 암살당했기 때문이었어요. 카이사르가 공화정을 무너뜨리고 독재자가 될 것을 염려한 원로원 귀족들이 꾸민 일이었지요. 카이사르가 죽은 뒤 극심한 혼란에 빠진 로마를 수습한 사람은 옥타비아누스였어요. 옥타비아누스는 공화정을 유지했지만, 행정권과 군대를 장악하며 사실상 황제와 같은 권력을 지니게 되었어요. 이렇게 로마는 황제가 나라를 다스리는 제정 사회로 접어들었어요.

로마 제국의 전성기는 기원전 27년 아우구스투스 황제의 즉위를 시작으로 약 200년간 이어졌어요. 이 시기를 '로마의 평화 시대'라고 부르는데, 다섯 명의 현명한 황제들이 즉위하면서 영토를 확장하고 안정적인 정치를 펼쳤어요. 새로 정복한 지역 사람들에게 시민권을 부여하고, 도로와 화폐, 도량형이 정비되어 무역이 활발해졌어요.

그러나 2세기 말이 되자 군인들이 황제가 되기 위해 다툼을 벌이며 나라가 혼란스러워졌어요. 또 정복 전쟁이 끝나면서 노예 노동력을 바탕으로 하던 농업이 타격을 입었으며, 게르만족과 사산 왕조 페르시아의 침입으로 상공업이 쇠퇴했어요. 4세기 초 즉위한 콘스탄티누스 대제는 제국을 안정화하고 황권을 강화하기 위해 313년 밀라노 칙령을 내려 크리스트교를 공식 인정하고, 수도를 콘스탄티노폴리스로 옮기기로 결단을 내렸어요. 하지만 제국은 계속 쇠퇴했고, 395년 동로마와 서로마로 분리되었어요. 동로마 제국은 비잔티움 제국으로 오래 번영을 누렸으나, 서로마 제국은 게르만족의 침입으로 멸망하고 말았어요.

> 콘스탄티누스 대제가 크리스트교를 인정하기 전까지 로마에서 크리스트교도들은 박해를 받고 있었지. 이후 크리스트교는 로마의 국교로 자리 잡으며 유럽 문화의 중요한 기반이 되었단다.

 콜로세움

로마 콜로세움 유적지

고대 로마 평민들은 대부분 궁핍했다. 로마의 황제들은 볼거리를 제공하고 목욕탕과 연회 등 즐길 거리를 제공함으로써 이들의 불만을 무마하고자 했다. 5만여 명의 관객을 수용할 수 있는, 둘레 527미터의 거대한 원형 경기장 콜로세움 역시 이러한 의도로 지어졌다. 건장한 남자 노예들을 검투사로 훈련시켜 서로 싸우게 하거나, 검투사나 맹수가 서로 싸우게 하는 자극적인 경기가 주로 열렸다.

서로마 제국 멸망	프랑크 왕국 건국	카롤루스 대제, 서로마 황제 대관
476	481	800

중세의 기사들은 운전을 하지 않았다고요?

30초 해결사

중세 유럽의 기사는 운전 기사가 아니라, 주군을 위해 싸우는 무사였어요. 여기서 '기사'는 '말을 탄 무사'라는 뜻이지요. 중세 유럽의 기사들은 전쟁이 벌어지면 전쟁터에 나가 싸우고, 전쟁이 없을 때는 무예 훈련을 했어요. 기사들은 땅을 가진 제후를 주군으로 삼고 충성을 맹세했는데, 그 대가로 땅을 받았어요. 이렇게 받은 땅을 장원이라고 해요.

- 제후: 봉건 시대에 일정한 영토를 가지고 영토 내의 백성을 지배하던 권력자를 뜻해요.
- 장원: 중세 유럽, 영주나 귀족이 소유하던 광대한 토지를 뜻해요.

#기사 #프랑크 왕국 #봉건제 #농노 #장원

중학교에 가면 Ⅱ 세계 종교의 확산과 지역 문화의 형성 4. 크리스트교 문화의 형성과 확산 ① 서유럽에서 봉건 사회가 형성되다

9세기, 서유럽은 혼란에 빠져 있었어요. 로마와 융합하여 유럽 각지에 크리스트교가 전파되는 데 큰 역할을 했던 프랑크 왕국이 분열하면서 바이킹과 이슬람 등 이민족의 침략이 거세졌기 때문이었어요. 이 어지러운 상황은 중세 유럽에 봉건제가 뿌리내리는 계기가 되었어요.

유럽 각지에서 힘을 가진 사람들은 성을 쌓고 기사로 무장하는 등의 노력을 통해 침입자에게 맞서고자 했어요. 왕은 제후들에게 땅을 주고, 제후들은 그 대가로 왕에게 충성을 맹세했어요. 또 제후들은 휘하에 거느린 기사들에게 땅을 수여하고, 기사들은 제후에게 충성을 맹세했지요.

주군에게 땅을 받은 기사들은 장원을 지배하는 영주가 되었어요. 장원에는 영주의 성과 교회, 방앗간, 대장간을 갖춘 촌락과 경작지 등이 있어, 자급자족이 가능했어요. 농노들은 토지를 경작하고 영주에게 노동력과 세금을 바쳤어요. 또 이들은 영주의 허락 없이는 장원을 벗어날 수 없었어요.

중세 서유럽의 봉건제는 이처럼 장원을 바탕으로 발달했어요. 토지를 지닌 영주의 힘이 강해짐에 따라 자연스럽게 왕권은 약화되었지요.

이 당시의 농노들은 정말 힘든 생활을 했단다. '뿔 없는 소'라고 불릴 정도였지.

🔗 기사도 정신

에드먼드 레이튼, 「기사 작위 수여식」 (1901)

중세 서유럽의 기사들에게는 지켜야 하는 비공식적인 행동 규범이 있었는데, 바로 기사도 정신이었다. 기사는 신앙과 용기와 명예를 지녀야 하고, 주군에게 충성을 바치며, 겸손해야 하고, 약자를 보호하고, 관용을 베풀어야 했다. 기사도 정신이라는 표현은 오늘날까지 이어져, 스포츠 경기에서 페어플레이를 펼치거나 생활 속에서 매너를 지켰을 때도 종종 쓰인다. 오늘날 기사도 정신은 대개 긍정적인 의미로 사용되지만, 중세 시대의 기사들 중에는 명예를 위해 약자에게 폭력을 서슴지 않는 등 기사도 정신을 앞세워 문제를 일으키는 사람도 있었다.

카롤루스 대제, 서로마 황제 대관	카노사의 굴욕	볼로냐 대학 설립
800	1077	1088

황제가 교황에게 무릎을 꿇었다고요?

30초 해결사

11세기 후반, 교황 그레고리우스 7세는 세속 군주가 성직자 임명권을 행사하는 일을 금지했어요. 이에 신성 로마 제국의 황제 하인리히 4세가 교황의 폐위를 결의하자, 교황은 하인리히 4세를 파문했어요. 그러자 성직자들은 물론 제후들까지 황제에게서 등을 돌렸지요. 결국 하인리히 4세는 한겨울의 날씨에 교황이 있는 이탈리아의 카노사 성까지 찾아가 사흘 동안 무릎을 꿇고 용서를 빈 끝에 파문을 취소받았어요. 이 사건을 '카노사의 굴욕'이라고 불러요.

- 파문: 크리스트교에서 공식적으로 신도의 자격을 빼앗고 내쫓는 일을 뜻해요.
- 신성 로마 제국: 중세부터 근대 초까지 서유럽에 있었던 나라예요. 오늘날 국가 개념과는 달리, 여러 정치체의 연합에 가까웠어요.

#신성 로마 제국 #카노사의 굴욕 #크리스트교 #성직자 임명권 #그리스 정교

카노사의 굴욕을 묘사한 12세기 그림

중세 서유럽에서 크리스트교의 힘은 막강했어요. 그러나 봉건제가 정착하면서 교회의 성직자들이 황제와 제후들로부터 봉토를 받고 충성을 맹세하는 일이 늘고, 황제와 제후가 성직자 임명권을 행사하는 일도 잦아졌어요. 그로 인해 성직을 사고파는 등 부패한 일이 벌어지고 교회가 점차 세속화되자, 교회 내부에서는 교회를 개혁하려는 움직임이 생겼어요. 11세기 후반, 교황 그레고리우스 7세가 세속 군주가 성직자 임명권을 행사하는 일을 금지한 것도 이런 흐름 속에서였어요. 한편 갈수록 강해져 가는 교황의 권력을 견제하려 했던 하인리히 4세는 결국 교황 앞에서 무릎을 꿇어야 했지요.

카노사의 굴욕 이후에도 성직자 임명권을 둘러싼 갈등은 12세기 초까지 계속되다가, 마침내 협약을 맺으면서 교황만이 성직자 임명권을 갖게 되었어요. 13세기가 되자 교황의 권위는 절정에 이르렀어요. 교황이 스스로를 두고 이렇게 표현할 정도였지요.

"교황은 태양이요, 황제는 달이다!"

> 중세 유럽에서 파문을 당하는 것은 황제가 무릎을 꿇을 정도로 큰일이었단다.

> 교황의 힘이 정말 대단했군요.

크리스트교 세력이 나뉘다

8세기, 유럽의 크리스트교 세력은 성상 숭배 문제를 둘러싸고 동서로 나뉘었다. 당시 서유럽의 가톨릭 교회는 게르만족에게 크리스트교를 포교하기 위해 성상을 사용하고 있었다. 그러나 동유럽 비잔티움 제국의 황제가 726년 성상 숭배를 금지하며 서유럽의 크리스트교 세력과 본격적으로 대립했다. 이 문제로 오랫동안 갈등을 겪던 두 세력은 결국 1054년 서로를 파문하면서 각각 서유럽에서는 로마를 중심으로 한 가톨릭교로, 동유럽에서는 콘스탄티노폴리스를 중심으로 한 그리스 정교로 분리되었다.

예수의 초상화에 덧칠을 하고 있는 수도사의 모습(9세기경, 러시아 국립역사박물관 소장)

카롤루스 대제, 서로마 황제 대관	카노사의 굴욕	볼로냐 대학 설립
800	1077	1088

왜 성당은 뾰족뾰족하게 생겼을까요?

30초 해결사

중세 시대에 세워진 성당들을 보면 탑이 뾰족하고 높게 솟아 있어요. 이는 하늘 높이 올라가 천국에 닿고, 신과 가까워지고자 하는 소망을 담은 것이에요. 이처럼 첨탑과 스테인드글라스가 특징인 건축 양식을 고딕 양식이라고 해요. 중세 시대에는 건축이 교회를 중심으로 발달했기 때문에 고딕 양식이 크게 유행했어요.

- 스테인드글라스: 색유리를 이어 붙이거나 유리에 색을 칠해 무늬나 그림을 나타낸 공예예요. 주로 창문에 많이 쓰여요.

#고딕 양식 #샤르트르 대성당 #스테인드글라스 #크리스트교

크리스트교는 중세 서유럽 사람들의 정신과 일상을 지배했어요. 사람들은 태어날 때부터 죽을 때까지 삶의 중요한 순간들 대부분을 교회와 함께했어요. 태어나면 세례를 받고, 성인이 되면 교회에서 결혼식을 올렸으며, 장례식도 교회에서 치렀지요. 또, 교회가 만든 달력에 맞춰 생활하고, 수확량의 10분의 1을 교회에 바쳤어요. 풍년을 기원하는 풍습 또한 교회가 주도했지요. 11세기 말이 되자 이민족의 침입이 줄어들고 경제가 발전하면서 교회가 많이 지어졌어요. 이 시기의 대표적인 건축물인 샤르트르 대성당을 통해 고딕 양식 성당의 특징을 알아볼까요?

① 첨탑
우뚝 솟은 두 첨탑은 각각 105m, 114m 정도의 높이로, 천국에 좀 더 가까이 가려는 중세 서유럽인의 염원을 상징한다.

② 성당 내부
큰 창문을 통해 빛이 성당 안을 가득 채울 수 있게 하여 내부를 신비로운 빛의 공간으로 만들었다. 성모 마리아와 같은 성인이나 예수의 탄생을 축하하러 온 동방 박사 등의 내용을 담은 스테인드글라스로 창을 장식했다.

(ⓒOlvr)
(ⓒzairon)

③ 성당 출입문
뾰족한 아치 모양이며, 종교적인 장면들이 표현되어 있다. 샤르트르 대성당의 정면인 왕의 문에는 성경 속 수많은 인물과 천사가 새겨져 있다.

(ⓒTxIIxt TxIIxT)

 중세 유럽의 대학

12세기 후반부터 13세기 초 사이, 교회에서 가르칠 수 없는 전문적인 내용을 다루기 위해 학생과 교사로 이루어진 조합(길드)이 형성되었다. 이 조합이 오늘날 대학교의 시작이었다. 당시의 대학교에는 남자만 입학할 수 있었고, 일곱 개의 교양 교과와 법학, 의학, 신학 등의 전공 교과가 운영되었다. 유럽 북부 지역에서는 파리 대학교를 중심으로 신학이 발전했고 이탈리아와 프랑스 남부 지역에서는 볼로냐 대학교를 중심으로 법학이 발전했다. 특히 볼로냐 대학교는 최초의 대학교이자, 유럽 전역에서 최고 수준의 법학 교육으로 명성을 떨쳤다. 많은 학생이 법을 공부하기 위해 볼로냐 대학교로 몰려들 정도였다.

「강의하는 독일의 헨리쿠스」 중, 중세 독일의 대학교 모습(1350년경, 베를린 판화와소묘박물관 소장)

제1차 십자군 전쟁 발발	제4차 십자군 전쟁 발발	백 년 전쟁 발발
1096	1202	1337

왜 전쟁터에 십자가를 들고 갔나요?

30초 해결사

비잔티움 제국의 황제와 로마의 교황은 사이가 좋지 않았어요. 그런데 11세기 말 이슬람 세력(셀주크 제국)이 예루살렘을 점령하고 비잔티움 제국의 수도로 진격하자, 비잔티움 제국의 황제는 큰 위협을 느끼고 로마 교황에게 도움을 요청했어요. 그 결과, 1096년 성지 예루살렘을 되찾기 위한 대규모 원정이 시작되었어요. 원정에 나선 기사들은 이 전쟁이 성전(종교적 목적의 전쟁)임을 알리기 위해 가슴과 어깨에 십자가 표시를 했어요. 그래서 이 전쟁을 십자군 전쟁이라고 부르지요.

• 셀주크 제국: 10세기부터 12세기까지 중동 이슬람 세계를 통일했던 거대한 제국이에요.

#비잔티움 제국   #십자군 전쟁   #예루살렘

"우리의 성지를 되찾아야 합니다!"

1095년 11월, 교황 우르바누스 2세는 프랑스 클레르몽에서 열린 공의회에서 십자군 전쟁의 필요성을 호소했어요. 제후와 기사, 농민 등 청중들은 이 연설에 호응했고 그렇게 제1차 십자군 원정이 시작되었어요. 성스러운 목적으로 벌어진 전쟁이라 해서 '성전'이라고 불렸던 십자군 전쟁은 무려 200여 년간 지속되었어요. 처음에는 성지인 예루살렘을 되찾기 위한 전쟁이었지만, 전쟁이 길어지면서 점차 세속적인 이익을 중시하는 등 그 목적이 변질되었어요. 결국 전쟁은 실패로 끝났지요.

클레르몽 공의회에서 연설하는 교황의 모습
(1474년경, 프랑스 국립도서관 소장)

십자군 전쟁 이후 유럽 사회는 크게 바뀌었어요. 교황의 권위가 추락했고, 장기간 전쟁에 동원되었던 제후와 기사 계층의 힘도 크게 약화되어 봉건제가 흔들리게 되었어요. 반면 왕권은 강화되었어요. 긴 전쟁은 동방과의 교역도 활발히 이끌어 냈어요. 십자군 전쟁 동안 지중해를 통해 동방과 교류하면서 상공업이 발달하고, 도시가 성장했어요. 또 비잔티움 문화와 이슬람 문화가 들어오면서 서유럽 문화의 발전에도 큰 영향을 미쳤어요.

> 사실 십자군 전쟁의 진짜 목적은 점점 약해지는 교회의 힘을 되찾기 위해서였단다. 그 전쟁이 200년이나 지속될 줄은 교황도 몰랐을 거야.

> 으아, 제8차 원정까지 있었대!

세 종교의 성지, 예루살렘

예루살렘은 하나의 신이 사는 집, 두 민족의 수도, 세 종교의 사원이라고 불린다. 유일신을 섬기는 유대교, 크리스트교, 이슬람교의 성지이기 때문이다. 크리스트교도에게 예루살렘은 예수가 인간을 위해 십자가로 고난을 대신 받고, 또 부활한 장소다. 이슬람교도에게 예루살렘은 선지자 무함마드가 알라를 만나고 계명을 받은 성지다. 유대교인에게 예루살렘은 성전이 있었던 도시이자, 성지인 '통곡의 벽'이 있는 장소다. 이러한 특수성 때문에 오늘날 예루살렘은 분쟁의 씨앗으로 떠오르고 있다. 오랜 옛날 '평화의 도시'라고 불렸던 예루살렘이 그 이름처럼 평화를 되찾기를 바란다.

유럽에서 흑사병 창궐
1346

왜 의사들이 까마귀같이 옷을 입었어요?

30초 해결사

14세기, 인류 역사상 최악의 질병이 유럽 대륙을 덮쳤어요. 흑사병, 또는 페스트라고 부르는 이 병을 통해 전염병의 무서움을 깨달은 17세기 의사들은 전염병 환자와의 접촉을 최소화하기 위해 밀랍을 먹인 긴 망토를 입고, 가죽 장갑을 꼈으며, 가죽 구두를 신었어요. 환자에게 접촉해야 할 일이 있을 때는 손에 든 지팡이를 사용했어요. 특히 눈 등 연약한 점막으로 바이러스가 침투하는 것을 막기 위해 새 부리처럼 생긴 마스크에 허브를 채우고 고글 형태의 안경을 썼어요.

#흑사병 #페스트 #역병 의사

흑사병은 페스트균에 의해 전염되는 전염병이에요. 병이 심해지면 몸에 검은 반점이 생기면서 목숨이 끊어지는 무서운 질병이라, 검은 죽음(흑사)이라는 이름이 붙었지요. 이렇게 전 세계적으로 닥치는 대규모 전염병을 팬데믹이라고 해요.

중세 시대 사람들은 흑사병을 하느님의 심판이라고 생각해서 교회에 가서 낫게 해 달라고 기도했어요. 일부는 악마의 소행이라고 믿었고, 또 일부는 유대인의 짓이라고 믿어 유대인을 박해하는 일이 일어나기도 했지요. 유럽을 덮친 흑사병은 약 3년 동안 지속되면서 유럽 인구 약 3분의 1의 목숨을 앗아 갔어요. 급격하게 인구가 줄면서 노동력이 부족해지자 영주들은 농민의 처우를 개선했어요. 이 과정에서 농노 신분에서 해방되는 사람이 늘어나 장원은 점차 해체되어 갔어요.

> 저 팬데믹 알아요! 코로나19도 팬데믹이었잖아요.

> 맞아. 우리도 겪었지. 하지만 전 세계가 협력해서 원인을 파악하고 백신을 개발했던 코로나19 때와는 달리 중세 시대에는 그런 식의 대처가 불가능했어. 정말 큰 피해를 입었지.

피터르 브뤼헐, 「죽음의 승리」(1562, 스페인 프라도미술관 소장). 흑사병으로 죽어 가는 당시의 모습을 잘 보여 준다

코로나19가 된 이유

코로나19가 처음 창궐했을 때는 초기 발생 지역의 이름을 따, '우한 바이러스', '우한 독감' 등으로 불렸다. 그러나 이렇게 지역, 동물 또는 집단을 특정하여 지칭할 경우 질병의 본질을 흐리고, 낙인 효과가 발생할 수 있기 때문에 세계 보건 기구는 이런 식의 이름을 쓰지 않기로 정했다. 이에 신종 코로나 바이러스 감염증의 정식 명칭은 2019년에 발생했다는 데서 'COVID-19'로 결정되었고, 한국에서의 명칭은 '코로나19'가 되었다.

백 년 전쟁 발발	프랑스, 백 년 전쟁 승리	장미 전쟁 발발
1337	1453	1455

백 년 전쟁을 끝낸 여성이 있다고요?

30초 해결사

14세기 중엽 백 년 전쟁에서 프랑스군은 영국군에 연달아 패배하며 수도인 파리까지 내주고 말았어요. 이러한 위기 상황에서 등장한 영웅이 있었어요. 16세의 나이에 신의 계시를 받았다며 나타난 잔 다르크는 영국군을 상대로 큰 승리를 거두었어요. 사기가 높아진 프랑스군은 전세를 역전하면서 승승장구했고, 결국 백 년 전쟁에서 승리했지요. 그러나 잔 다르크는 전쟁 도중 영국군의 포로가 되어 마녀라는 누명을 쓰고 화형을 당하고 말았어요.

- 백 년 전쟁: 1337년부터 1453년까지, 영국과 프랑스는 플랑드르 지방의 지배권과 프랑스의 왕위 계승권을 두고 긴 전쟁을 벌였어요. 116년 동안 이어진 전쟁이어서 백 년 전쟁이라는 이름이 붙었어요.

#잔 다르크 #백 년 전쟁 #장미 전쟁 #마녀재판

장 자크 셰러, 「오를레앙에 들어서는 잔 다르크」 (1887, 프랑스 오를레앙미술관 소장). 오를레앙 방어전에서 승리한 잔 다르크의 모습을 그렸다

백 년 전쟁은 어떻게 일어나게 되었을까요? 십자군 전쟁 이후 굳건했던 장원이 해체되면서 제후와 기사의 힘은 약해지고 왕권은 강해졌어요. 유럽의 국왕들은 상공업으로 경제력을 키운 시민들의 지원을 받아 관료와 군대를 길러 내 힘을 키웠지요. 14세기 초, 프랑스의 왕위 계승 문제를 두고 영국과 프랑스 사이에 갈등이 생겼어요. 프랑스의 샤를 4세가 후계자 없이 죽자, 핏줄이 이어졌다는 이유로 영국의 에드워드 3세가 승계권을 주장한 거예요. 두 나라의 갈등은 프랑스 플랑드르 지방의 지배권을 놓고 다투면서 심화되었어요. 그렇게 116년간의 전쟁이 시작되었어요.

기나긴 전쟁 끝에 프랑스가 승리를 거두기는 했지만, 그 결과 프랑스의 봉건 귀족 세력은 크게 약화되었어요. 반면 왕권은 강화되었지요. 한편 1455년이 되자 영국 내부에서는 왕위 계승 문제를 둘러싸고 30년에 걸쳐 장미 전쟁(1455~1485)이 일어났어요. 영국 역시 백 년 전쟁과 장미 전쟁을 연달아 겪으며 봉건 귀족 세력이 무너지고, 왕권이 강화되었지요. 이로써 두 나라 모두 중앙 집권 국가로 변화하게 되었어요.

> 플랑드르 지방은 프랑스에 있는데, 왜 영국과 싸운 거예요?

> 플랑드르 지방은 유럽 최대의 모직물 생산지였는데, 양모를 영국에서 수입했기 때문에 영국의 영향력이 큰 땅이었어. 그래서 분쟁이 잦았지.

개념연결 마녀재판

14~17세기 무렵 유럽에서는 크리스트교도가 아니거나 사상 등이 다른 사람을 마녀로 지목해 종교 재판을 받게 했다. 크리스트교 이외의 다른 종교와 사상을 인정하지 않는 사회에 대한 사람들의 불만과 저항을 마녀라는 희생양을 통해 억제한 것이다. 마녀재판은 백 년 전쟁을 기점으로 사회가 혼란스러워지면서 본격화되었다. 마녀로 지목받는 이유는 다양했다. 교회를 다니지 않거나, 부유한 과부이거나, 결혼하지 않은 여성들이 주로 마녀로 지목당했으며, 자신의 적을 일부러 마녀로 몰아 죽이는 일도 종종 일어났다. 이러한 마녀재판은 18세기에 이르러서야 비로소 금지되었다. 오늘날에도 특정한 사람을 무조건적으로 비난하며 몰아가는 일을 비유적으로 마녀재판이라고 표현한다.

마녀를 화형하는 모습을 묘사한 그림

르네상스 시작	레오나르도 다빈치, 「모나리자」 발표	성 베드로 성당 완공
14세기경	1503	1626

모나리자의 미소는 왜 유명한 거예요?

30초 해결사

르네상스 시대를 대표하는 예술가 레오나르도 다빈치가 그린 명작, 「모나리자」를 보기 위해 매년 수많은 관람객이 프랑스 파리의 루브르박물관을 찾아요. 미소를 짓는 듯도 하고, 아닌 듯도 한 여인의 알쏭달쏭한 표정이 인상적인 그림이지요. 「모나리자」가 본격적으로 명성을 떨치게 된 것은 도난되었다 되찾는 사건을 겪으면서부터예요. 원근법을 적용하는 등 시대를 앞선 레오나르도 다빈치의 기술과 심미안이 돋보이는 이 신비한 그림의 비밀을 풀기 위해 오늘날에도 많은 학자가 연구하고 있어요.

#모나리자 #르네상스 #레오나르도 다빈치 #라파엘로 #미켈란젤로

14~16세기 유럽에서는 신 중심의 세계관에서 벗어나 고대 그리스와 로마 문화를 바탕으로 인간의 자유와 아름다움을 발견하고자 하는 새로운 예술 문화가 일어났어요. 이를 르네상스라고 부르지요. 르네상스는 이탈리아 피렌체를 중심으로 시작되었어요. 옛 로마 제국의 중심지인 이탈리아는 여러 전통과 문화유산이 많이 남아 있어 문화적 자산이 풍부했고, 지중해 무역을 통해 경제적으로도 여유로워 예술에 대한 투자가 적극적으로 일어나는 지역이었어요.

라파엘로의 대표작 「아테네 학당」
(1509~1511, 바티칸 사도궁전 소재)

르네상스 예술의 가장 큰 특징은 인간과 자연을 있는 그대로 보고 묘사하려 한 점이에요. 미술 쪽에서는 「모나리자」, 「최후의 만찬」 등을 그린 레오나르도 다빈치와 「다비드」를 조각한 미켈란젤로, 「아테네 학당」 등을 그린 라파엘로 등이 활발히 활동했어요. 르네상스 시기에는 아름다운 건축물도 많이 지어졌는데, 이탈리아 로마에 있는 성 베드로 성당이 대표적이에요. 그리스와 로마의 건축 양식을 활용하고, 균형미를 추구한 웅장한 성당이지요.

16세기에 접어들며, 르네상스는 북유럽으로 전파되어 종교를 비판하는 경향을 띠게 되었어요. 동시에 과학 기술의 발전에도 영향을 미쳤지요.

그리스와 로마의 건축 양식을 계승한 성 베드로 성당. 최고의 건축가 미켈란젤로가 설계에 참여했으며, 그의 대표작 중 하나인 「피에타」도 여기에 있다

르네상스형 인간, 레오나르도 다빈치

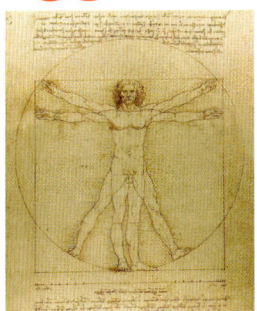

레오나르도 다빈치의 소묘
「비트루비우스적 인간」
(1490년경, 이탈리아 아카데미아미술관 소장)

레오나르도 다빈치Leonardo da Vinci는 르네상스 시대를 대표하는 화가이자, 과학자, 디자이너, 철학자다. 「모나리자」, 「최후의 만찬」 등 빼어난 미술 작품으로 우리에게 잘 알려져 있지만 조각, 음악, 화학, 천문학, 건축학, 해부학, 의학 등 다양한 분야에서 활약한 다재다능한 인물이었다. 그의 노트에는 실제와 흡사한 인체 비례를 스케치한 「비트루비우스적 인간」을 포함해 비행기, 탱크, 기차, 낙하산 등 그 당시 기술로는 구현할 수 없는 놀라운 아이디어들이 가득했다. 다빈치는 과감한 시도를 두려워하지 않았기에 실패작도 여럿 남겼고, 미완성으로 남긴 작품도 많다. 그럼에도 그의 빛나는 예술성과 넘치는 호기심, 그리고 작품에 대한 열정은 다빈치를 르네상스를 대표하는 예술가로 꼽기에 부족함이 없다.

구텐베르크, 인쇄기 발명	루터, 「95개조 반박문」 발표	칼뱅, 예정설 주장
1450	1517	1536

종이 한 장으로 죄를 없앨 수 있다고요?

30초 해결사

교황 레오 10세는 성 베드로 성당의 건설 비용을 마련하기 위해 신도들에게 죄를 용서해 주는 문서인 면벌부를 팔았어요. 면벌부만 사면 지은 죄가 모두 사라지고 천국에 갈 수 있다고 하자 너도나도 면벌부를 구입했어요. 면벌부가 큰 인기를 끌자, 교회의 타락과 부패를 비판하고 개혁하려는 움직임이 일기 시작했어요. 결국 이 사건은 종교 개혁의 신호탄이 되었지요.

• 면벌부: 로마 가톨릭 교회가 교황의 이름으로 신자에게 발급했던 문서로, 벌을 면하게 해 주는 문서라는 뜻이에요. 면할 면免에 벌할 벌罰을 써요.

#종교 개혁   #면벌부   #루터   #칼뱅   #베스트팔렌 조약   #구텐베르크

이탈리아 피렌체에서 시작된 르네상스의 물결은 알프스 북쪽으로 넘어가면서 부패한 성직자와 타락한 교회를 비판하는 성격을 띠게 되었어요. 교황 레오 10세가 면벌부를 판매하기 시작하자 독일의 성직자 마르틴 루터는 1517년 「95개조 반박문」을 발표해 교황과 교회를 비판했어요. 루터의 주장은 제후와 농민들에게 큰 지지를 받았어요.

제6조 교황은 신의 용서를 선언하거나 증명하는 것 외에 어떤 죄도 용서할 수 없다.
제20조 교황이 모든 벌을 면제한다고 선언한다면 그것은 진정한 의미에서의 벌이 아니라, 단지 교황 자신이 내린 벌을 면제한다는 것뿐이다.
제36조 진심으로 회개하는 크리스트교도는 면벌부 없이도 벌이나 죄에서 벗어날 수 있다.
-루터의 「95개조 반박문」 중에서

한편 스위스에서는 신학자 칼뱅이 '인간의 구원은 신에 의해 미리 정해져 있다'라고 주장하며 종교 개혁을 일으켰어요. 부지런함을 강조하고, 경제적인 성공은 신의 은총에 달렸다고 한 칼뱅의 주장은 주로 상인들에게 큰 호응을 얻으며 영국, 네덜란드, 프랑스 등으로 퍼져 나갔어요. 또 영국에서는 국왕이 교회의 수장임을 주장하면서 교황의 지배로부터 독립을 선언하고, 영국 국교회를 세웠어요.

종교 개혁으로 크리스트교 세계는 로마 가톨릭교회(구교)와 신교로 분열되었고, 독일에서는 30년간 800만여 명의 사망자를 낸 30년 전쟁이 일어났어요. 이 종교 전쟁은 1648년 베스트팔렌 조약을 맺으면서 마침내 끝이 났어요. 베스트팔렌 조약에 따라, 유럽의 제후들은 가톨릭, 루터파, 칼뱅파 중 하나를 선택할 수 있게 되었지요.

종교 개혁을 확산시킨 구텐베르크의 인쇄술

구텐베르크는 포도주와 기름 등을 짜던 압축기를 활용해 대량으로 인쇄할 수 있는 인쇄기를 만들었다. 이전에는 책 한 권을 필사하는 데 두 달의 시간이 걸렸다. 그러나 인쇄기가 발명되면서 일주일에 수백 권의 책을 인쇄할 수 있게 되었다. 이로 인해 루터와 칼뱅 등 종교 개혁가들의 글이 순식간에 유럽 전체로 퍼져 나갔고, 이는 종교 개혁에 큰 영향을 주었다. 인쇄술이 정보의 전달과 축적에 큰 변화를 가져다주면서 사회를 변화시켰다.

구텐베르크 인쇄기
(ⓒKoreller)

콜럼버스,	바스쿠 다가마,	마젤란,
아메리카 항로 발견	인도 항로 발견	세계 일주 항해 시작
1492	1498	1519

후추 때문에 지구를 한 바퀴 돌았다고요?

30초 해결사

동방에 대한 전설이 전해지고, 마르코 폴로의 동방 여행기를 담은 『동방견문록』이 큰 인기를 끌면서 유럽에서는 점차 동방에 대한 호기심이 높아져 갔어요. 십자군 전쟁 이후 지중해를 통해 동방과의 교류가 늘고 후추와 같은 향신료, 비단, 도자기 등 동방의 이국적인 물품들이 큰 인기를 얻자 유럽 국가들은 너도나도 신항로를 개척하기 위해 나섰어요.

#신항로 개척   #마르코 폴로   #동방견문록   #콜럼버스

15세기 중엽, 오스만 제국이 비잔티움 제국을 멸망시키고 지중해 무역을 장악하자 후추와 같은 향신료와 비단, 도자기 등 동방의 상품들의 가격이 치솟았어요. 유럽 국가들은 직접 동방과 교역하기 위해 새로운 항로를 찾을 필요성을 느꼈지요. 때마침 이 시기에 지리학과 천문학, 선박 제작 기술이 눈부시게 발전하면서 신항로 개척이 활발하게 펼쳐졌어요.

대서양 연안에 있던 포르투갈과 에스파냐는 항로 개척에 적극적이었어요. 포르투갈의 엔히크 왕자는 서아프리카 해안 지역을 개척했고, 바르톨로메우 디아스는 아프리카 남쪽 끝의 희망봉을 발견했으며, 바스쿠 다가마는 희망봉을 돌아 인도까지 가는 데 성공했지요. 에스파냐의 후원을 받은 콜럼버스는 서쪽으로 대서양을 건너 아메리카 대륙을 발견한 인물이에요. 콜럼버스는 자신이 발견한 땅이 인도라고 믿었기 때문에, 이 지역에 서인도 제도라는 이름을 붙였어요. 이어 마젤란은 아메리카를 돌아 태평양을 가로지르면서 최초로 세계 일주에 성공한 인물이 되었어요.

이러한 행적에는 대양을 항해하는 데 적합한 카라벨선 등의 등장도 큰 몫을 했어요. 당시 유럽에 비해 훨씬 발달해 있던 이슬람의 항해술과 선박 기술을 적극적으로 받아들인 결과였어요. 또 중국(송나라)에서 전래된 나침반을 항해용으로 개발하고, 천문 관측 기술도 발달하며 먼 거리 항해가 가능해졌지요.

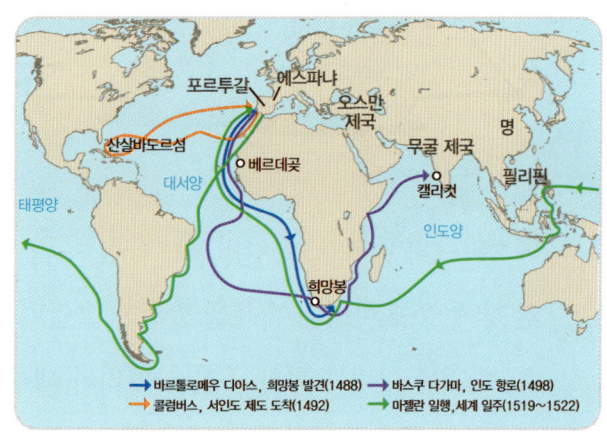

신항로 개척으로 전해진 작물

신항로가 개척되면서 아메리카에서만 자라던 옥수수, 감자, 고구마, 강낭콩, 땅콩, 고추 등이 유럽으로 전파되었다. 특히 남아메리카 안데스산맥의 고원 지대가 원산지인 감자는 키우기 쉽고 열악한 조건에서도 수확량이 좋아 유럽에 빠르게 전파되었다. 초기에는 주로 가축의 사료로 쓰였으나 저온에서도 잘 자라고, 단기간에 많이 수확할 수 있어 많은 사람의 굶주림을 해결하는 데 큰 역할을 했다. 감자는 이후 중국(청나라)을 통해 우리나라에도 전래되어 널리 재배되었다.

콜럼버스,	바스쿠 다가마,	마젤란,
아메리카 항로 발견	인도 항로 발견	세계 일주 항해 시작
1492	1498	1519

인디언은 잘못된 이름이라고요?

30초 해결사

에스파냐의 탐험가, 콜럼버스는 향신료 무역을 위해 인도를 찾아 떠났어요. 긴 항해 끝에 마침내 대륙을 발견한 콜럼버스는 그곳이 인도라고 생각했어요. 하지만 그가 도착한 곳은 아메리카 대륙의 한 섬이었지요. 콜럼버스의 착각으로 인해 그가 발견한 섬들은 서인도 제도라는 이름으로 알려지게 되었어요. 또 콜럼버스는 이곳에 사는 원주민을 인디언Indian이라고 불렀는데, 이는 '인도 사람'이라는 뜻이에요. 따라서 오늘날에는 아메리카 원주민이라는 표현을 쓰고 있어요.

- 원주민: 어떤 지역에 원래부터 살고 있었던 사람을 뜻해요.

#신항로 개척 #콜럼버스 #인디언 #노예 무역 #삼각 무역 #플랜테이션

신항로 개척으로 유럽에는 큰 변화가 생겼어요. 무역의 중심지가 지중해에서 대서양으로 바뀌면서, 대서양 쪽 국가들의 힘이 강해졌어요. 반대로 이탈리아를 비롯한 지중해 쪽 국가들은 쇠퇴하게 되었지요.

유럽 대륙의 국가들은 경쟁적으로 해상에 진출해, 아메리카와 아시아 대륙 식민지를 늘리려 했어요. 신항로 개척은 세계의 질서를 송두리째 바꾸는 큰 변화의 시작이었어요. 배를 타고 온 유럽의 무장 병력은 아메리카와 아프리카에 저마다 식민지를 건설하고 자원과 인력을 수탈했어요. 이들은 원주민을 동원해 금광 등 광산을 개발하고, 사탕수수와 담배 등을 재배하는 대농장을 건설해 노동력을 착취했어요. 인구 이동이 활발해지자 전염병 또한 대규모로 유행했어요. 특히 유럽인들이 옮겨 온 천연두, 홍역 등의 전염병에 아무런 면역 체계가 없었던 아메리카 원주민들은 큰 타격을 입었어요. 낯선 전염병으로 본래 살고 있던 원주민의 약 90퍼센트가 사망했을 정도였지요. 노동력이 부족해지자, 유럽 국가들은 아프리카 원주민을 노예로 동원했어요. 이렇듯 유럽이 주도한 삼각 무역으로 인해 아프리카와 아메리카는 큰 피해를 입었어요. 오늘날까지도 그 영향으로 몸살을 앓고 있지요.

식민지를 건설하면서 아메리카의 아스테카 제국과 잉카 제국이 멸망하는 등, 원주민의 문명도 무자비하게 파괴되었지.

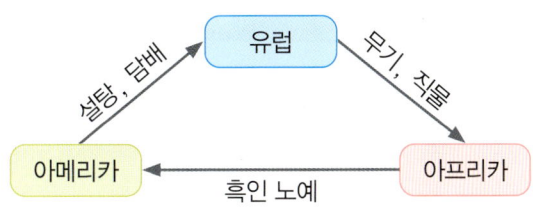

유럽, 아메리카, 아프리카의 삼각 무역

한 가지 작물만 재배해! 플랜테이션

플랜테이션은 주로 수출을 위해 한 가지 작물을 대량으로 재배하는 농장을 뜻한다. 아메리카와 아프리카에 식민지를 건설한 유럽의 수탈자들은 경제적 이익을 위해 원주민을 동원해 한 가지 작물만을 집중적으로 재배하게 했다. 사탕수수 농장에서는 사탕수수만을, 면화 농장에서는 면화만을, 카카오 농장에서는 카카오만을 재배하는 식이었다. 플랜테이션은 생산량을 크게 늘려 주지만, 원주민의 노동력을 착취한다는 문제가 있다. 또 생물 다양성이 사라져 장기적으로는 생태계와 경제에 큰 문제가 생긴다. 오늘날까지도 라틴 아메리카 등은 이 문제로 몸살을 앓고 있으며, 이를 해소하기 위해 공정 무역 등의 해결책이 고려되고 있다.

콜럼버스,	바스쿠 다가마,	마젤란,
아메리카 항로 발견	인도 항로 발견	세계 일주 항해 시작
1492	1498	1519

탐험왕 콜럼버스가 재판을 받는 이유가 뭐예요?

30초 해결사

미국에서 매년 10월 둘째 주 월요일은 '콜럼버스의 날'로, 콜럼버스가 아메리카 대륙에 도착한 것을 기념하는 날이에요. 그러나 2022년, 미국의 바이든 대통령은 콜럼버스의 날을 '원주민의 날'로 선포했어요. 원주민의 입장에서 콜럼버스는 위대한 탐험가가 아니라 침략자인데, 그를 영웅으로 기념하는 일이 적절하지 않다는 목소리가 높아졌기 때문이었어요. 이런 흐름에 따라 곳곳에 설치된 콜럼버스 조각상을 철거하는 주도 늘고 있어요. 또 많은 학교에서 모의 재판을 열어 콜럼버스를 재평가하고 있어요.

#콜럼버스 #콜럼버스의 날 #원주민의 날

1492년 10월 12일은 콜럼버스가 아메리카 대륙에 도착한 날이에요. 처음 콜럼버스와 만난 원주민들은 낯선 손님을 환대했어요. 하지만 콜럼버스는 원주민을 학살하고, 노예로 삼고, 원주민의 문화를 파괴하는 등 잔혹한 짓을 저질렀어요.

원래 미국은 콜럼버스의 날을 연방 공휴일로 기념해 왔어요. 그러나 최근에는 비판의 목소리가 커지며 많은 변화가 일고 있어요. 볼리비아에서는 이날을 '탈식민화의 날'로 정해 콜럼버스로부터 시작된 유럽인의 원주민 학살을 잊지 않고 기리고 있지요. 이처럼 역사 속 인물을 평가하는 일은 복잡해요. 콜럼버스를 바라보는 시선도 다양하지요. 콜럼버스의 날을 어떻게 보면 좋을지 함께 생각해 보아요.

위대한 모험가 콜럼버스

콜럼버스의 개척 정신과 탐험 정신을 높게 평가할 필요가 있어. 콜럼버스 덕분에 신항로가 개척되었고, 유럽 문명이 아메리카에 전해질 수 있었어. 그러니까 '콜럼버스의 날'을 계속 기리는 것은 의미가 있어.

잔혹한 학살자 콜럼버스

콜럼버스가 아메리카 대륙에 온 것은 비극이야. 원주민을 노예로 삼거나 학살하고 전통문화를 파괴한 행위는 분명히 문제가 있어. 이에 콜럼버스가 아메리카에 상륙한 날을 기념일에서 '원주민의 날'로 바꿀 필요가 있어.

 '신대륙'이 잘못된 표현이라고?

유럽인들이 신항로를 개척한 것은 맞지만, 신대륙을 발견했다는 표현은 잘못되었다. 신대륙은 새로운 대륙이라는 뜻이고, 발견은 알려지지 않은 것을 새롭게 찾아냈다는 뜻인데, 이는 모두 유럽인의 시각에서 쓰인 표현이기 때문이다. 아메리카 대륙과 아프리카 대륙에는 유럽인이 상륙하기 전에도 이미 원주민들이 살고 있었다. 원주민들은 아스테카, 마야, 잉카와 같은 문명을 이룩하고, 독자적인 문화를 보존해 나가고 있었으나, 유럽인의 침략으로 인해 이 모든 것들이 파괴되었다. 따라서 신대륙을 발견했다는 표현은 원주민의 존재와 그들의 문명을 지우는 표현으로 여겨져, 오늘날에는 잘 쓰이지 않는다.

신항로 개척을 어떻게 판단해야 할까?

신항로 개척으로 경제와 문화의 교류가 활발해졌어!

> 신항로 개척이 일어나지 않았다면 오늘날의 세계는 이렇게 발전하지 못했을 거야. 아프리카, 유럽, 아메리카의 삼각 무역으로 경제가 성장했고, 새로운 작물과 광물 등의 자원과 문화를 교류하는 계기가 되었잖아. 상공업과 금융업이 활발해지면서 시민 계급이 형성되는 등 유럽의 근대화에도 큰 영향을 미쳤고, 신항로 개척으로 항해술 등의 기술 또한 크게 발전했어.

15세기 포르투갈과 에스파냐를 중심으로 시작된 신항로 개척은 중세 사회에 많은 변화를 가져왔다. 새로운 항로를 통해 아메리카와 아프리카의 새로운 작물, 막대한 금과 은이 유럽으로 흘러들어 왔으며, 인도와 중국과 직접 무역을 하며 유럽의 경제가 급속히 성장했다. 한편 이 같은 부는 아메리카와 아프리카를 식민 지배해 얻은 결과로, 그 지역의 원주민들은 착취로 고통받아야 했다. 유럽의 나라들은 경쟁적으로 식민지를 확장했으며, 이는 세계 대전으로까지 이어졌다.

아메리카와 아프리카 원주민들은 정복자들에게 착취당했어!

> 신항로 개척으로 인해 유럽을 제외한 다른 대륙들은 엄청난 고통을 겪었어. 유럽 입장에서는 '발견'이었지만, 원주민 입장에서는 '침략'이었지. 유럽인들이 식민지를 개척하면서 아메리카 대륙에서 독자적으로 발전하고 있던 잉카 문명과 아스테카 문명은 파괴되었어. 또 유럽인들은 자원을 착취하고, 농장을 세워 원주민의 노동력을 착취했어. 이때 입은 피해의 영향으로 많은 나라가 식민 지배로부터 독립을 한 지금까지도 많은 갈등과 분쟁을 겪고 있어. 제대로 된 사과와 보상이 필요해.

영국, 무적함대 격파	프랑스, 루이 14세 즉위	프로이센, 프리드리히 2세 즉위
1588	1643	1740

왕이 태양신으로 분장하고 발레를 했다고요?

30초 해결사

태양 분장을 한 루이 14세의 초상화

프랑스 왕 루이 14세는 춤을 사랑한 발레리노였어요. 열다섯 살이 되던 해, 루이 14세는 「밤의 발레」라는 공연에서 태양의 신 아폴론 역을 맡아 태양을 상징하는 의상과 장신구로 화려하게 치장하고 춤을 추었어요. 이 일로 태양왕이라는 별명을 얻었지요. 루이 14세는 왕권신수설을 신봉해, 강력한 왕권을 수립한 군주이기도 했어요.

• 왕권신수설: 국왕의 권력은 신으로부터 나온다는 사상이에요.

`#절대 왕정` `#절대 왕권` `#왕권신수설` `#루이 14세` `#베르사유 궁전`

"짐이 곧 국가니라!"

16세기 유럽에는 왕에게 모든 권력이 집중된 절대 왕정 체제가 나타났어요. 절대 왕정의 군주는 왕의 명령에 따라 나랏일을 처리하는 관료제를 시행하고 언제든지 동원할 수 있는 상비군을 두었어요. 또 수입을 제한하고 수출을 늘려 국내 상공업을 보호하는 중상주의 정책을 실시했어요. 중상주의 정책의 확대는 곧 식민지 쟁탈전으로 이어졌는데, 상품의 원료를 확보하고, 국내에서 생산한 물건을 수출할 시장이 필요했기 때문이었지요.

이 시기 대표적인 절대 군주들을 살펴볼까요? 프랑스의 루이 14세는 왕권신수설을 바탕으로 중상주의 정책을 적극적으로 펼쳤어요. 강력한 왕권을 과시하기 위해 베르사유 궁전을 짓기도 했지요. 에스파냐의 펠리페 2세는 아메리카 식민지를 바탕으로 무적함대를 육성했어요. 영국의 엘리자베스 1세는 그 에스파냐의 무적함대를 무찌른 뒤 해외 시장을 적극적으로 개척했고, 러시아의 표트르 대제는 서유럽화 정책을 추진했어요. 또 프로이센의 프리드리히 2세는 산업 장려와 사회 개혁을 추진해 절대 왕정을 이끌었지요.

서유럽 절대 왕정의 구조

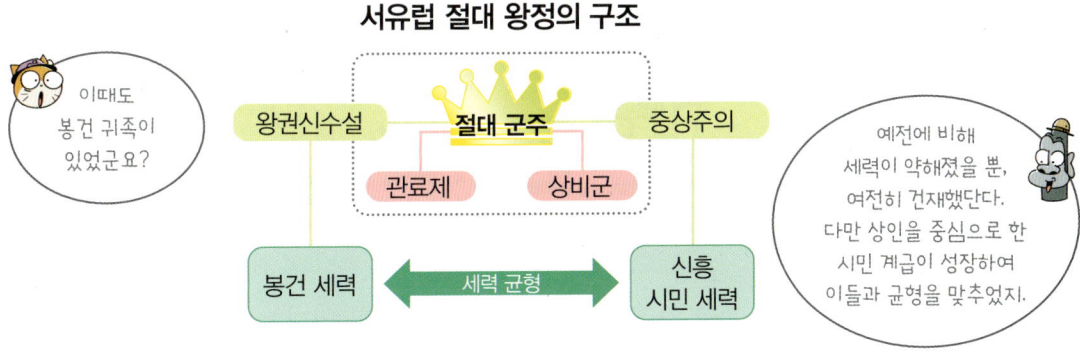

베르사유 궁전

유럽의 절대 군주들은 웅장한 규모의 궁전을 지어 힘을 과시했다. 궁전은 당대 최고의 예술가들이 초대되어 문화를 꽃피우는 공간이기도 했다. 프랑스의 베르사유 궁전은 루이 13세 때 지은 별장을 루이 14세 때 증축한 건물로, 마치 신이 머무는 곳처럼 보이도록 장엄하게 만들었다. 특히 베르사유 조약이 맺어지기도 한 거울의 방은 공간감과 장식성을 강조해 화려하고 웅장한 느낌을 준다. 17세기 바로크 양식의 대표적인 건축물로 손꼽히며, 여러 궁전에 영감을 주었다.

베르사유 궁전의 화려한 내부
(©Myrabella)

갈릴레이 출생	갈릴레이, 종교 재판에 회부	교황청, 갈릴레이에 대해 사과
1564	1633	1992

갈릴레이는 무슨 잘못을 해서 재판을 받았나요?

30초 해결사

갈릴레이는 천체 관측을 통해 지구가 태양을 돌고 있다는 사실을 확인했어요. 하지만 천동설이 대세이던 당시에 갈릴레이의 지동설은 위험한 의견이었어요. 갈릴레이의 주장이 자신의 체면을 손상시켰다고 생각한 교황 우르바누스 8세는 그를 종교 재판에 회부했어요. 결국 갈릴레이는 재판장에 서서 자신의 주장을 철회했지요.

- 천동설: 지구가 우주의 중심이며, 모든 천체는 지구를 중심으로 돈다는 이론이에요.
- 지동설: 태양이 우주의 중심이며, 태양을 중심으로 지구를 포함한 여러 행성이 돌고 있다는 이론이에요. 코페르니쿠스가 처음 주장했어요.

#갈릴레이 #천동설 #지동설 #코페르니쿠스

르네상스 시대에 접어들며 자유로운 탐구 정신이 확산되었어요. 그와 함께 과학 기술도 큰 발전을 이루었지요. 르네상스를 대표하는 예술가이자 발명가인 레오나르도 다빈치는 비행기, 기차, 낙하산 등 다양한 발명품을 구상했고, 그 외에도 많은 과학자가 우주를 탐구하는 일에 뛰어들었어요.

크리스트교가 사상의 중심이던 중세 시대에 천동설은 절대적인 진리나 마찬가지였어요. 하지만 16세기, 천문학자 코페르니쿠스가 『천체의 회전에 관하여』라는 책을 발표하면서 지동설을 처음으로 주장했어요. 이후 이탈리아의 천문학자 갈릴레이가 직접 망원경을 개량해 천체를 관측했어요. 그 결과 화성, 목성 등의 위성을 발견했고, 과학적으로 지동설을 규명해 대단한 업적을 세웠어요. 그러나 천동설을 진리처럼 여기던 사회 분위기에서 지동설을 인정받기란 쉽지 않은 일이었어요. 1633년 갈릴레이는 종교 재판에 회부되었고, 결국 자신의 주장을 포기한다는 선언을 했지요. 이후 케플러와 뉴턴 등의 학자들이 천체를 관측해 지동설을 증명하면서, 결국 갈릴레이의 주장이 옳았다는 사실이 밝혀졌어요.

조제프 니콜라 로베르 플뢰리, 「바티칸 종교 재판소 앞의 갈릴레이」
(1847, 프랑스 루브르박물관 소장)

> 코페르니쿠스의 주장도, 갈릴레이의 주장도 결국 받아들여지지 않았잖아요.
>
> 하지만 대단한 발상의 전환이었지. 지금도 이렇게 충격적인 사고의 전환을 비유할 때 코페르니쿠스적 전환이라고 한단다.

교황의 사과

1992년 교황청은 갈릴레이에게 저지른 잘못에 대해 공식적으로 사과했다. 그리고 2000년 3월에는 교황 요한 바오로 2세가 가톨릭 교회가 저지른 죄를 인정하고 용서를 구하는 뜻깊은 미사를 올렸다. 요한 바오로 2세는 중세 시대에 이뤄진 종교 재판들과 십자군 원정, 아메리카 원주민 학살 방조, 제2차 세계 대전 중 일어난 유대인 학살 방조 등 역사 속 잘못들에 대해 인정하고 사과했다. 이는 종교의 이름으로 행해지는 전쟁과 재판 등의 폭력을 더는 되풀이하지 않겠다는 다짐이었다.

영국, 청교도 혁명	영국, 명예 혁명	메리 2세와 윌리엄 3세, 권리 장전 승인
1642	1688	1689

'군림하되 통치하지 않는다' 라는 말이 무슨 뜻이에요?

30초 해결사

"왕은 군림하되 통치하지 않는다!" 영국의 왕을 묘사할 때 흔히 이런 표현을 쓰지요. 입헌 군주제를 실시하는 영국에서 왕은 상징적인 지위일 뿐, 정치에 개입할 수 없기 때문이에요. 영국에서 중요한 결정은 모두 의회에서 이뤄져요. 오늘날 영국에 이런 체제가 자리 잡은 이유는 17세기에 있었던 두 가지 중요한 혁명, 청교도 혁명과 명예 혁명 때문이에요.

• 입헌 군주제: 군주의 권력이 헌법으로 제한된 형태의 정치 체제를 뜻해요.

#청교도 혁명 #명예 혁명 #권리 청원 #권리 장전 #입헌 군주제 #아일랜드

중학교에 가면 IV 제국주의 침략과 국민 국가 건설 운동 1. 유럽과 아메리카의 국민 국가 체제 ① 영국에서 의회 정치가 발전하다

17세기 영국에서는 상공업과 도시가 발달하며 시민 계급이 성장했어요. 이들 대부분은 청교도였으며, 의회의 다수를 차지했어요. 그런데 영국의 왕 찰스 1세는 의회를 무시하고, 과한 세금을 걷고, 청교도를 탄압했어요. 이에 의회는 국왕이 의회의 동의 없이 세금을 부과할 수 없으며, 불법적으로 국민을 체포할 수 없다는 내용의 권리 청원을 제출해 승인을 받았어요. 찰스 1세가 권리 청원을 거부하며 의회를 무력으로 탄압하려 하자, 의회도 여기에 맞서 무력으로 대응했어요. 1642년에 일어난 이 사건을 청교도 혁명이라고 불러요.

> 그런데 청교도가 뭐예요?

> 철저한 금욕주의를 주장한 크리스트교의 한 교파란다. 반기를 든 의회 구성원 대부분이 청교도여서, 청교도 혁명이란 이름이 붙었지.

청교도 혁명의 결과, 의회파의 우두머리 크롬웰이 찰스 1세를 처형하고 1649년 공화정을 수립했어요. 하지만 크롬웰의 엄격한 청교도 윤리와 독재 정치는 국민의 반감을 샀어요. 결국 크롬웰이 사망한 후 찰스 2세가 즉위하면서 영국은 다시 왕정 체제로 돌아갔어요.

찰스 2세의 뒤를 이은 제임스 2세는 의회를 탄압하고 독재를 일삼았어요. 결국 1688년 영국 의회는 제임스 2세를 폐위하고 제임스 2세의 딸인 메리 공주와 남편인 윌리엄을 공동 왕으로 추대했어요. 이 과정에 피가 한 방울도 흐르지 않았다고 해서 이 사건을 명예 혁명이라고 해요. 왕위에 오른 메리와 윌리엄은 의회가 제정한 권리 장전을 승인함으로써 입헌 군주제의 토대를 마련했어요.

올리버 크롬웰의 초상화

개념 연결 북아일랜드의 종교 갈등

1603년 즉위한 제임스 1세는 북아일랜드에 개신교도를 대거 이주시켜 아일랜드를 식민지로 삼으려 했다. 이 과정을 반복한 끝에 북아일랜드에는 개신교도가 가톨릭교도보다 많아지게 되었다. 아일랜드는 오랜 독립 운동 끝에 1949년 영국으로부터 독립했으나, 이주민이 많았던 북아일랜드는 영국에 남는 것을 선택함으로써 갈등이 생겼다. 1969년 북아일랜드에서 개신교도와 가톨릭교도가 충돌해 유혈 사태가 벌어졌다. 결국 갈등 상황을 막기 위해 아일랜드의 수도 벨파스트에는 거주지를 분리하는 장벽이 세워졌다. 이후로도 오랫동안 분쟁과 평화를 위한 노력이 계속되다가, 1998년 마침내 평화 협정이 체결되었다.

미국, 보스턴 차 사건	미국, 독립 선언	미국, 영국으로부터 독립
1773	1776	1783

보스턴 사람들은 왜 차를 바다에 던졌을까요?

30초 해결사

1773년 12월, 아메리카 원주민으로 분장한 백인 수십 명이 미국의 보스턴 항구에 정박해 있던 영국 동인도 회사의 배에 올라탔어요. 그들은 배에 실려 있던 차 상자 300여 개를 몽땅 바다에 던져 버렸어요. 영국은 식민지인 미국에 차를 수출하는 대가로 많은 세금을 부과하면서 자신들만 독점적으로 차를 판매할 수 있도록 했어요. 이에 불만을 가진 차 밀수업자들이 이런 일을 벌였는데, 이 사건을 보스턴 차 사건이라고 불러요.

- 동인도 회사: 유럽 열강이 다른 나라를 식민지화하기 위해 만든 무역 회사예요. 영국 동인도 회사는 1600년에 세워진 뒤 19세기에 해체될 때까지 여러 식민지의 무역을 독점했어요.

#보스턴 차 사건 #미국 독립 전쟁 #동인도 회사 #조지 워싱턴

17세기부터 영국인들은 종교와 경제적인 이유로 북아메리카 동부 해안으로 와 13개의 식민지를 세웠어요. 식민지인들은 처음에는 영국의 큰 간섭 없이 자치를 했으나, 영국이 프랑스와 7년간 전쟁을 벌이며 사정이 달라졌어요. 재정이 어려워진 영국 정부는 인도와 아메리카 등지의 식민지에 설탕세, 차세 등 각종 세금을 부과했어요. 그렇게 식민지인들의 불만이 쌓여 가던 중, 보스턴 차 사건이 일어난 거예요. 이 사건으로 영국 정부는 큰 충격을 받고 보스턴 항구를 봉쇄해 버렸어요. 이에 아메리카의 식민지인들도 반발하여 1776년 독립 선언문을 발표하고, 영국과 본격적으로 독립 전쟁을 벌였어요. 이 전쟁에서 승리하면서 13개 식민지는 1783년 영국으로부터 완전히 독립했어요. 독립 후 13개 주의 대표는 연방제를 주요 내용으로 하는 헌법을 제정하고, 워싱턴 총사령관을 초대 대통령으로 선출했어요. 오늘날 미국의 시작이었지요.

> 여기서 말하는 식민지인은 원주민이 아니라 영국에서 건너온 백인들인 거지? 차를 던진 것도 백인이고?
>
> 헷갈리게 왜 원주민으로 분장하고 차를 던졌담!

기본권과 민주주의 원리를 살펴볼 수 있는 **미국의 「독립 선언문」**(1776)

모든 인간은 평등하게 창조되었으며 그 누구에게도 넘겨줄 수 없는 권리를 신으로부터 부여받았다. 그중에는 생명, 자유 그리고 행복 추구의 권리가 있다. 이 권리를 확보하기 위해 인류는 정부를 조직했으며, 이러한 정부의 정당한 권력은 국민의 동의에서 나오는 것이다. 어떠한 형태의 정부이든 이러한 목적을 파괴할 때는 언제든지 그 정부를 바꾸거나 폐지하여 새로운 정부를 조직하는 것이 바로 국민의 권리다.

미국 건국의 아버지, 조지 워싱턴

조지 워싱턴은 미국의 첫 번째 대통령이다. 1775년부터 1783년까지 미국 독립 전쟁에서 영국에 맞서 대륙군의 총사령관으로 활약했다. 이를 통해 미국의 건국에 큰 역할을 했으며, '건국의 아버지'라고 불릴 정도로 미국 역사상 중요한 인물 중 한 명으로 손꼽힌다. 이런 공을 인정받아 미국 1달러 화폐에는 워싱턴의 초상화가 담기기도 했다. 미국 역사상 만장일치로 대통령에 당선된 처음이자 마지막 인물이기도 한데, 워싱턴이 대통령을 2선까지 연임한 뒤 3선은 거절했다는 일화 역시 유명하다. 이 사건을 계기로 미국에는 2선 연임의 관례가 생겨, 오늘날까지도 미국의 대통령은 2선까지만 연임할 수 있다.

조지 워싱턴의 초상화가 그려진 1달러 화폐

바스티유 감옥 습격, 국민 의회 수립	입법 의회 수립	국민 공회 수립
1789	1791	1792

왜 유럽에는 비슷하게 생긴 국기가 많을까요?

30초 해결사

프랑스 국기의 파란색은 자유를, 흰색은 평등을, 빨간색은 박애와 우애를 상징해요. 이는 프랑스 혁명의 세 가지 이념에서 유래했어요. 프랑스 혁명은 유럽의 여러 나라에도 큰 영향을 끼쳤는데, 그 결과 유럽에는 국기가 프랑스처럼 세 가지 색깔로 된 나라가 많아요.

프랑스 국기   이탈리아 국기   벨기에 국기   루마니아 국기

#프랑스 혁명 #프랑스 국기 #루브르박물관 #삼부회 #국민 의회 #입법 의회

혁명 전 프랑스 사회의 신분제를 나타낸 풍자화
(1789, 프랑스 카르나발레박물관 소장)

18세기, 절대 왕정 체제의 프랑스 사회는 세 신분으로 나뉘어 있었어요. 제1신분은 고위 성직자, 제2신분은 귀족, 제3신분은 상공업자 등의 시민 계급과 농민, 그리고 노동자였지요. 제3신분은 많은 세금을 내고, 정치적 권리는 없는 등 많은 차별을 받았어요. 반면 고위 성직자와 귀족들은 세금을 면제받고, 고위 관직을 독점하는 등 특권을 누렸지요.

한편 이 무렵 프랑스 왕실은 전쟁과 사치로 인해 재정이 어려웠어요. 이를 해결하기 위해 루이 16세는 1789년 성직자, 귀족, 평민 대표를 모아 삼부회를 열었어요. 삼부회에서 각 신분 대표는 투표 방식을 두고 대립했어요. 성직자와 귀족 대표는 전통적인 신분별 투표를 고집했고, 평민 대표는 인구수에 따른 투표를 주장했지요. 이에 평민 대표는 국민 의회를 만들어 새로운 헌법이 제정될 때까지 해산하지 않겠다고 선언했어요.

> 이 무렵 프랑스 사회는 이미 뒤숭숭했단다. 평민들 중에는 상공업의 발달로 부유해진 시민 계급이 늘었고, 이들은 미국 혁명의 소식을 듣고 자유롭고 평등한 사회를 꿈꾸기 시작했지.

국왕이 국민 의회를 무력으로 탄압하려 하자, 시민들은 분노해 압제의 상징이던 바스티유 감옥을 습격했어요. 프랑스 혁명의 시작이었어요. 국민 의회는 봉건제 폐지를 선언하고,「인간과 시민의 권리 선언」을 발표하며 새로운 헌법을 만들었어요. 이에 따라 입법 의회가 만들어졌지요.

혁명이 만든 루브르박물관

프랑스를 대표하는 박물관, 루브르박물관은 프랑스 혁명 덕분에 탄생했다. 루브르박물관은 루브르 궁전 내에 위치해 있는데, 혁명 전까지는 왕족과 귀족, 그리고 성직자들만이 이곳을 방문할 수 있었다. 프랑스 혁명 이후, 혁명을 주도한 국민 의회는 1793년 왕실과 귀족들만 누릴 수 있었던 예술품들을 모든 시민이 함께 누려야 한다고 선언하고 루브르박물관을 공공 박물관으로 만들었다. 이때부터 루브르박물관은 공식적으로 박물관으로서의 역할을 하기 시작했다. 이후 나폴레옹이 황제로 즉위하며 나폴레옹 미술관으로 이름을 바꾸었다가, 오늘날의 루브르박물관이 되었다.

루브르박물관 입구의 유리 피라미드

나폴레옹 집권	『나폴레옹 법전』 편찬	나폴레옹, 워털루 전투 패배
1799	1804	1815

나폴레옹의 초상화에 비밀이 숨겨져 있다고요?

이 그림 속 나폴레옹은 정말 멋있네!

저 그림에서는 표정이 어두워. 전쟁에서 졌을 때일까?

이 두 그림은 사실 같은 순간의 나폴레옹을 묘사한 것이란다.

30초 해결사

백마에 올라 망토를 멋지게 휘날리며 알프스산맥을 넘는 나폴레옹의 초상화는 아주 유명하지요. 하지만 실제로 나폴레옹은 백마가 아니라 튼튼한 노새를 탔고, 알프스산맥을 넘는 여정도 아주 힘겨웠다고 해요. 1800년, 나폴레옹이 군대를 이끌고 알프스산맥을 넘은 이유는 오스트리아군이 점령한 영토를 탈환하기 위해서였어요.

#나폴레옹 #통령 정부 #프랑스 혁명 #나폴레옹 법전 #7월 혁명

자크 루이 다비드, 「황제 나폴레옹 1세의 대관식」
(1807, 프랑스 루브르박물관 소장)

> 나폴레옹이 황후 조제핀에게 왕관을 씌워 주는 모습이야! 교황도 축하해 주고 있네.

> 이 그림도 사실과 다르대. 원래는 교황이 나폴레옹에게 왕관을 씌워 줘야 하는데, 나폴레옹이 거부해서 즉위식 분위기가 좋지 않았다던데?

프랑스 혁명 이후, 강경한 혁명가였던 로베스피에르는 혁명에 반대하는 사람들을 탄압하고 처형하는 공포 정치를 실시했어요. 이렇게 혼란스러운 와중에 등장한 나폴레옹은 쿠데타를 일으켜 프랑스 정권을 장악하고, 1799년 통령 정부를 세웠어요. 제1통령으로 취임한 나폴레옹은 국민의 지지를 업고 1804년 국민 투표를 통해 황제의 자리에 올랐어요. 나폴레옹은 국민 교육 제도를 도입하고, 중앙 집권적 행정 제도를 마련하는 등 대대적인 개혁을 추진했어요. 또 새로운 시민 사회의 규범을 담은 『나폴레옹 법전』을 편찬하기도 했지요. 나폴레옹은 국내를 정리하는 한편, 유럽의 여러 나라를 정복해 나갔어요. 19세기 유럽에서 나폴레옹군의 위세는 무시무시했어요.

나폴레옹의 몰락은 영국을 굴복시키기 위해 무역을 틀어막은 대륙 봉쇄령에서 시작되었어요. 러시아가 대륙 봉쇄령을 어기자, 나폴레옹은 대규모의 군대를 이끌고 러시아 정벌을 나섰어요. 그러나 이 정벌에 실패하면서 나폴레옹 군대는 큰 손실을 입었고, 유럽 각국이 프랑스에 대한 공세를 강화하면서 결국 몰락하고 말았지요.

「민중을 이끄는 자유의 여신」

외젠 들라크루아,
「민중을 이끄는 자유의 여신」
(1830, 프랑스 루브르박물관 소장)

이 유명한 그림은 프랑스의 화가 들라크루아가 7월 혁명을 기념해 그린 작품이다. 7월 혁명은 1830년 7월 프랑스에서 일어난 혁명으로, 당시 프랑스에서는 나폴레옹 몰락 이후 부르봉 왕실이 다시 정권을 잡으며 전제 정치를 강화해 가고 있었다. 이에 반발한 시민, 학생, 노동자 들이 주도하여 혁명을 일으켰으며, 그 결과 샤를 10세가 물러나고 루이 필리프가 왕위에 오르면서 입헌 군주정이 수립되었다. 그림 속 자유의 여신은 오른손에 프랑스 혁명 정신을 상징하는 삼색기를, 왼손에는 총을 들고 민중을 이끌고 있다. 그리고 여신의 뒤를 정장을 입은 부르주아 남성과 노동자 계급, 하층민으로 보이는 소년 등이 뒤섞여 따르고 있다. 혁명에 여러 계층이 함께 참여했다는 점을 알 수 있다.

나폴레옹은 영웅일까?

강력한 지도력으로
프랑스의 전성기를 이끈 영웅이야!

> 나폴레옹은 강력한 지도력을 발휘해 프랑스를 하나로 뭉치게 이끌었어. 프랑스 혁명으로 혼란스러웠던 상황을 끝내고, 나라의 제도를 정비해 국민의 지지를 받았지. 또 나폴레옹이 만든 「나폴레옹 법전」은 훗날 여러 나라에서 쓰이는 대륙법을 대표하게 되었어. 강력한 군사력과 뛰어난 전술을 바탕으로 프랑스의 영토를 확장하며 전성기를 이끈 영웅이라고 할 만해.

1789년 프랑스 혁명으로 루이 16세가 처형되며 프랑스는 혁명의 불길에 휩싸였다. 당시 군인이었던 나폴레옹은 쿠데타를 진압하며 통령 정부의 국가 원수가 되었다. 나폴레옹은 법전을 만들어 개혁을 추진하는 한편, 유럽 국가들을 차례로 정복하며 프랑스의 전성기를 이끌었다. 그러나 스스로 황제의 자리에 올라 프랑스 혁명의 가치를 무너뜨리고, 권력을 휘두른 독재자이기도 했다.

차별주의자에 엄청난 전쟁광이었던 독재자야!

> 프랑스 혁명의 혼란 덕분에 권력자가 되었지만, 정작 나폴레옹은 종신 대통령직에 오르며 독재를 한 인물이야. 나중에는 스스로 황제의 자리에까지 올랐지. 그리고 자신의 야망을 이루기 위해 유럽 전체를 전쟁터로 만들었어. 나폴레옹이 일으킨 정복 전쟁 때문에 유럽의 수많은 국가가 큰 피해를 입었어. 또 나폴레옹은 노예 제도를 부활시키려 했던 차별주의자였어.

아이티, 프랑스로부터 독립	멕시코, 에스파냐로부터 독립	브라질, 포르투갈로부터 독립
1804	1821	1822

라틴 아메리카에서는 왜 스페인어를 많이 써요?

- 무초 구스토! 만나서 반갑다는 뜻이야.
- 여긴 라틴 아메리카잖아. 영어로 말해야 하는 것 아니야?
- 사실 라틴 아메리카에서는 스페인어를 더 많이 쓴단다.

30초 해결사

라틴 아메리카는 신항로 개척 이후 에스파냐와 포르투갈 등의 식민 지배를 받았어요. 특히 에스파냐의 지배를 오랜 기간 받으면서 라틴 아메리카의 여러 지역에서는 스페인어를 공용어로 사용하게 되었어요. 오늘날의 라틴 아메리카는 원주민과 새롭게 이주한 유럽계, 아프리카계 사람들을 포함해 다양한 인종이 어우러져 살아가는 땅이에요. 그러면서 라틴 아메리카만의 독특한 문화가 발달했어요.

#라틴 아메리카   #먼로 선언   #라틴 아메리카의 독립   #볼리바르   #산마르틴

19세기, 에스파냐와 포르투갈, 프랑스 등 유럽 열강의 식민 지배를 받던 라틴 아메리카에도 독립의 바람이 불었어요. 미국 독립 혁명과 프랑스 혁명의 이념이 널리 퍼지고, 나폴레옹이 일으킨 전쟁으로 유럽이 쑥대밭이 되면서 식민지에 대한 통제가 약화되자 라틴 아메리카 각지에서 독립을 요구하는 목소리가 높아졌어요. 미국의 대통령 먼로는 먼로 선언을 통해 유럽과 아메리카가 서로의 정치에 간섭하지 말 것을 주장했어요.

> 미국은 정의롭네! 라틴 아메리카의 독립을 도와주다니.

> 다 속셈이 있었던 거란다. 라틴 아메리카의 나라들이 독립하면, 에스파냐와 프랑스 등의 간섭 없이 자유롭게 무역을 할 수 있었거든.

1804년 아이티가 라틴 아메리카에서는 최초로 독립했어요. 아이티는 아프리카 노예들이 세운 국가로, 프랑스 혁명이 내세운 자유, 평등, 우애 정신을 앞세워 독립을 이루어 냈어요. 아이티의 독립 이후로 라틴 아메리카 곳곳에서는 식민 지배에 저항하는 독립 운동이 펼쳐졌어요. 대표적인 독립 운동가 볼리바르와 산마르틴의 활약으로 볼리비아, 콜롬비아, 베네수엘라 등의 국가가 잇따라 독립했지요.

하지만 독립 후에도 라틴 아메리카 국가들은 아직 식민 지배 시절의 여파를 받고 있어요. 유럽인 후손이 부와 권력을 독점해서 빈부 격차가 극심해졌고, 독재 정권이 등장했지요. 또 플랜테이션 농장을 통해 사탕수수, 밀 등 한 가지 작물만 집중적으로 재배해 수출하는 무역 구조가 굳어지면서 해외에 의존할 수밖에 없는 상황이 되었어요.

라틴 아메리카의 독립 영웅

라틴 아메리카 독립 운동 역사에서 빼놓을 수 없는 두 인물이 있다면, 라틴 아메리카의 해방자라고 불리는 볼리바르와 산마르틴일 것이다. 볼리바르는 베네수엘라 출신으로, 콜롬비아, 베네수엘라, 에콰도르, 볼리비아가 에스파냐의 식민 통치로부터 독립하는 데 혁혁한 공을 세웠다. 산마르틴은 아르헨티나 출신으로, 라틴 아메리카 독립 혁명군을 조직해 에스파냐군을 물리치면서 아르헨티나의 독립에 큰 도움을 주었다. 또 칠레와 페루의 독립에도 영향을 미쳤다. 볼리바르와 산마르틴은 모두 '크리오요'였다. 크리오요란 라틴 아메리카에서 태어나거나 정착한 에스파냐인을 뜻한다. 당시 라틴 아메리카의 독립을 주도한 인물 중에는 본국의 식민 지배에 적극적으로 반발한 크리오요가 많았다.

볼리바르의 초상화

산마르틴의 초상화

제임스 와트, 증기 기관 개량	영국, 철도 개통	마르크스, 「자본론」 편찬
1765	1825	1867

여섯 살 어린이가 공장에서 일을 했다고요?

> 산업 혁명 때 어린이들은 하루 10시간 넘게 일해도 적은 돈을 받았단다.

> 굴뚝 청소에, 공장에서도 일을 했는데요?

> 온종일 일했는데 겨우 동전 한 개야?

30초 해결사

산업 혁명이 한창이던 1830년대 영국의 공장에서는 아이들도 하루 평균 12시간 이상을 일했어요. 심지어 여섯 살 어린이까지 일터에 나가 종일 일했다는 기록이 남아 있어요. 휴식 없이 이어진 중노동으로 인해 많은 아이가 다치거나 지병을 얻는 등 심각한 인권 침해를 겪었어요. 산업 혁명으로 인해 대량 생산의 시대가 열리며 경제는 급격히 성장했지만, 풍족해진 물자가 모두에게 돌아가지는 않았어요.

#산업 혁명 #아동 인권 #노동 인권 #증기 기관

"공장이 바쁠 때 딸들은 몇 시에 공장에 갔나요?"
 "새벽 3시에 출근해 밤 10시가 넘도록 일했습니다."
 "지각을 하면 어떻게 되나요?"
 "임금의 4분의 1이 깎였습니다."
 "일하다 맞기도 했나요?"
 "딸들 모두가 일하다 매를 맞았습니다. 하지만 딸들은 일자리를 잃을까 봐 제가 감독관에게 따지는 것을 말렸습니다."

— 영국 의회에 제출된 「아동 노동 실태 보고서」(1830) 중에서

영국에서 시작된 산업 혁명은 삶을 송두리째 바꿔 놓았어요. 증기 기관이 보급되면서 공장이 들어섰고, 농민들은 일자리를 찾아 도시로 몰려들었어요. 공장 노동자가 급증하면서 대량 생산 시대의 막이 올랐지요. 증기 기관을 활용한 기관차와 철도가 곳곳을 다니기 시작하면서 물류의 이동이 편해졌고, 그에 따라 시장도 확대되면서 산업이 더욱 발전했어요. 하지만 계급 간에는 빈부 격차가 커졌어요. 공장주는 큰돈을 벌었지만, 대부분의 노동자들은 생활을 영위하기에는 턱없이 부족한 임금을 받으며 착취당했어요. 위험한 업무 환경과 긴 근무 시간으로 노동자들의 삶은 피폐해졌지요. 또 임금이 부족해 여성과 어린이들까지 열악한 일터로 내몰렸어요.

산업 혁명 시기 어린이 노동자들의 모습

 아름다운 청년 '전태일'

우리나라의 노동자이자 노동 운동가였던 전태일은 1960년대 하루 14~16시간 동안 노동을 하는 어린 여성 노동자들의 열악한 근무 환경을 바꾸기 위해 박정희 대통령에게 직접 편지를 썼다. 전태일은 근로 기준법을 준수할 것을 끊임없이 외쳤지만, 아무도 그 목소리를 들어주지 않자 1970년 11월 13일 평화시장에서 자신을 불태웠다. 전태일의 분신 사건은 우리나라에 큰 충격을 안겼고, 이 사건을 계기로 우리나라에서도 노동 문제가 중요한 사회 문제로 떠올랐다. 전태일 열사의 공로를 인정해 정부는 전태일 열사의 50주기였던 2020년 11월, 국민 훈장 무궁화장을 수여했다. 서울 종로구의 청계천에 가면 전태일 기념관과 전태일 열사의 동상을 만날 수 있다.

영국, 명예 혁명	메리 2세와 윌리엄 3세, 권리 장전 승인	영국, 차티스트 운동
1688	1689	1838

영국의 노동자들이 투표를 못 하던 시절이 있었다고요?

30초 해결사

1689년 권리 장전이 승인된 이후, 영국에는 의회 민주주의가 자리를 잡았어요. 의회가 선거법을 개정해 나가며 점차적으로 자유주의를 실현해 나갔어요. 그러나 1832년 제1차 선거법 개정 때까지도 영국의 도시 인구 대부분을 차지하는 노동자들에게는 참정권이 없었어요. 이에 불만을 가진 노동자들은 선거법을 개정할 것을 요구하며 1838년부터 1848년에 걸쳐 차티스트 운동을 펼쳤어요.

- 권리 장전: 의회의 승인 없이는 왕이 과세하거나 상비군을 유지할 수 없으며, 의회 내에서 자유로운 선거를 보장해야 한다는 내용이 담긴 의회 제정법이에요.

#차티스트 운동 #참정권

"21세 이상 모든 남자의 선거권을 인정하라!"

"유권자 보호를 위해 비밀 투표제를 시행하라!"

"하원 의원의 재산 자격을 없애라!"

"하원 의원에게도 보수를 지급하라!"

"인구 비례에 따라 동등하게 선거구를 설정하라!"

"의원 임기를 1년으로 하고, 매년 선거를 시행하라!"

> 인구 비례에 따라 동등하게 선거구를 설정하라는 게 무슨 뜻이에요?

> 산업 혁명 이후 영국에서는 도시로 인구가 집중되었단다. 그러면서 인구가 늘어난 지역과 줄어든 지역이 생겼는데, 선거구의 의석수는 그대로여서 투표가 시민의 목소리를 제대로 대표할 수 없었어.

차티스트 운동을 전개하며 노동자들이 의회에 요구했던 요구 사항은 위와 같았어요. 노동자들은 1839년과 1842년 두 차례에 걸쳐 수백만 명의 서명을 받아 이 여섯 가지 조항이 담긴 인민헌장을 의회에 청원했지만, 의회는 번번이 승인을 거부했어요. 차티스트 운동은 비록 실패했지만, 노동자가 주도한 최초의 사회 운동이라는 점에서 의의가 있어요. 또 1867년 제2차 선거법 개정이 이뤄지는 데도 큰 영향을 미쳤어요.

영국 선거권의 변화

제1차 선거법 개정 (1832년)	제2차 선거법 개정 (1867년)	제3차 선거법 개정 (1884년)	제4차 선거법 개정 (1918년)	제5차 선거법 개정 (1928년)
일정 재산을 보유한 중산층 남성에게 선거권 부여	도시의 소시민과 노동자 남성에게 선거권 부여	농민과 광부 남성에게 선거권 부여	일정 재산을 보유한 30세 이상 여성에게 선거권 부여	21세 이상 모든 남성과 여성에게 선거권 부여

대통령을 국민의 손으로 뽑을 수 있게 되기까지

민주주의의 도입이 상대적으로 늦었던 우리나라는 1948년 헌법을 제정할 때부터 남녀 모두 보통 선거와 평등 선거의 원칙하에 선거권을 행사할 수 있었지만, 박정희 정권과 전두환 정권이라는 기나긴 독재 시절을 겪으며 국민의 기본권이 억압되는 경험을 했다. 박정희 정부는 헌법을 바꿔 무려 18년 동안 대통령직을 수행했으며, 평생 대통령을 할 수 있도록 법을 개정하려 했다. 또 전두환 정부는 정권 유지를 위해 헌법을 바꿔 국민들이 직접 대통령을 선출할 수 없도록 막았다. 빼앗긴 국민의 권리를 되찾기 위해 대규모 민주화 운동이 일어났고, 마침내 1987년 6월 민주 항쟁을 통해 대통령 직선제가 도입되면서 오늘날 선거 제도의 틀이 마련되었다.

아일랜드 대기근 발생
1845

왜 감자 때문에
수백만 명이 굶었어요?

30초 해결사

1845년, 아일랜드에는 큰 흉년이 들었어요. 당시 아일랜드 사람들의 주식은 감자였는데, 심각한 감자 역병이 돌면서 감자 수확량이 크게 줄었어요. 거기에 더해 아일랜드를 지배하고 있던 영국의 강압적인 착취로 인해 대기근 기간 동안 수백만 명의 아일랜드인이 죽거나 이주하는 일이 벌어졌어요. 대기근은 1852년까지 이어졌는데, 이 사건을 아일랜드 감자 기근이라고도 불러요.

• 기근: 흉년이 들어 먹을 양식이 모자라 굶주리는 일을 뜻해요.

#아일랜드 대기근

"이 세상에 식민지는 수도 없이 많다. 가난한 나라도 많다. 그러나 한 명도 빠짐없이 전 국민이 거지인 나라는 아일랜드밖에 없을 것이다."

영국의 한 언론인은 아일랜드 대기근의 참혹한 현장을 이렇게 표현했어요. 아일랜드는 800년 이상 영국의 식민 지배를 받아 왔어요. 영국은 오랜 기간 아일랜드를 지배하며 군대를 동원해 아일랜드에서 재배한 밀과 옥수수를 모두 영국으로 가져갔어요. 곡물을 빼앗긴 아일랜드인들은 어디서든 잘 자라는 감자를 주식으로 삼았지요. 1845년 아일랜드 전역에 끔찍한 감자 역병이 돌자, 아일랜드인들은 속수무책으로 굶주리게 되었어요. 영국에 도움을 요청했지만 영국은 아일랜드의 비극이 하느님의 뜻이라며 시큰둥한 반응을 보였어요. 아일랜드인들이 굶주리는 동안, 감자 외의 작물들은 계속 재배되어 영국으로 수출되었어요. 소작농들이 세금을 내지 못하자 영국인 대지주들은 그들을 내쫓았고, 그 과정에서 많은 빈민이 굶어 죽었어요. 살아남은 아일랜드인들은 필사적으로 미국과 캐나다 등으로 향하는 배에 올랐지요. 당시 미국으로 떠난 아일랜드인만 150만여 명에 달했을 정도였어요.

로완 길레스피, 「기근」(1997, 아일랜드 더블린 소재)

인도 벵골의 기근과 제국주의

1943년 인도 벵골 지역에서는 기근으로 무려 300만여 명이 굶어 죽는 일이 일어났다. 놀랍게도 이때는 벵골 지역 역사상 가장 많은 양의 곡물이 수확되고 있던 시기였다. 이 같은 비극이 발생한 것은 당시 인도를 식민 지배하고 있던 영국이 제대로 식량을 분배하지 않았기 때문이었다. 1840년대 아일랜드 대기근 시기 아일랜드의 식량이 모두 영국으로 수출되고 있었듯이, 인도 벵골도 마찬가지였다. 아시아인 최초로 노벨 경제학상을 수상한 인도의 경제학자 아마르티아 센은 정작 굶주린 현지 사람들에게는 식량이 돌아가지 않았던 모순을 지적하며 대기근을 극복하기 위해서는 제국주의가 사라지고, 제대로 된 사회가 만들어져야만 한다고 강조했다.

미국, 인디언 이주법 제정	체로키족, 오클라호마주로 강제 이주	캘리포니아에서 금 발견
1830	1838	1848

미국에 눈물로 만들어진 길이 있다고요?

30초 해결사

1830년, 미국의 대통령 앤드루 잭슨은 '인디언 이주법'을 만들어 미국 남동부에 살던 아메리카 원주민들을 서부 지역으로 강제 이주시켰어요. 체로키족, 촉토족 등 여러 부족이 고향을 빼앗긴 채 한겨울의 날씨에 무려 2,000킬로미터를 이동해야 했지요. 약 1만 6,000명이 강제 이주를 당했고, 이 과정에서 4,000명이 목숨을 잃었어요. 아메리카 원주민이 강제로 고향을 떠나 이주하며 걸었던 길을 '눈물의 길'이라고 불러요.

#서부 개척 #인디언 이주 정책 #눈물의 길

중학교에 가면 IV 제국주의 침략과 국민 국가 건설 운동 1. 유럽과 아메리카의 국민 국가 체제 ② 최초의 민주 공화국, 미국이 수립되다

19세기 초, 미국은 독립 이후 서부를 개척하고 영토를 매입해 태평양까지 국토를 넓혀 가며 강대국의 입지를 다졌어요. 하지만 이 과정에서 아메리카 원주민들은 삶터를 잃고 쫓겨나는 처지가 되었어요. 당시 미국 남동부의 조지아주에서는 인구가 불어나면서 원주민인 체로키족과 백인 정착민이 갈등을 겪고 있었어요. 잭슨 대통령은 인디언 이주법을 제정해, 아메리카 원주민들이 서부의 인디언 보호 구역으로 이주하도록 압력을 가했지요.

> 인디언 보호 구역이면 인디언을 보호한다는 뜻 아니에요?

> 이름은 그렇지만, 원주민의 입장에서 생각해 보렴. 하루아침에 고향을 잃고 낯선 땅에 강제로 쫓겨난 셈이니, 얼마나 괴로웠겠니?

체로키족은 억지로 이주 정책을 받아들였지만, 조상 대대로 살아온 고향 땅을 강제로 팔아야 했어요. 또 2,000킬로미터나 떨어진 오클라호마주의 인디언 보호 구역으로 가는 도중 4,000여 명이 추위와 질병과 굶주림으로 목숨을 잃었어요. 출발 당시 인원에서 약 10분의 1만이 살아남았을 정도로 그 피해가 컸지요. 1848년, 캘리포니아주에서 금이 발견되자 사람들이 서부로 몰려들기 시작했어요. 그러면서 아메리카 원주민은 활동 영역이 더욱 좁아지고, 생존조차 위협받게 되었어요.

> 이 그림을 보니 19세기 미국 백인들이 아메리카 원주민을 어떻게 생각했는지 알겠어!

존 가스트, 「미국의 진보」(1872, 미국 서부오트리박물관 소장). 미국을 의인화한 '미스 컬럼비아'가 여신 같은 웅장한 모습으로 아메리카 원주민들을 서쪽으로 쫓아내고 있다

개념연결 크레이지 호스

1877년 촬영된 크레이지 호스의 모습

아메리카 원주민들이 미국 정부의 뜻대로 순순히 물러난 것은 아니었다. 곳곳에서 성난 원주민들의 분노가 터져 나왔고, 탄압에 맞서 땅을 지키기 위한 게릴라전이 이어졌다. '성난 말'이라는 뜻의 이름을 가진 크레이지 호스는 라코타족의 영웅으로, 1876년 리틀빅혼 전투에서 미국 기병대를 전멸시키며 큰 승리를 이끌었다. 삶의 터전을 빼앗기지 않기 위해 투쟁하다 숨진 원주민 추장 크레이지 호스를 기념하기 위해 라코타족은 1939년부터 선더헤드라는 바위산의 한 면을 깎아 거대한 크레이지 호스 조각상을 제작하고 있다.

221

제임스 마셜, 캘리포니아에서 금 발견	리바이스, 청바지 미국 특허권 등록
1848	1873

청바지가 금을 캐던 광부의 옷이라고요?

무려 160년 전에 미국 탄광에서 금을 캐던 광부가 입던 청바지야.

빨면 다시 입을 수 있을 것 같아.

160년 전?!

개념찬 해결사

2022년 미국의 한 경매에서 작업용 청바지 한 벌이 11만 4,000달러(약 1억 4,888만 원)에 낙찰되는 일이 있었어요. 이 청바지는 1857년 미국 노스캐롤라이나주 해안에서 침몰한 난파선에서 발견되었는데, 1850년대 미국 캘리포니아 일대에 일었던 골드러시 시기의 물건으로 추정돼요. 금을 캐기 위해 몰려든 광부들은 튼튼한 청바지를 작업복으로 즐겨 입었어요.

- **골드러시Gold Rush**: 금이 발견된 지역에 사람들이 몰려드는 현상을 뜻해요. 1848년 미국 캘리포니아에서 금광이 발견되자 수많은 사람들이 금을 캐기 위해 몰려든 일이 있었어요.

#캘리포니아 #골드러시 #청바지

"금이다! 금이야! 아메리칸강에서 금이 나왔다!"

1848년 1월 24일, 미국 샌프란시스코 근처에서 목수로 일하던 제임스 마셜은 강바닥에서 유난히 반짝이는 모래를 발견했어요. 바로 금이었지요. 그해 8월 『뉴욕 헤럴드』 신문에 캘리포니아에서 금이 발견되었다는 보도가 났고, 미국 전역은 물론 유럽, 남아메리카에서까지 금을 노리는 이민자들이 몰려들었어요. 골드러시를 계기로 작은 개척지였던 샌프란시스코는 도시로 급성장했어요.

캘리포니아 금 채굴 현장을 묘사한 석판화
(Kellogg and Comstock 출판, 예일대학교 소장)

1850년대 미국 서부에서는 금을 캐러 온 사람들이 모인 천막촌을 쉽게 찾아볼 수 있었어요. 원래 천막용 천을 생산하던 리바이 스트라우스는 광부들의 작업복이 쉽게 찢어지는 것을 보고, 질긴 천막용 천으로 바지를 만들었어요. 청바지의 시작이었지요. 질기고 튼튼한 청바지는 광부들 사이에서 큰 인기를 끌었고, 큰돈을 번 스트라우스는 '리바이스Levi's'라는 상표를 만들고 일반 대중에게도 청바지를 판매하기 시작했어요. 이것이 유명한 청바지 브랜드인 리바이스의 시작이에요.

강에서 사금을 채취하는 아메리카 원주민 여성을 그린 그림

한편, 곳곳에서 금을 찾아 몰려든 사람들로 인해 원래 해당 지역에 터전을 잡고 살아가던 아메리카 원주민들이 큰 피해를 겪기도 했어요. 금광이 점차 고갈되자, 미국인들은 먼저 외국인 광부에게 높은 세금을 매겨 그들을 배척했어요. 그리고 광부들에게 위협이 된다는 이유로 아메리카 원주민들을 내몰았지요.

청바지가 파란색이 된 이유

미국 서부 광산 지역에는 독사가 많아 광부들이 다리를 물려 다치는 사고가 자주 발생했다. 이때, 파란색 염료인 인디고에 독사를 쫓는 효과가 있다는 이야기가 퍼지면서 바지를 인디고로 염색하게 되었다고 한다. 인디고로 천을 염색하면 처음에는 노란색을 띠다가 마르면서 자연스럽게 파란색으로 변한다. 또 천을 더 튼튼하게 만들어 줘 작업복으로 제격이었다. 천연 인디고는 '쪽'이라는 식물에서 추출하는데, 그 과정이 까다롭고 양이 적어 값이 무척 비싸다는 게 유일한 문제였다. 저렴한 합성 염료가 개발되며 오늘날 남녀노소 즐겨 입는 청바지가 만들어졌다.

링컨, 대통령 당선	미국, 남북 전쟁 발발	링컨, 노예 해방 선언
1860	1861	1862

미국의 남북 전쟁이 노예 때문에 일어났다고요?

30초 해결사

19세기 미국에서는 노예 제도를 놓고 남부 지역과 북부 지역이 대립하고 있었어요. 흑인 노예를 동원해 목화를 생산하는 대농장 지주들이 많았던 남부에서는 노예 제도를 유지하고, 자유 무역을 할 것을 주장했어요. 반면 노동자 인구가 많고, 공업이 발달했던 북부에서는 노예 제도를 폐지하고 보호 무역을 할 것을 주장했지요. 이런 상황 속에서 노예 제도 폐지를 주장하던 링컨이 대통령으로 당선되자, 남부는 남부 연합을 결성하고, 미연방에서 탈퇴하겠다고 선언했어요. 그 결과 남북 전쟁이 발발했어요.

#남북 전쟁 #노예 제도 폐지 #게티즈버그 연설 #링컨

"현재 미국에 대하여 반란 상태에 있는 주 또는 주의 일부의 노예들은 1863년 1월 1일 이후부터 영원히 자유의 몸이 될 것이다."

1862년 9월 22일, 미국의 대통령 링컨은 남북 전쟁 중 노예 해방을 선언하면서 이렇게 말했어요. 19세기 미국 흑인 노예의 기원은 신항로 개척 시대로 거슬러 올라가요. 아메리카 대륙을 식민지로 삼았던 유럽 열강은 부족한 일손을 메우기 위해 아프리카에서 흑인들을 노예로 실어 날랐고, 이들은 아메리카에 정착해 살아가게 되었어요.

상공업이 발달한 미국 북부에서는 노예를 해방해야 한다는 여론이 비교적 빠르게 형성되었어요. 노예들이 해방되면 공업에 노동력을 보탤 수 있었어요. 반면, 목화 재배 등 농업이 기반 산업이었던 남부의 대주주들은 노예가 없으면 농장을 유지할 수 없었기 때문에 노예 제도를 계속 유지했어요. 노예 제도를 폐지한 북부와 노예 제도를 유지하는 남부 사이의 갈등은 점차 심화되었어요. 그런 상황 속에서 링컨이 대통령에 당선된 것이지요. 링컨의 대통령 당선은 남북 전쟁의 도화선이 되었어요. 남부의 일곱 개 주가 연방을 탈퇴해 남부 연합을 조직하고, 제퍼슨 데이비스를 남부 연합의 대통령으로 선출하면서 본격적으로 남북 전쟁이 시작되었어요. 남북 전쟁은 1861년부터 1865년까지 4년 동안 이어졌고, 북부의 승리로 끝이 났어요. 이후 빠르게 전쟁 피해를 복구하고 국민적 단합을 이룬 미국은 본격적으로 산업화를 추진하면서 확실한 강대국으로 올라섰어요.

투레 드 툴스트럽, 「게티즈버그 전투」
(1887, 미국 의회도서관 소장)

국민의, 국민에 의한, 국민을 위한

1863년 링컨 대통령은 게티즈버그 전투에서 승리한 후 죽은 장병을 위한 추도식에서 다음과 같이 연설했다. 게티즈버그 연설은 미국 역사상 가장 위대한 연설로 손꼽힌다.

> "87년 전 우리 선조는 모든 사람은 태어나면서부터 평등하다는 전제하에 이 나라를 이 대륙에 세웠습니다. (…) 이 나라를 구하기 위해 고귀한 생명을 바친 이들을 추모하기 위해 우리는 여기에 왔습니다. (…) 그들의 희생이 헛되지 않도록 전력을 기울입시다. 그리고 국민의, 국민에 의한, 국민을 위한 정치가 이 땅에서 사라지지 않도록 우리 모두 노력해야 합니다."

미국, 남북 전쟁 종식	미국, 대륙 횡단 철도 완공	자유의 여신상 완공
1865	1869	1886

미국의 자유의 여신상은 선물 받은 거라고요?

30초 해결사

미국 뉴욕에 있는 거대한 자유의 여신상은 미국의 대표적인 랜드마크예요. 그런데 자유의 여신상은 사실 미국에서 만든 것이 아니랍니다. 미국 독립 100주년을 기념해 프랑스가 선물한 것이지요. 미국의 독립 전쟁을 도왔던 프랑스는 국민 모금을 받아 거대한 자유의 여신상, '세계를 밝히는 자유'를 제작했어요. 이 동상은 자유와 민주주의, 그리고 두 나라의 우정을 상징해요.

#자유의 여신상 #아메리칸 드림 #미국 이민 정책 #대륙 횡단 철도

1865년 남북 전쟁이 끝나고 빠르게 전쟁의 상처를 수습한 미국은 대서양과 태평양을 잇는 대륙 횡단 철도를 놓기 시작했어요. 대륙 횡단 철도로 동쪽과 서쪽의 교류가 편해지면서, 미국의 경제는 급격히 성장하게 되었어요.

대륙 횡단 철도 공사는 1863년부터 1869년까지 6년 동안 진행되었는데, 아주 큰 공사였기 때문에 일손이 많이 필요했어요. 미국은 적극적인 이민 정책을 실시해 노동력을 보충하고자 했어요. 유럽에서도 대기근을 피해 이민을 선택한 아일랜드계 노동자가 유입되었지만, 특히 1만여 명이나 되는 중국 이주 노동자들의 공이 컸어요.

대륙 횡단 철도 건설에 투입된 중국인 이주 노동자들의 모습(미국 의회도서관 소장)

프랑스가 선물한 미국의 상징, 자유의 여신상도 이주 노동자의 손이 없었다면 탄생할 수 없었어요. 배를 통해 전달된 자유의 여신상을 새로 조립하고, 설치하는 과정에도 막대한 노동력이 필요했어요.

이주 노동자의 노동력과 광대한 영토, 그리고 엄청난 자원이 뒷받침되어 미국의 산업은 눈부시게 발전했어요. 적극적인 이민 정책으로 유입된 이민자들의 노동력은 미국이 세계 최대 공업국으로 올라서는 데 꼭 필요한 요소였지요. 이런 까닭에 미국은 이민의 나라라고 불리게 되었고, 많은 이민자가 아메리칸 드림을 이루기 위해 미국으로 건너갔어요.

자유의 여신상과 에펠탑

귀스타브 에펠

1889년, 프랑스 혁명 100주년을 기념해 '프랑스 대혁명'이라는 주제로 세계 박람회가 열렸다. 박람회의 상징 기념물 공모전 주제는 철강 산업이었는데, 이 공모전에서 귀스타브 에펠이 출품한 철탑이 최종 선정되었다. 에펠은 미국 자유의 여신상 제작에도 참여한 유능한 건축가였다. 에펠의 철탑이 공사에 들어가자 많은 예술가가 앞다투어 비난을 쏟아 냈다. 소설가 레옹 블루아는 '진실로 비극적인 가로등'이라고 한탄했고, 모파상은 '높고 깡마른 철 사다리로 된 피라미드'라고 말했다. 그러나 에펠탑의 완공과 함께 문을 연 박람회는 놀라운 성공을 거두었고, 에펠탑은 프랑스 파리의 랜드마크로 오늘날까지 유명세를 떨치고 있다.

프랑스, 2월 혁명	이탈리아 왕국 수립	독일 제국 수립
1848	1861	1871

철과 피로 통일한다는 게 무슨 뜻이에요?

30초 해결사

나폴레옹이 몰락한 후, 유럽 각국의 대표들은 혼란을 막기 위해 다시 프랑스 혁명 이전의 체제로 되돌아가고자 했어요. 이들은 오스트리아 빈에 모여 혁명과 전쟁을 방지하기 위한 동맹을 체결했는데, 이를 빈 체제라고 해요. 빈 체제 이후 독일은 여러 나라로 분열된 채 프로이센과 오스트리아를 중심으로 연방을 형성하고 있었어요. 프로이센의 비스마르크 총리는 철과 피만이 독일의 통일에 필요한 유일한 수단이라고 연설하면서 무력으로 독일을 통일할 것을 주장했어요. 이를 철혈 정책이라고 해요.

#철혈 정책 #비스마르크 #독일 통일 #빈 체제

유럽의 각국 대표들은 빈 체제를 통해 프랑스 혁명 이전으로 되돌아가려 했지만, 자유주의와 민족주의의 씨앗은 이미 대륙 곳곳에 뿌려진 뒤였어요. 유럽 각국과 라틴 아메리카에서는 빈 체제에 저항해 개인의 자유와 국가의 독립을 쟁취하려는 움직임이 거세게 일어났어요. 그리스의 독립 전쟁, 라틴 아메리카 국가들의 독립, 프랑스의 7월 혁명 등이 일어나며 빈 체제는 무너져 갔어요.

한편 프로이센은 1834년 동맹국 간에 관세를 폐지하는 관세 동맹을 체결하며 본격적으로 독일 통일을 준비하기 시작했어요. 비스마르크 총리는 강력한 군사 정책을 펼쳤고, 프로이센은 덴마크와 오스트리아를 상대로 승리를 거두고 북독일 연방을 만들었어요. 그리고 기세를 몰아 독일의 강력한 경쟁국인 프랑스와의 전쟁에서도 승리를 거두었어요. 그 결과 빌헬름 1세는 1871년 프랑스 베르사유 궁전에서 독일 황제로 즉위하고, 통일된 독일 제국을 선포했어요.

안톤 폰 베르너, 「독일 제국의 선포」
(1885, 독일 비스마르크박물관 소장)

비운의 알자스·로렌 지방

프랑스 북동쪽에 있는 알자스·로렌 지방은 1870년 프로이센·프랑스 전쟁부터 1945년까지, 불과 75년 동안 국적이 무려 다섯 번이나 바뀌는 독특한 경험을 했다. 1870년 이전에는 프랑스 영토였다가, 프로이센·프랑스 전쟁에서 프랑스가 패하면서 독일 영토로 편입되었다. 1918년 제1차 세계 대전이 끝나면서 프랑스로 환원되었고, 1940년에는 나치 독일이 다시 이 지역을 강점했다. 그리고 1945년 연합국이 승리하면서 프랑스는 다시 이 지역을 되찾아 왔다. 알퐁스 도데의 유명한 작품, 『마지막 수업』의 배경이 되기도 했다.

5 서아시아·인도·아프리카의 역사

서아시아 지역에서는 메소포타미아 문명을 바탕으로 국제적인 성격의 페르시아 문화가 발달했어. 아라비아반도에서는 이슬람교가, 인도 지역에서는 불교와 힌두교가 발전하며 문명을 꽃피웠어. 한편 아프리카는 신항로 개척과 함께 유럽 국가들의 침략으로 토착 문화가 파괴되었지. 낯설지만 재미있는 서아시아와 인도, 그리고 아프리카의 역사를 들여다보자!

브라질

삼바 축제의 한 장면

세계사
- 기원전 550 아케메네스 왕조 페르시아 건국
- 기원전 317 마우리아 왕조, 북인도 통일
- 기원전 265년경 아소카 왕, 칼링가 정복
- 226 사산 왕조 페르시아 건국
- 320 굽타 왕조 성립
- 622 헤지라
- 632 무함마드 사망
- 802 크메르 제국 건국

한국사
- 고구려, 불교 전래 372
- 백제, 불교 전래 384
- 신라, 불교 공인 527

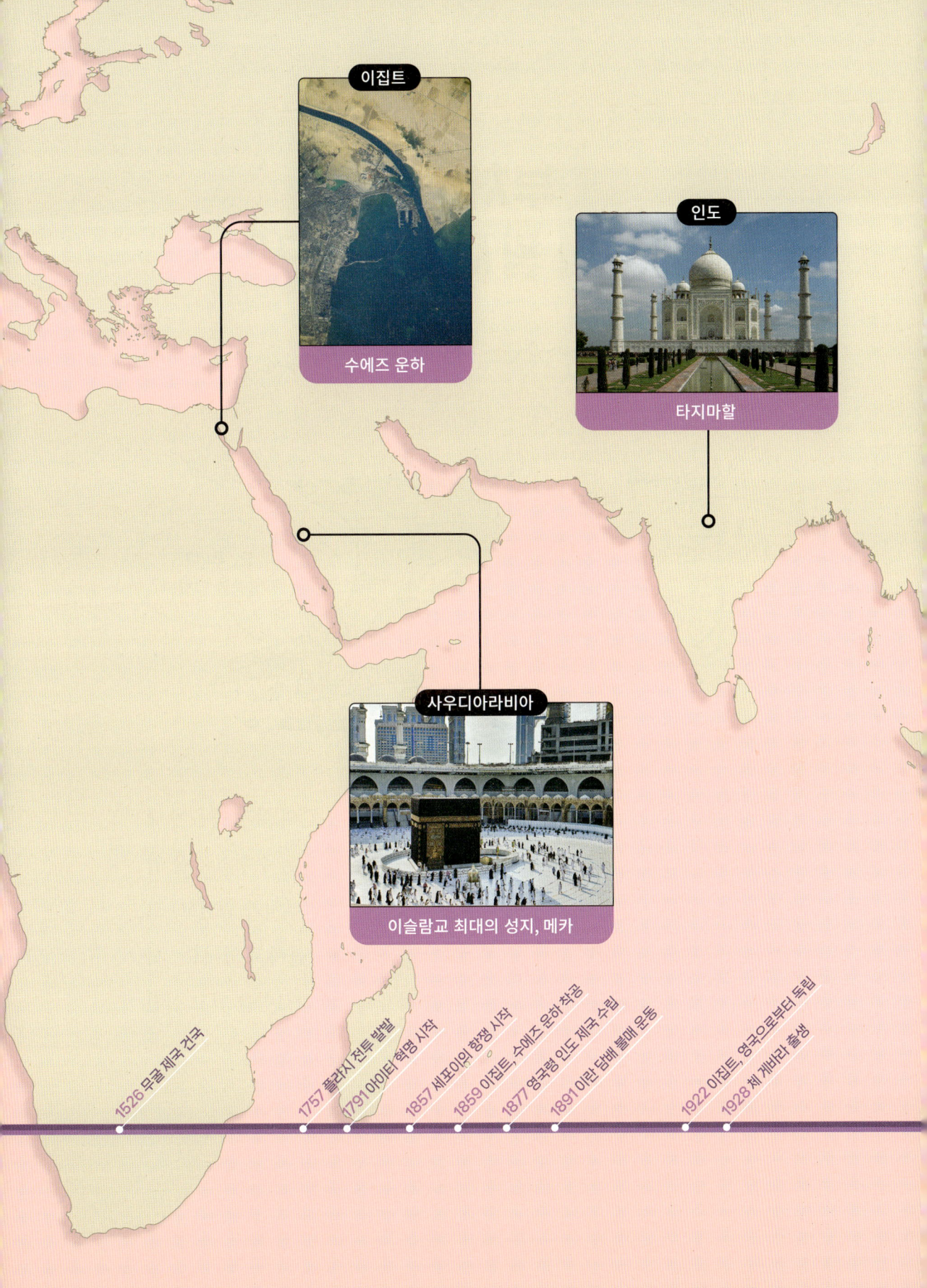

불교의 성립	마우리아 왕조 성립	아소카왕이 칼링가를 정복
기원전 6세기경	기원전 321	기원전 265년경

부처님이 인도의 왕자였다고요?

30초 해결사

고타마 싯다르타는 인도 카필라 왕국의 왕자였어요. 인간의 삶과 죽음에 대해 고민이 많았던 싯다르타는 29세의 나이에 출가하여 고된 수행의 길을 걸었어요. 수행한 지 6년째 되던 해 마침내 깨달음을 얻어 부처가 되었고, 그런 그를 존경한 사람들이 그에게 '석가모니'라는 이름을 붙여 주었어요. '석가족의 성자'라는 뜻이지요. 불교는 이러한 석가모니의 가르침을 믿고 실천하는 사람들의 종교예요.

- 부처: '진리를 깨달아 아는 자', '그 진리를 뭇 중생들을 위해 널리 펴는 자'를 동시에 뜻해요. 석가모니 부처는 누구나 부처가 될 수 있다고 믿었어요.

#석가모니 #불교 #부처 #마우리아 왕조 #쿠샨 왕조 #아소카왕

오늘날 전 세계 많은 사람이 믿고 있는 종교인 불교는 인도에서 처음 시작되었어요. 아리아인이 갠지스강 유역으로 진출한 후 인도 지역에는 여러 나라가 출현했어요. 도시 국가 간의 전쟁이 자주 일어나자, 카스트 제도에서 정치와 군사를 담당하는 크샤트리아 계급이 성장했지요. 또 국가 간 문물 교류와 상업이 발달하며 상업에 종사하는 바이샤 계급도 함께 성장했어요. 이들은 브라만 계급을 우선하는 카스트 제도의 신분 차별에 반대하고, 브라만교에서 형식적으로 제사를 지내는 일을 비판했어요.

이러한 사회 분위기 속에서 석가모니가 불교를 창시했어요. 석가모니는 브라만교의 엄격한 권위주의와 카스트에 따른 신분 차별에 반대하고, 자비와 평등을 강조했어요. 인간의 고통은 욕심에서 비롯된다고 믿었던 석가모니는 누구나 욕심을 버리고 수행하면 번뇌와 윤회의 고통에서 벗어나 해탈할 수 있다고 주장했어요. 이러한 불교의 가르침은 기존의 브라만 계급 중심의 사회에 불만을 품고 있던 크샤트리아 계급과 바이샤 계급의 지지를 받았어요. 불교는 이후 마우리아 왕조와 쿠샨 왕조의 적극적인 불교 장려 정책으로 크게 발전하면서 아시아 각지에 전파되었어요. 인도와 가까운 동남아시아는 물론, 비단길을 통해 중앙아시아를 거쳐 중국으로 전해졌고, 한국, 일본까지도 전해졌지요.

인도 화폐에 등장하는 돌기둥의 정체

인도의 지폐에는 마우리아 왕조의 아소카왕이 세운 돌기둥이 들어가 있다. 아소카왕은 마우리아 왕조의 제3대 왕으로, 인도 대부분을 통일하여 대제국을 건설하고 인도의 전성기를 이끌었다. 영토를 확장하는 과정에서 너무 많은 사람을 죽인 것에 죄책감을 느낀 아소카왕은 전국에 사원과 탑을 세우는 등 불교 장려 정책을 적극적으로 펼쳤다. 또 불교의 가르침에 따라 나라를 다스리겠다는 의지를 백성들에게 알리기 위해 전국에 돌기둥을 세웠다. 오늘날 인도에서는 아소카왕의 정신을 기리기 위해 돌기둥 머리 부분을 본따 인도의 국기와 화폐, 여권 등에 사용하고 있다. 지혜와 용기를 상징하는 사자는 왕의 권위를 나타내며, 법륜(수레바퀴)은 불교의 법과 진리를 의미한다.

인도 사르나트박물관에 있는 아소카의 기둥 (ⓒChrisi1964)

인도의 화폐, 루피

쿠샨 왕조 성립	굽타 왕조 성립	힌두교의 성립
45	320	4세기경

인도에서는 소가 왕이라고요?

30초 해결사

인도에 가면 평화롭게 거리를 걷는 소의 모습을 볼 수 있어요. 인도의 힌두교도들은 우주를 파괴하는 신, '시바'가 흰 소를 타고 다닌다고 믿었어요. 그래서 인도에는 흰 소를 신성한 동물로 여겨 숭배하는 문화가 있어요. 힌두교의 경전인 『베다』에도 소를 죽이거나 먹는 것은 큰 죄라고 쓰여 있지요.

- 힌두교: 인도 신화 및 브라만교를 기반으로 만들어진 다신교예요. 오늘날 인도인 다수가 믿고 있으며, 남아시아에서 널리 믿는 종교예요.
- 시바: 힌두교에서 우주를 파괴하는 신이에요. 우주를 창조하는 신 브라흐마, 우주를 유지하는 신 비슈누와 함께 힌두교에서 가장 중요한 신이에요.

#힌두교 #베다 #시바 #비슈누 #굽타 왕조

마우리아 왕조와 쿠샨 왕조를 거치면서 석가모니가 창시한 불교가 인도 전역에 확산되자 브라만교는 위기감을 느끼기 시작했어요. 그래서 브라만교와 불교, 민간 신앙을 융합한 힌두교를 발전시키게 되었어요. 힌두교는 기존의 브라만교처럼 복잡한 제사 의식이나 값비싼 제물을 요구하지 않았어요. 또 해탈에 이르는 다양한 방식으로 요가, 고행, 선행 등을 인정했어요. 힌두교는 현재의 삶이 과거에 저질렀던 업에 의해 결정된다고 보았어요. 이미 과거에 저지른 업에 의해 현재의 신분으로 태어난 것이니, 지금 주어진 신분상의 의무에 최선을 다해야 한다고 주장했지요.

현재의 신분에 최선을? 뭔가 이상한데…

결과적으로 힌두교는 카스트 제도가 강화되는 데 영향을 미쳤단다.

힌두교의 바탕이 된 브라만교가 다신교였던 까닭에 힌두교도 다신교가 되었어요. 따라서 힌두교는 불교나 크리스트교와는 달리 창시자나 체계적인 교리 없이 수많은 신을 믿는 복잡한 종교로 발전했어요. 굽타 왕조의 왕들은 왕권을 높이기 위해 비슈누가 왕의 모습으로 세상에 나타났다고 주장하며 힌두교를 적극적으로 보호했어요. 왕실의 지원을 등에 업고 불교와 다양한 민간 신앙을 포용한 결과, 오늘날 힌두교는 인도의 대표적인 종교로 자리 잡았어요.

시바를 타고 있는 비슈누

영화 「아바타」의 모델이 된 비슈누

가루다를 타고 있는 비슈누 (왼쪽)(1730년경 추정)

영화 「아바타」에서 힌두교의 흔적을 발견할 수 있다. 영화의 제목인 '아바타'는 화신, 분신이라는 뜻이다. 이는 산스크리트어 '아바타라Avatāra'에서 온 단어로, 힌두교에서 신이 사람이나 동물의 모습으로 세상에 나타난 존재를 뜻한다.
힌두교에서는 한 신이 종종 다른 신의 모습이나 인간, 동물의 모습으로 나타난다고 전해지는데, 비슈누의 대표적인 아바타는 열 개나 된다. 비슈누는 인류가 위기에 빠질 때마다 아바타의 모습을 하고 나타나 세상을 구원하고 돌아간다. 영화 「아바타」에서 파란 피부의 나비족은 거대한 새를 타고 하늘을 나는데, 이 장면은 비슈누가 독수리 얼굴에 사람 몸을 한 가루다를 타고 하늘을 나는 모습과 비슷하다. 비슈누의 아바타가 영화 속에 등장한 셈이다.

굽타 왕조 성립
320

인도인들은 왜 강에서 목욕을 하나요?

30초 해결사

갠지스강은 인도 북부를 가로지르며 흐르는 큰 강이에요. 힌두교도들은 갠지스강에서 몸을 씻으면 모든 죄와 오염, 질병이 함께 씻겨 나간다고 믿어요. 갠지스강 중류에 위치한 도시, 바라나시는 인도에서 가장 오래된 도시이자 힌두교도들에게 가장 신성한 도시로 여겨지는 곳이에요. 갠지스강에서 죽으면 해탈의 경지에 다다를 수 있다고 믿는 힌두교도들이 많기 때문에, 갠지스강 강가에서는 거의 매일 죽은 사람을 화장해 뿌리는 의식이 벌어져요.

#힌두교 #갠지스강 #요가 #바라나시 #굽타 양식

힌두교를 믿는 인도인들에게 갠지스강은 특별해요. 이들은 인도라는 거대한 땅을 하나의 여신으로 간주하고, 여신의 젖줄이 갠지스강이라고 믿었어요. 갠지스강 유역에 도시 국가들이 세워지면서 이 지역은 아리아인들의 삶의 터전이자, 문명의 토대이자, 나아가 힌두교의 종교적, 정신적 문화 중심지가 되었지요.

굽타 왕조 시기에 확산된 힌두교는 여러 분야에서 인도 고유의 색채를 형성하는 데 영향을 미쳤어요. 브라만의 언어였던 산스크리트어가 공용어가 되었고, 산스크리트어 문학이 발전했어요. 건축에서는 간다라 양식과 인도 고유의 예술성이 결합된 굽타 양식이 등장했어요. 아잔타 석굴과 엘로라 석굴의 불상과 벽화에서 이 시기 인물들의 옷차림 등을 확인할 수 있어요.

대표적인 굽타 양식이라 할 수 있는 아잔타 석굴과 석굴 안의 파드마파니 보살 벽화(©Dey.sendip)

또 이때 인도의 수학이 눈부시게 발전했어요. 힌두교의 경전 『베다』에는 여러 수학 지식과 계산법이 나오는데, 이는 오늘날 수학 체계에도 큰 영향을 미쳤어요. 몇 가지 예를 들어 볼까요? 당시 수학자이자 천문학자였던 아리아바타는 원주율 값을 3.146으로 계산해 지구의 둘레를 알아냈어요. 또 아리아바타의 책을 보면 고대 인도인들이 최초로 '0(영)'의 개념을 생각해 냈고, 오늘날 우리가 주로 사용하는 10진법 체계도 이때 인도에서 발명되었다는 사실을 알 수 있어요.

요가의 날을 아시나요?

요가는 브라만교를 거쳐 힌두교까지 내려온 수행법이다. 산스크리트어 유즈yuj가 어원으로, 기원전 1000년경 힌두교 경전인 『바가바드기타』에 요가 수행법이 적혀 있을 정도로 유서가 깊다. 힌두교에서 요가는 영원한 윤회에서 벗어나 해탈의 경지에 오르기 위한 수행법이었으며, 파괴의 신 시바가 요가를 만들었다고 전해진다. 2014년 국제 연합은 인도의 전통 수행법이자 운동인 요가를 널리 알리기 위해 매년 6월 21일을 세계 요가의 날로 제정했다. 2015년 6월 21일, 인도 뉴델리를 비롯해 미국, 우리나라 등 세계 192개국에서는 제1회 세계 요가의 날을 기념하는 행사가 열렸다.

2015년 인도 뉴델리에서 개최된 제1회 요가의 날 행사 모습

무굴 제국 건국	샤자한, 타지마할 건축 명령	타지마할 완공
1526	1632	1648

세상에서 가장 아름다운 묘가 인도에 있다고요?

왕비를 위해 이런 멋있는 궁전을 짓다니!

타지마할은 궁전이 아니라 무덤이야!

30초 해결사

무굴 제국의 대표적인 건축물, 타지마할은 '빛의 궁전'이라는 뜻이에요. 무굴 제국의 황제 샤자한이 왕비인 뭄타즈 마할의 죽음을 추모하며 지었어요. 세계에서 가장 아름다운 건축물로 손꼽히는 타지마할은 독특한 건축 양식으로도 주목을 받았어요. 흰 대리석 벽과 곳곳에 새겨진 연꽃 문양, 격자무늬 창은 인도의 건축 양식이에요. 돔 형태의 지붕과 아치형 입구, 뾰족한 탑, 아라베스크, 벽면에 새겨진 『쿠란』 구절은 이슬람 건축 양식의 영향을 받았지요. 무굴 제국에서는 이런 독특한 건축 양식이 발달했어요.

• 무굴 제국: 16세기부터 19세기 중반까지 인도에 존재했던 이슬람 국가예요.

#무굴 제국 #타지마할 #무굴 건축

이슬람 세력은 8세기 인도를 침략해 13세기 무렵 북인도 델리에 술탄 왕조를 세웠어요. 이후 인도에는 이슬람 문화가 널리 확산되었지요. 16세기 초 델리를 중심으로 무굴 제국이 세워지면서 인도에서는 본격적으로 이슬람 왕조 시대가 시작되었어요.

무굴 제국의 아크바르 황제는 활발한 정복 활동을 통해 북인도 전체와 아프가니스탄에 이르는 대제국을 건설했어요. 넓은 영토를 다스려야 했던 아크바르 황제는 이슬람교 외에도 다른 종교를 존중하는 관용 정책을 펼쳐 이슬람교와 힌두교의 화합을 추진했어요. 신앙의 자유를 허용하고, 비이슬람교도에 대한 인두세도 폐지했지요. 그러면서 힌두교 문화와 이슬람 문화의 융합으로 독특한 문화가 발전하게 되었어요. 종교에서는 힌두교와 이슬람교를 절충한 시크교가 발전했어요. 언어의 경우 공식 문서에는 페르시아어를 사용했지만, 일상에서는 힌디어와 페르시아어가 합쳐진 우르두어를 널리 사용했어요. 또 타지마할과 같은 인도·이슬람 건축 양식이 발전했어요.

힌두교 문화와 이슬람 문화의 융합을 잘 보여 주는 타지마할

무굴 제국은 중국, 동남아시아, 아라비아, 지중해를 잇는 인도양 무역을 주도했어요. 무굴 제국의 대표적인 수출품은 면직물, 견직물, 향신료였어요. 특히 유럽으로 전해진 옷감 중 모슬린은 그 섬세한 질감이 큰 인기를 끌어, 유럽의 사치품이 되었지요.

인도에서 종교 분쟁이 잦은 이유

인도는 불교, 힌두교, 자이나교, 시크교 등이 창시된 나라다. 거기에 이슬람교가 들어오고, 영국의 식민 지배로 크리스트교까지 전해지면서 다양한 종교가 자리를 잡았다. 오늘날 인도 전체 인구의 80퍼센트는 힌두교도이지만, 이슬람교와 크리스트교 등 소수 종교도 인도인의 생활 양식 깊숙이 자리 잡고 있다. 여러 종교가 공존하는 만큼 종교 갈등도 끊이지 않는데, 특히 힌두교와 이슬람교 사이의 갈등은 그 역사가 오래되었다. 한때 무굴 제국의 아크바르 황제가 이슬람교와 힌두교의 화합을 추진하기도 했지만, 17세기 후반 아우랑제브 황제가 이슬람 제일주의를 내세워 폐지했던 인두세를 다시 부과하고, 사원을 파괴하는 등 타 종교를 탄압하면서 다시 갈등이 깊어졌다.

영국 동인도 회사, 인도 진출	세포이의 항쟁 시작	영국령 인도 제국 수립
17세기경	1857	1877

세포이들은 왜 항쟁을 일으켰나요?

30초 해결사

18세기 말, 영국은 동인도 회사를 세워 인도에 진출하고 인도를 효과적으로 지배하기 위해 인도인을 용병으로 고용했어요. 당시 인도에 있는 영국군은 유럽인 4만 명과 '세포이'라고 불리는 인도인 용병 24만 명으로 이루어져 있었어요. 영국의 종교 탄압과 물자 수탈이 심해지자, 참다못한 인도인들은 세포이를 중심으로 대규모 항쟁을 일으켰어요. 이 사건을 세포이의 항쟁이라고 해요.

• 세포이: 페르시아어로 용병이라는 뜻이에요. 세포이는 대부분 힌두교도와 이슬람교도로 이루어져 있었어요.

#동인도 회사 #영국의 식민 지배 #세포이의 항쟁

동인도 회사를 앞세운 영국은 공장에서 대량 생산한 영국산 면직물을 인도에 수출해 인도의 면직업이 몰락하게 만들었어요. 또 인도인들에게 아편과 면화 재배를 강요하고, 힌두교와 이슬람교 간의 종교 대립을 부추겨 내분이 일어나게 만들었어요. 크리스트교로의 개종을 강요하기도 했어요.

세포이의 항쟁을 묘사한 그림(미국 뉴욕공립도서관 소장)

이러한 상황에서, 동인도 회사에 고용되어 있던 세포이들에게 지급된 종이 탄약 주머니에 이슬람교도가 부정하게 여기는 돼지기름과 힌두교도가 신성하게 여기는 소기름이 칠해져 있다는 소문이 돌았어요. 세포이들은 대부분 힌두교도와 이슬람교도로 이루어져 있었기 때문에 이를 종교 탄압으로 받아들였어요. 영국의 경제적 수탈과 탄압에 지쳐 있던 세포이들에게 이 사건은 도화선이 되었어요.

> 세포이들이 총알을 장전하려면 탄약 주머니를 입으로 뜯어야 했대.

> 헉, 그렇게 하면 이슬람교도는 돼지기름을, 힌두교도는 소기름을 먹을 수밖에 없겠구나.

1857년 시작된 세포이의 항쟁은 빠른 속도로 인도 각지에 퍼져 나갔어요. 결국 영국에게 진압되었지만, 세포이의 항쟁은 인도 최초의 민족 운동으로 기록되었고 인도인들의 민족 의식을 일깨워 주는 계기가 되었어요. 한편, 세포이의 항쟁으로 깜짝 놀란 영국은 동인도 회사를 해체하고 무굴 제국의 황제를 폐위시켰어요. 그리고 인도를 직접적으로 지배하기 위해 군사, 행정 제도 등을 개편했어요. 그렇게 1877년 빅토리아 여왕이 다스리는 영국령 인도 제국이 들어서게 되었지요.

 인도의 잔 다르크, 락슈미바이

락슈미바이 동상
(ⓒjuggadery)

프랑스에 국민 영웅 잔 다르크가 있다면, 인도에는 락슈미바이가 있다. 락슈미바이는 인도 중부의 작은 나라인 잔시 왕국의 왕비였다. 락슈미바이가 낳은 왕자가 4개월 만에 죽고, 곧 잔시 왕국의 왕도 사망하자 영국은 후계자가 없다는 이유로 잔시 왕국을 점령해 영국 직할령으로 삼았다. 영국군이 세포이의 항쟁을 진압하기 위해 자리를 비운 틈을 타, 락슈미바이는 군대를 조직해 영국에 저항했다. 남자 복장을 하고 저항군의 선두에 서서 용감하게 싸운 락슈미바이는 영국군의 요새를 점령하는 공을 세웠지만, 결국 총에 맞아 23세의 나이로 죽음을 맞이했다. 이후 이 죽음이 알려지며, 락슈미바이는 반영 운동의 상징과도 같은 인물이 되었다.

1820년대	1893	2008
인도 푸나 지방에서 민속놀이 푸나가 유행함	영국 배드민턴 협회 창립	인도, 크리켓 인디아 프리미어 리그 창설

배드민턴을 처음 친 나라가 인도라고요?

30초 해결사

전 세계 사람이 즐기는 배드민턴은 셔틀콕을 네트 양편에서 라켓으로 쳐 득점을 겨루는 스포츠예요. 배드민턴의 기원은 1820년경 인도로 거슬러 올라가요. 당시 인도 봄베이(오늘날 뭄바이) 지역의 주민들은 푸나Poona라는 민속놀이를 즐겼어요. 코르크로 만든 볼에 새의 깃털을 꽂아 손바닥이나 빨래 방망이 등으로 쳐서 상대편으로 넘기는 놀이였는데, 이를 배운 영국 군인들은 고국에 돌아가서도 푸나를 즐겼어요. 이것이 오늘날의 배드민턴으로 발전했지요.

#배드민턴 #푸나 #영국과 인도의 문화 교류 #영국의 식민 지배

중학교에 가면 IV 제국주의 침략과 국민 국가 건설 운동 3. 서아시아와 인도의 국민 국가 건설 운동 ② 인도가 영국의 지배에 맞서다

"이렇게 재미있는 스포츠가 있다니!"

배드민턴이라는 이름은 영국 뷰포트 공작의 영지였던 글로스터셔주 배드민턴 마을에서 유래했어요. 1873년경 인도에서 돌아온 영국 장교들이 푸나를 전하자, 뷰포트 공작은 이 스포츠에 홀딱 매료되었어요. 뷰포트 공작은 경기 규칙과 방법 등을 정리하고, 손님들을 초대해 저택에서 배드민턴 경기를 열었어요. 그렇게 귀족 계급이 즐기는 스포츠로 자리 잡은 초창기의 배드민턴은 규칙이 대단히 엄격했어요. 남성들은 옷깃이 높은 셔츠를 갖춰 입고 실크 모자를 쓴 복장으로 경기를 했다고 해요. 1893년 영국에 배드민턴 협회가 창립되며 우리에게도 익숙한 배드민턴 규칙들이 제정되었어요. 오늘날 배드민턴은 영국과 덴마크, 스웨덴, 독일 등 유럽 국가들은 물론 말레이시아, 중국, 인도네시아 등 아시아의 여러 나라에서 폭넓은 사랑을 받고 있어요.

배드민턴을 즐기는 1800년대 영국 사람들을 묘사한 그림

한편 영국에 푸나가 전해진 19세기는 빅토리아 여왕이 영국령 인도 제국을 선포하고 본격적으로 인도를 식민지로 삼은 시기이기도 해요. 오늘날 인도에 확립된 정치 체계와 교육 기관 등은 영국의 영향을 크게 받았어요.

인도의 국민 스포츠, 크리켓

크리켓은 오늘날 인도에서 어린아이부터 어른까지 모두가 즐기는 국민 스포츠가 되었다. 규칙은 야구와 비슷하다. 13세기 영국에서 시작되어 영국이 식민지 확장에 주력했던 18세기부터 영국의 연방 국가들과 식민지 국가들로 전파되었다. 인도 사람들은 크리켓을 받아들여 자신들만의 스포츠로 발전시켰다. 1983년 영국에서 열린 크리켓 월드컵에서는 인도가 최종 우승을 차지하면서 인도인들의 자부심을 고취시키기도 했다. 2008년 인도 내의 크리켓 리그인 인디아 프리미그 리그가 출범하면서 크리켓은 명실상부한 인도의 국민 스포츠로 자리 잡았고, 4년마다 열리는 크리켓 월드컵에서도 꾸준히 좋은 성적을 거두고 있다.

플라시 전투	딘 무함마드, 영국에 상업용 목욕탕 개원	한스 슈바르츠코프, 액체 샴푸 출시
1757	1814	1927

샴푸가 옛날에는 다른 뜻이었다고요?

30초 해결사

우리가 머리를 감을 때 사용하는 샴푸는 힌디어 '참프나'에서 유래한 단어예요. 참프나는 '근육을 주무르다'라는 의미였는데, 이는 후에 '참포'라는 단어로 바뀌었어요. 원래 인도에서 참포는 고객의 머리를 물과 비누로 감겨 주고, 머리를 마사지하는 것을 가리켰어요. 인도에 방문한 영국의 무역상들은 인도의 마사지 문화인 참포를 영국에 소개했어요. 그러면서 부르는 단어가 샴푸로 바뀌었고, 점차 머리를 감을 때 사용하는 전용 세제로 의미가 바뀌었어요.

#샴푸 #파자마 #영국과 인도의 문화 교류 #영국의 식민 지배

17세기 말부터 무굴 제국은 외세의 침략과 내부의 반란으로 급격히 쇠퇴했어요. 이때를 틈타 영국, 프랑스 등의 나라들은 인도 무역의 주도권을 두고 치열한 경쟁에 나섰어요. 1757년 영국이 플라시 전투에서 프랑스에게 승리하면서 인도 벵골 지역에 대한 통치권을 차지하게 되었어요.

19세기 중엽이 되자 영국은 인도의 거의 모든 지역을 점령했어요. 이 과정에서 인도와 영국 사이에는 여러 문화 교류가 일어났어요. 인도는 영국의 문화와 여러 기술을 받아들였고, 영국에는 힌디어와 인도의 패션, 예술 등이 유행하게 되었지요.

인도의 마사지 문화인 샴푸 역시 그중 하나였어요. 샴푸를 영국에 본격적으로 전파한 사람은 벵골인 여행가이자 기업가인 딘 무함마드예요. 무함마드는 아일랜드인 아내와 함께 1814년 영국의 대표적인 휴양 도시, 브라이튼에서 인도식 마사지 서비스를 제공하는 목욕탕을 열었어요. 무함마드의 가게에서 샴푸는 마사지와 찜질, 목욕 등을 하는 과정 전체를 부르는 단어였지만, 차츰 머리를 감을 때 사용하는 전용 세제만을 의미하게 되었지요.

무함마드의 목욕탕 건물을 묘사한 그림(1826)

인도에서 유래한 잠옷, 파자마

파자마 바지를 입은 이슬람교도 소녀의 모습(1844)

파자마는 헐렁한 윗옷과 바지로 된 잠옷을 부르는 말이다. 파자마 역시 샴푸처럼 힌디어에서 유래했는데, 다리를 의미하는 '파에'와 옷을 의미하는 '자마'가 합쳐진 단어로 원래는 인도 사람들이 입는 통이 넓은 바지를 부르는 말이었다. 인도 사람들은 발목까지 오는 이 헐렁한 바지를 평상복으로 입었다. 인도에서 파자마를 처음 접한 영국인들은 이 편한 바지를 영국에 가져와 잠옷으로 입기 시작했다. 이것이 유럽 곳곳에서 유행하게 되면서, 파자마가 오늘날에는 편한 잠옷의 대명사가 되었다.

크메르 제국 수립	앙코르 와트 건설	앙코르 와트 유네스코 세계 문화유산 등재
802	12세기 초	1992

캄보디아 국기에 그려져 있는 건물은 뭐예요?

30초 해결사

캄보디아의 국기 가운데에는 흰색 건물이 그려져 있어요. 캄보디아를 대표하는 건축물인 앙코르 와트를 본떠 그린 것이지요. 앙코르 와트는 힌두교의 신 비슈누에게 바치는 사원으로 지어졌지만, 나중에는 불교 사원으로 쓰였어요. 거대한 규모는 물론, 정교한 조각과 벽화들로 수많은 관광객의 찬탄을 받고 있어요. 1992년에는 유네스코 세계 문화유산에 등재되었어요.

• 크메르 제국: 9세기부터 15세기까지 동남아시아에 있었던 나라예요. 힌두교와 불교를 믿었어요. 앙코르 와트는 크메르 제국 시기에 지어졌어요.

#앙코르 와트 #크메르 제국 #캄보디아 #보로부두르 사원

"이 유적은 인간 지성이 보여 줄 수 있는 최고의 아름다움을 담고 있어!"

앙코르 와트를 처음 본 에스파냐의 한 여행가는 이렇게 감탄했다고 해요. 캄보디아는 인도차이나반도 메콩강 하류 지역에 위치한 국가예요. 캄보디아를 대표하는 건축물인 앙코르 와트는 고대 크메르 제국의 수리야바르만 2세가 비슈누신에게 바치기 위해 지은 힌두교 사원이에요. 크메르 제국이 멸망하면서 밀림 속에 오랫동안 묻혀 있다가, 19세기 말 프랑스 학자들에 의해 세상에 알려졌어요.

앙코르 와트의 전경(ⓒJakub Halun)

앙코르 와트는 폭이 200미터에 달하는 인공 호수(해자)로 둘러싸여 있어요. 복도 벽에는 당시 생활 모습을 잘 보여 주는 조각들이 빼곡하게 새겨져 있는데, 왕의 행진과 전투, 힌두교 신화와 인도 서사시의 장면, 그 시대를 살아갔던 백성들의 삶이 생생하게 묘사되어 있지요. 14세기 이후, 앙코르 와트는 불교 사원으로 이용되기 시작했어요. 불교도들은 앙코르 와트에서 수행하면서 다양한 불상을 만들었어요.

캄보디아가 속한 동남아시아 지역에는 인도차이나반도, 말레이반도, 그리고 수많은 섬으로 이루어진 인도네시아 등이 있어요. 인도와 중국 사이에 있는 동남아시아 나라들은 인도로부터는 불교와 힌두교 문화를, 중국으로부터는 유교 문화를 받아들이며 개별적이고 독특한 문화를 만들어 나갔어요.

> 오늘날 캄보디아 인구의 약 98%는 불교를 믿는대.

산 위의 절, 보로부두르

인도네시아에는 '산 위의 절'이라고 불리는 보로부두르 사원이 있다. 앙코르 와트보다 300년 정도 먼저 지어진 보로부두르 사원은 8세기 중엽 인도네시아 자와섬의 사일렌드라 왕조가 세운 불교 유적지다. 약 200만 개의 바위 벽돌을 9층으로 쌓은 웅장한 건축물로, 멀리서 보면 꼭 이집트의 피라미드처럼 보인다. 깨달음을 향해 간 석가모니의 생애와 일화를 촘촘히 새겨 넣은 장식이 인상적이며, 그 밖에도 6킬로미터나 되는 벽을 따라 정교한 돋을새김이 이어져 장관을 이룬다. 1970년대 유네스코의 도움을 받아 손상된 부분이 복원되었으며, 1991년 유네스코 세계 문화유산에 등재되었다. 보로부두르 사원은 인도의 건축 양식에서 많은 영향을 받았다.

보로부두르 사원의 전경
(ⓒGunawan Kartapranta)

아케메네스 왕조 페르시아 건국	다리우스 1세 즉위	사산 왕조 페르시아 건국
기원전 550	기원전 522	226

신라의 무덤에서 페르시아 물병이 나왔다고요?

30초 해결사

국립경주박물관에 가면 삼국 시대 신라의 무덤에서 발견된 독특한 모양의 유리병을 볼 수 있어요. 이 유리병과 고대 페르시아 제국에서 만든 병들의 모양을 비교해 보면 서로 비슷하게 생겼다는 사실을 알 수 있어요. 4~5세기 무렵 오늘날의 중동 지역에 있었던 페르시아 제국은 금속과 유리를 다루는 기술이 무척 발달했는데, 이 기술이 중국을 거쳐 우리나라와 일본에까지 전해진 것이지요. 이 유리병은 삼국 시대에 서역과 교류가 있었다는 사실을 알게 해 주는 중요한 사료예요.

경주 98호 남분 유리병 (국보 제193호, 국립경주박물관 소장)

#페르시아 제국 #페르세폴리스 #왕의 길

1979년 유네스코 세계 유산으로 지정된 페르세폴리스의 다리우스 1세 궁전(ⓒDiego Delso)

페르시아는 기원전 6세기 무렵 메소포타미아 문명이 발생한 지역에 세워진 나라예요. 오늘날의 중동 지역이지요. 서아시아를 통일하며 강대한 제국으로 성장한 페르시아는 다리우스 1세 때 전성기를 맞이했어요. 동쪽으로는 인더스강 유역, 서쪽으로는 이집트와 지중해 연안에 이르는 대제국을 건설했지요. 동서 교역로를 통한 중계 무역이 무척 발달하여 중국 비단과 인도 면직물, 상아와 같은 동양의 물건들을 비잔티움 제국에 가져가 거래하고, 중앙아시아의 여러 나라와도 활발히 교류했어요. 또 넓은 영토를 바탕으로 여러 민족의 문화를 받아들여 국제적인 성격의 문화를 발전시켰어요. 당시 페르시아 제국은 무역의 중심지였을 뿐만 아니라, 금속 세공 기술과 유리 공예 기술이 세계 최고 수준이라고 해도 과언이 아니었어요. 페르시아의 정교한 공예품들은 유럽과 이슬람 세계는 물론, 동아시아까지 퍼졌어요. 강성하던 페르시아 제국은 그리스 세계와 충돌하며 쇠퇴의 길을 걸었어요. 기원전 492년부터 세 차례에 걸친 그리스·페르시아 전쟁에서 패배하고, 내분이 일어나면서 결국 마케도니아의 알렉산드로스 대왕에게 정복당하게 되었지요.

개념연결 페르시아의 '왕의 길'

다리우스 1세는 넓은 영토를 효율적으로 다스리기 위해 전국 각지에 관리를 파견하고 이를 효율적으로 연결하는 도로망인 '왕의 길'을 정비했다. 약 2,400킬로미터나 되는 왕의 길에는 중간에 말이 지칠 때마다 바꾸어 탈 수 있도록 역이 100여 개 설치되어 있었는데, 덕분에 빠르게 물자와 왕명을 전달하는 체계를 갖출 수 있었다. 페르시아는 왕의 길을 이용해 세금과 공물을 효율적으로 거두었을 뿐만 아니라, 국내외 교류를 활발하게 할 수 있었다.

다리우스 1세를 묘사한 부조
(ⓒDerfash Kaviani)

무함마드, 이슬람교 창시	헤지라	무함마드, 메디나에서 사망
7세기경	622	632

이슬람교도는 어디에 절을 하는 거예요?

30초 해결사

이슬람 세계에서 가장 중요한 종교 행사는 메카 성지 순례(하즈Hajj)예요. 사우디아라비아에 있는 도시 메카는 이슬람교의 선지자인 무함마드가 태어난 곳으로, 이슬람교 최대의 성지예요. 이슬람교도는 매일 메카가 있는 방향을 향해 다섯 번 절을 하며 예배를 올리고, 평생 한 번은 메카에 있는 카바 신전을 순례해야 해요. 해마다 약 200만 명의 이슬람교도가 순례를 위해 메카에 있는 카바 신전에 방문한다고 해요.

• 순례: 종교의 발생지나 성인의 무덤과 같이 종교적 의미가 있는 곳을 방문하는 일을 뜻해요.

#이슬람교 #무함마드 #알라 #메카 #성지 순례

6세기 후반이 되자 비잔티움 제국과 페르시아 제국이 대립하면서 동서로 오가던 교역로가 막히게 되었어요. 새로운 교통로가 필요했던 상인들은 아라비아반도를 돌아 메카, 메디나와 같은 해안 도시로 몰려들었고, 이 도시들은 무역의 중심지로 번성했어요.

사우디아라비아 메카에 있는 이슬람교의 성지, 카바 신전
(ⓒMoataz Egbaria)

7세기 무렵, 메카의 상인이던 무함마드는 유일신 알라를 숭배하는 이슬람교를 창시하고 알라 앞에서 모든 인간은 평등하다고 주장했어요. 그러면서 기존의 다신교를 비판했지요. 무함마드의 주장은 당시 하층민들에게 큰 호응을 얻었지만, 대부분 다신교 신자였던 귀족들에게는 박해를 받았어요. 622년, 무함마드는 탄압을 피해 신자들을 이끌고 다른 해안 도시인 메디나로 이동했어요. 이슬람교에서는 이 이동을 '헤지라(성스러운 이주)'라고 부르고, 622년을 이슬람 달력의 원년으로 삼고 있어요.

메디나에서 세력을 키운 무함마드는 종교와 정치가 일치된 이슬람 공동체를 만들어 다시 메카로 돌아갔어요. 무함마드의 이슬람 세력은 아라비아반도 대부분을 통일할 정도로 커졌어요. 이후 이슬람교는 서아시아를 중심으로 중앙아시아, 북부 아프리카, 유럽 일부 지역과 아시아까지 확대되었어요. 오늘날에는 세계 인구의 약 25퍼센트가 이슬람교를 믿고 있다고 해요.

『쿠란』과 이슬람의 다섯 기둥

『쿠란』은 무함마드가 알라로부터 받은 계시를 기록한 이슬람 경전이다. 이슬람교도에게 『쿠란』은 종교 규범뿐만 아니라 일상생활 규범의 기준이 될 정도로 중요하다. 『쿠란』은 이슬람교도에게 다섯 가지 의무를 실천하라고 지시하는데, 이를 이슬람의 다섯 기둥이라고 부른다.

① 알라는 유일신이며, 무함마드는 알라의 예언자다.
② 하루에 다섯 번 정해진 시간에 알라에게 예배를 드린다.
③ 자산의 일부를 가난한 사람에게 기부해야 한다.
④ 라마단 기간에는 해가 떠 있는 동안 음식과 물을 먹지 않는다.
⑤ 경제적, 신체적 능력이 있으면 일생에 한 번은 메카 순례를 하는 것이 좋다.

이슬람교도는 돼지고기를 안 먹는다고요?

30초 해결사

이슬람교도가 돼지고기를 먹지 않는 이유는 이슬람교의 경전인 『쿠란』에 '죽은 고기와 피와 돼지고기를 먹지 말라'라고 쓰여 있기 때문이에요. 『쿠란』에는 이슬람교의 교리뿐만 아니라 예배 의식과 금기 등 이슬람교도가 일상에서 지켜야 하는 생활 규범이 나와 있는데, 여기에는 먹을 수 있는 음식과 먹을 수 없는 음식에 대한 내용도 있어요. 이슬람교도가 먹을 수 있는 음식을 '할랄'이라고 부르는데, 할랄은 아랍어로 '허용된 것'이라는 뜻이에요.

#이슬람교 #할랄 #하람 #쿠란

할랄 식품이라는 말을 들어 본 적이 있나요? 할랄 식품은 이슬람 율법에서 이슬람교도들이 먹고 쓸 수 있도록 허용된 식품을 말해요. 과일, 채소, 곡류 등 모든 식물성 음식과 어류, 어패류 등의 해산물이 해당돼요. 돼지고기를 제외한 소, 양, 염소 같은 동물의 고기는 알라의 이름으로 도축하는 의식과 엄격한 처리를 거치면 이슬람교도들도 먹을 수 있어요. 한편 이슬람교도가 먹을 수 없는 음식은 '하람'이라고 하는데, 아랍어로 '금지된 것'이라는 뜻이에요. 대표적인 하람 식품은 돼지고기와 술이에요. 동물의 피와 그 피로 만든 식품, 도축하기 전 알라의 이름으로 기도를 올리지 않은 고기도 하람 식품이에요. 또 도축되지 않고 죽은 고기, 썩은 고기, 육식하는 야생 동물의 고기, 메뚜기를 제외한 모든 곤충도 피해야 해요.

> 헉, 그럼 먹을 때마다 매번 확인해야 하는 거야? 힘들겠다.

> 그래서 할랄 인증 제도가 있지.

이슬람교도가 많은 인도네시아, 싱가포르, 말레이시아 등의 나라에서는 해당 식품이 할랄 음식이라고 보장하는 제도인 할랄 인증 제도를 시행하고 있어요. 이슬람 국가에 수출하기 위해서는 반드시 할랄 인증을 받아야 하고, 할랄 인증 과정에서 위생 검사를 다시 하기 때문에 이슬람교도가 아닌 사람들이 할랄 식품을 찾기도 해요.

오늘날 할랄 식품 시장은 세계 식품 시장의 약 16퍼센트를 차지할 정도로 커요. 할랄 식품 시장의 규모가 커지면서, 우리나라 기업들도 해외 할랄 시장에 진출하기 위해 할랄 식품 인증을 받는 일이 늘고 있답니다. 해외에서 많은 인기를 끌고 있는 삼양 식품의 '불닭볶음면'도 할랄 인증을 받아 인도네시아 등의 국가에 수출되고 있지요.

> 화장품이나 의약품, 생활용품도 할랄 인증을 받아야 쓸 수 있대.

이슬람교도들의 인사, 앗살라무 알라이쿰!

우리나라 사람들은 처음 인사할 때 '안녕하세요'라고 인사하고, 태국 사람들은 '사와디캅', 인도와 네팔 사람들은 '나마스테'라고 인사한다. 그런데 아랍권 국가의 인사말인 '앗살라무 알라이쿰'에는 색다른 점이 있다. 아랍권에서 일상적으로 쓰이는 인사말인 동시에, 전 세계 이슬람교도들의 공통 인사말이라는 점이다. 이슬람교도가 많은 튀르키예, 이란, 파키스탄 등의 나라에 가면 곳곳에서 "앗살라무 알라이쿰!" 하고 인사하는 것을 들을 수 있다. 아랍어로 '평화가 당신에게 있기를'이라는 뜻의 이 인사말은 서아시아 유목민들이 서로에게 평화를 빌어 주며 하던 말에서 유래했다. 2009년 미국의 오바마 대통령은 이슬람 세계에 평화의 메시지를 던지면서 "앗살라무 알라이쿰!"이라고 인사하기도 했다.

무함마드, 메디나에서 사망	제4대 칼리프 알리 살해 사건	무아위야 1세, 칼리프 즉위
632	661	661

시아파와 수니파가 뭐예요?

30초 해결사

시아파와 수니파는 이슬람 세력의 양대 종파예요. 7세기 중반, 이슬람 세력은 공동체의 지도자를 뽑는 일을 놓고 시아파와 수니파로 분열되었어요. 시아파는 무함마드의 혈통을 계승한 후손만이 지도자가 될 수 있다고 주장해요. 반면 수니파는 공동체를 위한 자격과 능력을 갖춘 사람이라면 누구나 지도자가 될 수 있다고 주장해요. 분열된 시아파와 수니파는 오늘날까지도 종교적, 정치적으로 대립하고 있어요.

- 종파: 한 종교에서 갈린 갈래를 뜻해요.
- 무함마드: 이슬람교의 창시자이자 예언자예요. 632년 후계자 없이 세상을 떠났어요.

#시아파 #수니파 #이슬람교 #칼리프 #천일야화

"무함마드의 후계자를 뽑아라!"

632년 무함마드가 후계자 없이 사망하자, 이슬람 공동체는 무함마드를 대신할 새로운 지도자의 지위를 칼리프로 명명하고, 제1대 칼리프를 선출했어요. 칼리프는 이슬람 공동체를 이끄는 종교 지도자이자 정치적, 군사적으로 최고 권력자예요. 그런데 이슬람 세력이 커지면서 칼리프를 뽑는 일을 둘러싸고 내분이 일어났어요. 그 결과 제4대 칼리프인 알리가 살해되는 사건이 일어났지요. 당시 시리아 총독이었던 무아위야 1세가 새로운 칼리프가 되면서 우마이야 왕조가 시작되었어요. 이 과정에서 이슬람 세력은 시아파와 수니파로 분열되었어요.

> 크리스트교로 따지면 교황과 비슷한 거군요!

> 그렇지. 칼리프는 아랍어로 '뒤따르는 자'라는 뜻이란다. 예언자 무함마드의 뒤를 따르는 사람이란 뜻이야.

시아파	수니파
무아위야 1세는 무함마드와 아무런 관련이 없잖아! 무함마드의 사촌이자 사위였던 알리와 그의 후손만이 정당한 후계자라고 할 수 있어.	그런 게 무슨 상관이야! 무함마드의 혈통이 아니어도 능력과 자질만 있으면 칼리프가 될 수 있어.

시아파와 수니파의 정치적, 종교적 대립은 오늘날에도 계속되고 있어요. 현재 이슬람교도의 약 83퍼센트는 수니파이고, 약 16퍼센트만 시아파예요. 이슬람교의 최대 성지인 메카와 메디나의 나라 사우디아라비아가 대표적인 수니파 국가예요. 한편, 대표적인 시아파 국가로는 이란이 있어요.

개념연결 이슬람 세계가 낳은 최고의 명작 『천일야화』

「신밧드의 모험」, 「알라딘」, 「알리바바와 40인의 도적」 등은 이슬람 세계가 낳은 최고의 명작이라 할 수 있는 『천일야화千一夜話』에 나오는 이야기다. 우리에게는 『아라비안나이트』라는 제목으로 더 잘 알려져 있다. 아랍어로 쓰인 구전 설화집으로, 많은 사람의 손을 거쳐 완성되었다. 전체 이야기는 이렇게 시작한다. 페르시아의 군주 샤흐리아르 대왕은 여성을 불신해, 결혼할 때마다 신부를 죽였다. 대왕의 학살이 계속되자, 이를 막기 위해 지혜로운 여성 세에라자드가 나선다. 대왕과 혼인한 세에라자드는 1,001일의 밤 동안 대왕에게 재미있는 이야기를 들려주고, 세에라자드에게 매료된 대왕은 학살을 멈춘다. 『천일야화』는 세에라자드가 대왕에게 들려주는 이야기들로 구성되어 있는데, 6세기경 페르시아를 비롯한 이슬람 문화권 각지의 전설과 민담, 역사적 일화와 여행담 등 흥미로운 내용이 가득하다. 아랍어로 쓰인 뒤 바그다드, 카이로를 중심으로 퍼져 나갔고, 18세기 프랑스어로 번역되면서 유럽 문학에도 큰 영향을 미쳤다.

히잡을 쓰고 축구를 한다고요?

30초 해결사

이슬람 국가의 여성 스포츠 선수들이 히잡을 쓰고 경기하는 모습을 종종 볼 수 있어요. 축구나 농구와 같이 격렬한 종목도 예외는 아니에요. 스포츠로 진출하는 이슬람교도 여성들이 늘어나면서 히잡의 디자인과 기능성도 갈수록 다양해지고 있어요. 스포츠 의류 전문 기업인 나이키는 이슬람교 여성들을 위한 스포츠 히잡을 출시하고, 움직임을 방해하지 않도록 제작했으며 통기성을 높였다고 발표했어요.

- 히잡: 이슬람교도 여성들이 얼굴을 가릴 때 쓰는 천을 뜻해요. 아랍어로 '가리다, 격리하다'라는 뜻의 단어에서 왔어요.

#이슬람교 #히잡 #차도르 #니카브 #부르카 #초승달과 별

히잡　　차도르　　니카브　　부르카

　　히잡의 모양과 형태는 지역과 종교적 성향에 따라 다양해요. 머리와 어깨 부위만 가리는 히잡, 얼굴을 제외한 전신을 가리는 차도르, 눈을 제외한 전신을 가리는 니카브, 그리고 전신을 가리고 눈 부분에만 망사를 덧대어 앞을 볼 수 있게 한 부르카가 있어요.

　　『쿠란』에서는 남성과 여성은 평등하되, 각자에게만 허락된 영역이 있다고 가르쳐요. 그래서 남성은 여성을 보호하고, 여성은 가족이 아닌 사람들 앞에서는 히잡으로 몸을 가리도록 하지요. 많은 이슬람교 여성이 『쿠란』에 따라 히잡을 착용해요. 세계 각지에서 정계와 스포츠계 등에 진출하는 이슬람교 여성이 늘면서 히잡 역시 민감한 주제로 떠올랐어요. 히잡을 여성 차별의 상징으로 볼 것인지, 전통 의상으로 볼 것인지는 오늘날에도 여론이 분분해요. 나라별로 다른 상황과 맥락이 있고, 이슬람교 여성 당사자의 의견 역시 존중되어야 하기 때문이에요. 몇 가지 사례를 볼까요? 오늘날 이란에서는 히잡을 쓰지 않은 여성에게 가혹한 처벌을 내리고 있어요. 이란 여성들은 히잡을 벗을 권리를 외치며 목숨을 건 투쟁을 이어 나가고 있어요. 한편, 프랑스의 이슬람 여성 축구 선수들은 경기 중 히잡 착용을 금지한 프랑스 축구 협회에 반발하며 히잡을 쓸 권리를 주장하고 있어요. 이는 이슬람교 여성들에게 있어서 히잡이 갖는 의미가 그만큼 복잡하고, 단편적으로 선과 악을 판단할 수 없는 문제임을 보여 줘요.

개념연결 이슬람교의 상징, 초승달과 별

튀르키예 국기　　알제리 국기

파키스탄 국기　　튀니지 국기

이슬람 문화권 국가의 국기에는 대개 초승달과 별이 그려져 있다. 이슬람교의 예언자 무함마드가 알라의 계시를 받은 날, 밤하늘에 초승달과 샛별이 나란히 떠 있었다고 전해진다. 이 초승달과 별은 성스러운 이주(헤지라) 때도 무함마드 일행의 밤길을 비추어 주었다고 한다. 초승달과 별 문양은 이슬람교의 대표적인 상징으로, 국기뿐만 아니라 건축물과 전투에 나가는 군대의 깃발 등에도 자주 사용된다.

히잡을 착용해야 할까, 착용하지 말아야 할까?

히잡은 여성 차별적인 관습이야!

> 여성만 불편함을 감수하며 온몸을 가려야 하는 히잡은 이슬람 여성들을 억압하고 차별하는 관습이야. 오래전부터 이어져 온 관습이라 해도 현대의 가치에 맞지 않으면 고쳐 나가는 유연한 태도가 필요해. 심지어 지금 이란에서는 '도덕 경찰'을 운용하며 히잡을 쓰지 않은 여성을 적극적으로 처벌하잖아. 이슬람교를 믿더라도 히잡을 원하지 않으면 벗을 수 있는 자유를 존중해야 해!

이란과 사우디아라비아 등 몇몇 이슬람 국가는 히잡 착용을 의무로 규정하고 있다. 특히 이란은 2023년 히잡을 착용하지 않을 시 최대 10년의 징역형을 선고하는 법을 제정하면서 국제 사회의 지탄을 받았다. 이란 여성들은 정부 조치에 반발해 히잡 거부 시위를 벌이고 있지만, 이란 정부는 이를 강경하게 진압하고 있다. 한편, 프랑스 정부는 2004년부터 학교를 비롯한 공공장소에서 히잡같이 종교색이 강한 복장 착용을 금지했다. 2011년에는 공공장소에서 니카브와 부르카 착용을 금지하는 법률을 제정하기도 했다. 이에 프랑스의 이슬람교도 여성들은 히잡을 쓸 자유를 외치며 항의를 표하고 있다.

히잡은 이슬람교의 전통이자 문화야!

> 프랑스는 '라이시테 원칙'을 내세워 공공장소에서 히잡 착용을 금지했어. 라이시테 원칙은 특정 종교의 우위를 거부하고, 공공장소에서 종교 의식과 표식을 제한하는 원칙이야. 하지만 이슬람교도에게 히잡 착용은 정체성과 관련이 있는 중요한 문제야. 히잡 착용을 금지하는 것은 오히려 이슬람교도 여성들의 사회 진출을 막고 차별하는 결과를 불러올 수 있어. 히잡을 쓸 자유를 존중해야 해!

에티오피아에서 커피가 발견됨	세계 최초의 커피 하우스가 이스탄불에 개업	술레이만 아가 대사, 유럽에 커피 소개
6세기경	1475	1669

이슬람 사람들이 최초의 카페를 만들었다고요?

30초 해결사

15세기 이슬람 문화권에는 커피를 마시는 장소인 '커피 하우스'가 있었어요. 오늘날의 카페와 같은 공간이었지요. 『쿠란』에 따라 술을 전혀 마실 수 없었던 이슬람 문화권에서는 카페인 성분이 든 커피를 즐기는 문화가 발달했어요. 이슬람교의 수행자들은 예배 시간에 잠을 쫓고 각성 상태를 유지하기 위해 커피를 즐겨 마셨어요. 무함마드가 졸음을 이기려 애쓰고 있을 때 천사 가브리엘이 나타나 건넨 음료가 커피라는 전설도 있어요. 그래서 커피를 '이슬람 와인', '신의 선물'이라고 부르기도 한답니다.

#이슬람교 #커피 #커피 하우스

"이야, 이 나무 열매를 씹으니 잠이 깨는데!"

커피는 에티오피아의 지명인 카파에서 유래했어요. 6세기경, 에티오피아의 목동 칼디는 어떤 나무 열매를 씹은 염소들이 흥분해 뛰어다니는 모습을 목격했어요. 호기심에 나무 열매를 먹어 본 칼디는 머리가 맑아지고 기분이 상쾌해지는 것을 느끼고 이 사실을 주변 사람들에게 알렸지요. 이 열매의 씨앗을 추출해 볶은 것이 우리가 즐기는 커피예요.

6세기경, 아비시니아(오늘날의 에티오피아)가 아라비아반도의 남부 지방(오늘날의 예멘)을 공격하면서 예멘 지역에 커피가 전해졌어요. 이후 예멘이 오스만 제국의 지배를 받으면서 커피는 이슬람 문화권 곳곳에 퍼져 나갔어요. 1475년 이스탄불에 세계 최초의 커피 하우스가 생겼고, 곧 이스탄불에만 커피 하우스가 약 600여 개나 생겨날 정도로 유행하게 되었지요.

아메데오 프레지오시, 「이스탄불의 커피 하우스」(1854)

커피는 이슬람 문화권을 넘어 아시아와 유럽 전체에 전파되었어요. 1669년 오스만 제국의 사절로 프랑스에 방문한 술레이만 아가 대사는 루이 14세에게 커피와 설탕을 함께 선보였는데, 이를 계기로 파리 전역에 커피가 유행하게 되었어요. 당시 파리와 런던에 세워진 커피 하우스는 약 3,000개나 되었고, 프랑스 귀족들은 커피를 담당하는 전용 하인을 고용할 정도로 커피를 즐겨 마셨다고 해요.

개념연결 혁명을 이끈 커피 하우스

파리의 커피 하우스에서 전쟁에 대해 토론하는 사람들 (프레드 버나드, 1870)

유럽에서 커피 하우스는 당대 지식인과 다양한 계층의 사람들이 모여 정치, 언론, 문학, 경제 등의 이야기를 나누는 교류의 장이었다. 영국에서 커피 하우스가 유행한 17세기 무렵은 청교도 혁명의 영향으로 시민 활동이 활발하게 진행되던 때였고, 커피 하우스는 시민들이 모여 정치 의견을 교환하는 무대가 되었다. 프랑스에서도 당시 왕정에 불만이 많았던 지식인, 변호사, 배우, 문인 들이 커피 하우스에 모여 새로운 세상과 혁명에 관해 논의했다. 1789년, 프랑스의 혁명가 카미유 데물랭은 파리의 한 커피 하우스의 테라스에 서서 시민 봉기를 촉구하는 연설을 했고 이 연설은 프랑스 혁명의 도화선이 되었다.

비잔티움, 콘스탄티노폴리스로 이름 변경	콘스탄티노폴리스, 이스탄불로 이름 변경
330	1453

이스탄불에는 동양과 서양이 다 있다고요?

30초 해결사

튀르키예의 최대 도시, 이스탄불은 독특한 문화와 역사를 지닌 도시예요. 흑해와 지중해 사이의 바닷길, 그리고 아시아와 유럽을 연결하는 육지 길이 교차하는 절묘한 지점에 놓여 있거든요. 이스탄불은 그리스·로마 시대부터 오스만 제국에 이르기까지 늘 동서 무역의 중심지 역할을 해 왔어요. 아시아와 유럽의 다리이자, 이슬람교와 크리스트교가 만나는 통로이기도 했지요. 이런 특성 때문에 긴 세월 동안 다양한 세력이 이 지역을 지배하며 흔적을 남겼어요.

#이스탄불　#튀르키예　#비잔티움 제국　#오스만 제국　#성 소피아 대성당

이스탄불은 중동과 유럽에서 가장 큰 도시로, 이 지역을 지배한 세력에 따라 도시의 이름이 여러 차례 바뀌었어요. 그리스 시대에 이 지역은 비잔티움으로 불렸어요. 330년 콘스탄티누스 대제가 이곳을 비잔티움 제국(동로마 제국)의 수도로 삼으면서 이름을 콘스탄티노폴리스로 바꾸었어요. 1453년이 되자 이슬람 문화권의 오스만 제국이 이 지역을 지배하게 되면서 이스탄불이 되었지요.

이스탄불은 동아시아, 인도, 서아시아 등지의 물자를 유럽으로 공급하는 중간 기지 역할을 했어요. 세계에서 가장 오래된 실내 시장인 그랜드 바자르(시장)를 보면 이스탄불이 동서 무역으로 얼마나 번성했는지를 짐작해 볼 수 있어요. 오늘날 이스탄불의 대표적 명소 중 하나인 그랜드 바자르는 15세기에 처음 세워졌는데, 인도산 캐시미어와 프랑스산 향수, 페르시아산 양탄자, 중국산 도자기, 그리고 아프리카산 황금 등이 거래되었다고 해요.

동서를 연결하는 위치에 있는 이스탄불

이스탄불에서는 동양과 서양의 건축 양식이 어우러진 건축물을 여럿 볼 수 있어요. 대표적으로는 성 소피아 대성당이 있어요. 로마 제국 때 처음 세워진 성 소피아 대성당은 비잔티움 제국 시기에 재건축되면서 비잔티움 건축 양식을 따르게 되었어요. 원래 그리스 정교회 성당으로 쓰기 위해 지어졌지만, 오스만 제국이 이스탄불을 점령하면서 이슬람 사원으로 개조되어 사용되었지요. 성 소피아 대성당의 거대한 돔 형태의 지붕과 화려한 모자이크화는 전형적인 비잔티움 제국의 건축 양식이지만, 그 주변에 세워진 네 개의 첨탑은 이슬람 양식이에요. 1935년부터는 국립 박물관으로 사용되다가, 현재는 다시 모스크로 사용되고 있어요.

터키가 아니라 튀르키예!

튀르키예는 2023년 국호를 기존의 '터키'에서 '튀르크인의 땅'을 의미하는 '튀르키예Türkiye'로 바꿨다. 사실 튀르키예인들은 오래전부터 자국을 튀르키예라고 불러 왔다. 기존의 국명인 터키는 영어권에서 칠면조를 뜻하는 단어와 발음이 같을 뿐만 아니라 겁쟁이, 패배자 등을 뜻하는 속어로 사용된다. 이에 대해 반감이 있었던 튀르키예 정부는 유엔에 자국 내에서 부르던 명칭인 튀르키예를 정식 국호로 변경하겠다는 의사를 전달했다. 유엔이 이를 받아들이면서, 공식적으로 국호가 튀르키예 공화국으로 변경되었다.

이집트,	이집트,	이집트,
수에즈 운하 착공	수에즈 운하 개통	영국으로부터 독립
1859	1869	1922

수에즈 운하가 뭐예요?

이만한 운하를 사람들이 만들다니!

운하를 통해 물건들이 더 빠르게 도착할 수 있었겠네요.

오, 정확한데?

30초 해결사

수에즈 운하는 지중해와 홍해를 연결하는 세계 최대의 인공 수로예요. 이집트에 있지요. 수에즈 운하가 개통되기 전에는 유럽에서 인도로 가려면 대서양을 건너 아프리카 대륙의 희망봉을 거쳐 가는 긴 항로를 따라야 했어요. 1869년 수에즈 운하가 개통되면서 유럽과 인도의 거리가 크게 줄어들었어요. 기존의 항로대로 가면 약 120일 정도가 걸리지만, 수에즈 운하를 통해 가면 80일 만에 도착할 수 있었어요.

- 운하: 배가 다닐 수 있도록 육지에 파 놓는 물길을 말해요. 호수와 강, 바다를 서로 연결하지요.

#수에즈 운하 #이집트 #80일간의 세계 일주

이집트는 19세기 전반까지 오스만 제국의 지배를 받았어요. 당시 이집트 총독이었던 무함마드 알리는 군대와 행정 기구, 교육 제도를 유럽식으로 바꾸는 근대화 정책을 추진했어요. 이를 통해 나라를 정비한 이집트는 오스만 제국에 맞서 자치권을 얻어 냈어요. 이집트는 19세기 중엽부터 경제적 자립을 위해 철도를 설치하고, 수에즈 운하를 건설하는 등의 노력을 했어요. 그런데 수에즈 운하를 건설하는 과정에서 영국과 프랑스 등에 막대한 빚을 지게 되었지요. 그 결과 두 나라에게 내정 간섭을 당했고, 특히 영국에게는 수에즈 운하의 경영권을 빼앗겼어요.

1881년, 외세의 간섭에 반발한 아라비 파샤는 '이집트인을 위한 이집트의 건설'이라는 슬로건을 내걸고 혁명을 일으켰지만, 이 또한 영국에 진압되면서 이집트는 영국의 보호국이 되었어요. 이집트는 1922년 영국으로부터 독립했으나, 수에즈 운하는 1956년 이집트의 나세르 대통령이 국유화 조치를 내릴 때까지 계속 영국의 지배 아래 있었어요. 오늘날에도 수에즈 운하는 서남아시아와 북부 아프리카를 연결하는 중요한 무역 통로예요. 하루에도 100여 척의 선박이 이곳을 지나가요.

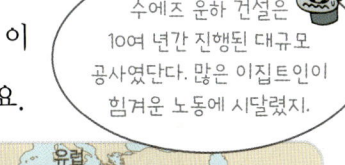
수에즈 운하 건설은 10여 년간 진행된 대규모 공사였단다. 많은 이집트인이 힘겨운 노동에 시달렸지.

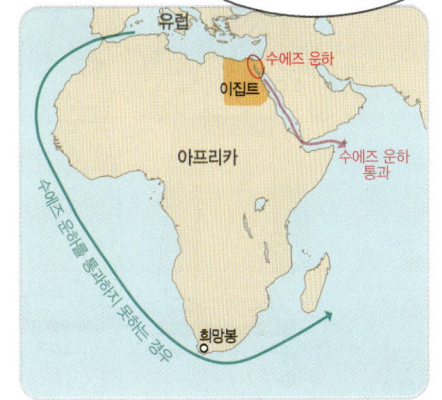

수에즈 운하와 『80일간의 세계 일주』

『80일간의 세계 일주』는 프랑스의 소설가 쥘 베른이 1873년 발표한 소설이다. 영국 런던에 사는 부유한 신사, 필리어스 포그는 어느 날 전 재산을 걸고 80일 만에 세계 일주에 성공해 보이겠다는 내기를 한다. 포그는 프랑스인 하인 파스파르투와 함께 길을 떠난다. 영국 런던에서 출발한 일행은 프랑스 파리, 이집트 수에즈, 예멘의 아덴, 인도의 뭄바이와 콜카타, 싱가포르와 홍콩, 일본의 요코하마와 미국의 샌프란시스코, 시카고, 리버풀 등을 여행한다. 포그는 여행 중 은행 절도범으로 몰리고 숲 한가운데 갇히는 등 여러 사건을 겪지만 결국 80일 만에 런던에 돌아오는 데 성공한다. 19세기 후반, 포그가 80일 만에 세계 일주를 하는 데 성공할 수 있었던 배경에는 바로 수에즈 운하가 있었다. 수에즈 운하의 완공은 쥘 베른을 포함한 많은 사람에게 여행에 대한 상상력을 확장해 주는 대사건이었다.

이란, 영국에 담배 전매 독점권 이양	담배 불매 운동 시작	이란 입헌 혁명
1890	1891	1906

왜 이란 사람들은 담배를 불매했나요?

30초 해결사

19세기 이란에서 담배는 무척 인기 있는 작물이었어요. 담배를 생산하는 농민과 유통업자, 상인 등 많은 이란 사람들이 담배와 관련된 일로 생계를 이었지요. 그런데 19세기 말, 이란 정부가 근대화를 추진하는 과정에서 영국에 담배 제조와 판매에 대한 독점권을 넘기는 일이 일어났어요. 이로 인해 생계가 위태로워진 농민과 상인을 중심으로 1891년 대대적인 담배 불매 운동이 일어났어요. 담배 불매 운동은 이란 전역으로 퍼져 나가면서 점차 왕과 외세에 반대하는 저항 운동으로 발전했어요.

#이란 #담배 불매 운동 #입헌 혁명 #와하브 운동

"신의 이름으로 자비로운 은총을! 어떠한 형태로든 담배 사용을 금한다!"

담배를 피우는 19세기 이란 사람들의 모습

농민과 상인을 중심으로 생존을 위해 시작되었던 담배 불매 운동은 이슬람 종교 지도자들이 합세하면서 삽시간에 전국으로 확산되었어요. 이슬람 성직자들은 흡연을 금지하는 종교 명령을 선포했고, 대다수 이란 사람들이 이를 지지했어요.

담배 불매 운동이 이란 전체로 확산된 배경을 알기 위해서는 당시 이란의 상황을 살펴볼 필요가 있어요. 19세기, 이란의 카자르 왕조는 남쪽으로 내려오려는 러시아와 이를 막으려는 영국 사이에서 영토와 이권을 많이 빼앗겼어요. 이란 정부는 이 위기를 근대화 개혁을 통해 극복하려 했어요. 하지만 근대화 추진 자금을 마련하기 위해 영국에 이란 내의 담배 제조권과 판매권을 50년간 넘기면서 국민들의 큰 반발을 샀어요. 이 과정에서 외세의 침탈과 왕실에 불만을 품고 있었던 이란 사람들의 감정이 폭발하고 말았지요. 격렬한 저항에 깜짝 놀란 왕은 굴복했고, 영국은 담배 독점권을 다시 반납했어요.

담배 불매 운동은 이란 사람들의 민족의식을 크게 고취시켰어요. 이는 1905년 이란의 정치에 큰 영향을 미친 입헌 혁명으로 이어졌어요. 또, 이란 내에서 이슬람 성직자의 영향력을 크게 넓힌 계기가 되기도 했어요.

사우디아라비아 국기와 와하브 운동

사우디아라비아 국기

오랫동안 오스만 제국의 지배를 받던 아라비아반도에서는 18세기 중엽 이슬람교 초기의 순수함을 되찾자는 신앙 운동이 일어났다. 이 운동을 주도한 성직자 압둘 와하브의 이름을 따 와하브 운동이라고 불렸다. 와하브는 이슬람 사회가 타락했다고 지적하고, 『쿠란』의 가르침에 따라 근본 원리를 중시하며 생활할 것을 주장했다. 와하브 운동은 아라비아반도 전역에 큰 영향을 끼쳤고, 아랍인의 민족의식을 일깨워 오스만 제국의 지배에 반대하는 민족 운동으로 발전했다. 사우디아라비아의 국기는 와하브 운동 당시 쓰였던 깃발에서 유래했다. 위쪽에는 아랍어로 "알라 외에는 신이 없고 무함마드는 예언자다"라는 『쿠란』의 구절이 쓰여 있다. 아래에 있는 칼은 이슬람교의 성지인 메카를 지키는 칼이다.

말리 제국 건국	만사 무사, 성지 순례 출발	만사 무사, 성지 순례를 마치고 귀국
1235	1324	1325

아프리카에 황금왕이 있었다고요?

30초 해결사

14세기 서아프리카에는 '황금왕'이라고 불릴 만큼 부유한 왕이 있었어요. 바로 말리 제국의 왕, 만사 무사예요. 말리 제국은 광활한 영토뿐만 아니라, 풍부한 황금과 소금 등의 자원을 보유하고 있었어요. 특히 막대한 양의 황금 생산국으로서 세계 금의 50퍼센트가 만사 무사의 소유라고 할 정도였지요. 독실한 이슬람교도였던 만사 무사는 이집트를 거쳐 메카로 성지 순례를 떠났는데, 이때 만사 무사를 뒤따른 일행만 6만여 명에 달했다고 해요.

#말리 제국 #말리 공화국 #만사 무사 #황금왕 #징가레베르 사원 #젠네 모스크

아프리카 말리 제국의 제9대 왕 만사 무사는 1312년부터 1337년까지 25년간 말리 제국을 통치했어요. 만사 무사가 다스리는 말리 제국은 전성기를 맞이하며 영토를 크게 넓혔는데, 중심 도시 팀북투를 비롯한 24개의 도시를 지배하며 대서양 해안까지 뻗어 나갈 정도였지요.

말리 제국의 국민 대부분은 이슬람교도였고, 만사 무사도 마찬가지였어요. 독실한 이슬람교도 만사 무사는 1324년 수많은 귀족과 노예들을 거느리고 메카로 성지 순례를 떠났

카탈루냐 지도에 묘사된 황금 동전을 쥔 만사 무사(1375, 프랑스 국립도서관 소장)

어요. 6,500킬로미터에 달하는 여정 동안 만사 무사는 지나가는 길목마다 황금을 나누어 주었다고 전해져요. 이슬람 세력의 중심지인 중동이나 이집트에 말리 제국의 부를 과시하기 위해서였지요. 이집트 카이로에서는 금을 너무 많이 뿌린 나머지 이집트에 경제적 혼란을 불러오기도 했어요. 이때 이집트의 금값이 폭락하며 유럽과 서아시아에까지 경제적 영향을 미쳤는데, 금값과 물가가 다시 안정되기까지는 약 10년 정도가 걸렸다고 해요.

징가레베르 사원
(ⓒKaTeznik)

순례를 마친 만사 무사는 당대 최고의 건축가와 과학자들을 여럿 데리고 말리 제국으로 돌아왔어요. 당시 건축가들이 지은 징가레베르 사원과 상코레 대학 등의 건물들은 팀북투에서 만날 수 있어요. 말리 제국은 만사 무사의 시대 이후 쇠퇴하다 몰락했지만, 오늘날 말리 공화국이 그 이름을 이어받고 있답니다.

비가 오면 무너지는 말리의 젠네 모스크

말리 공화국의 도시인 젠네에는 세계에서 가장 큰 진흙 벽돌 건물인 젠네 모스크가 있다. 13~14세기 무렵 지어졌을 것으로 추정되는데, 중세 시대부터 오늘날까지 『쿠란』을 가르치는 이슬람 교육 기관으로 사용되고 있다. 해마다 3~5월의 우기가 되면 진흙 벽돌로 만들어진 모스크는 조금씩 무너진다. 젠네 주민들은 이 무렵이 되면 한 달 동안 '라 페트 드 크레피사주 La Fête de Créppisage'라는 이름의 축제를 열고, 젠네 모스크의 벽을 보수한다. 보수가 끝나면 주민들은 도시 근처에 있는 바니강으로 가서 목욕을 하고, 깨끗해진 모스크 앞에 모여 기도한 뒤 헤어진다. 젠네 모스크를 포함한 젠네의 옛 시가지 일대는 그 역사적 가치를 인정받아 1988년 유네스코 세계 문화유산에 등재되었다.

시에라리온, 영국으로부터 독립	'시에라리온의 별' 발견	시에라리온 내전 발발
1961	1972	1991

다이아몬드 때문에 평균 수명이 37세인 나라가 있다고요?

30초 해결사

서아프리카에 있는 나라 시에라리온 공화국은 세계 3대 다이아몬드 매장국이에요. 동시에 시에라리온은 세계에서 가장 가난한 국가이기도 해요. 부패한 시에라리온 정부 관료들이 값비싼 지하자원을 독점하고, 국민을 착취해 다이아몬드를 캐고 있기 때문이에요. 거기에 1991년부터 2002년까지 이어진 참혹한 내전은 시에라리온에 큰 타격을 입혔어요. 이 내전으로 인해 약 20만 명이 사망하고, 200만여 명의 난민이 발생했으며, 시에라리온 국민의 평균 수명은 37세까지 떨어졌어요.

#시에라리온 #다이아몬드 #시에라리온 내전

"시에라리온에서 엄청난 다이아몬드가 발견되었어!"

1961년 영국의 식민 지배로부터 독립한 시에라리온은 비옥한 땅과 풍부한 지하자원, 잘 마련된 기반 시설을 바탕으로 부흥을 꿈꾸었어요. 그런데 1972년 시에라리온에서 세계에서 세 번째로 큰 다이아몬드인 '시에라리온의 별'이 발견되었어요. 다이아몬드를 둘러싼 욕망은 시에라리온을 비극으로 몰아넣었어요. 다이아몬드를 캐는 일에 많은 국민이 동원되었고, 그렇게 채굴된 다이아몬드는 부패한 지도자의 주머니로 들어갔어요. 나라 상황이 나아질 기미가 보이지 않는 가운데 1991년 포다이 상코가 이끄는 반군이 내전을 일으켰어요. 11년간의 기나긴 내전의 시작이었어요.

상코의 반군은 부패한 정부를 몰아내겠다는 명분을 내세웠지만, 이들의 진짜 목적은 다이아몬드 광산을 차지하는 것이었어요. 국민들은 정부군의 아래에서든 반군의 아래에서든 임금도 제대로 받지 못한 채 노동력을 착취당했어요. 상코가 이끄는 반군은 내전 동안 수많은 민간인의 목숨을 앗아 갔을 뿐 아니라, 무수히 많은 사람의 손과 발을 자르는 끔찍한 짓을 저질렀어요. 또 어린 소년들을 소년병으로 무장시켜 전쟁에 동원했어요. 2002년 대통령이 종전을 선언하며 전쟁은 일단락되었지만, 시에라리온은 회복하기 힘든 상처를 입었어요. 수많은 사람이 목숨을 잃었고, 살아남았지만 손발을 잃은 사람은 더욱 많았지요. 지금도 시에라리온은 인구 대비 장애인의 비율이 세계에서 가장 높은 국가예요. 그리고 소년병으로 동원되며 마약에 중독되었던 피해자들은 지금도 많은 어려움을 겪고 있어요.

 잠재력의 대륙, 아프리카

오늘날 아프리카 대륙에는 세계 인구의 약 15퍼센트가 살고 있으며, 대륙 전체에 걸쳐 석유, 철광석, 구리, 천연가스, 다이아몬드, 금 등 천연자원이 풍부하게 묻혀 있다. 또 개발할 수 있는 넓은 농토와 원시림 등 관광 자원이 있어 아프리카 대륙은 앞으로 발전 가능성이 매우 크다. 그렇지만 오늘날 아프리카의 많은 국가가 정부의 부패와 높은 문맹률, 질병과 극심한 빈부 격차로 몸살을 앓고 있다. 또 부족 간의 충돌이 많아 전쟁이 자주 일어난다. 이런 현상에는 여러 이유가 있지만, 아프리카 대부분의 나라가 유럽 열강들의 식민 지배를 받았던 과거가 한몫한다. 이 시기 유럽 열강들의 이권 다툼에 의해 강제로 그어진 국경선이 오늘날까지 많은 분쟁의 원인이 되고 있기 때문이다. 풍부한 지하자원과 관광 자원이 국민들의 생활 수준 향상으로 이어질 수 있는 방안이 절실히 필요하다.

1885	1900년대	1960
레오폴드 2세, 콩고 식민 지배 시작	선교사들이 레오폴드 2세의 만행을 고발함	콩고, 벨기에로부터 독립

고무를 채취하지 못하면 손목을 잘랐다고요?

30초 해결사

콩고는 아프리카 중부에 있는 국가로, 울창한 열대 우림이 있어 고무나무가 풍부해요. 벨기에의 왕 레오폴드 2세는 1884년부터 콩고를 식민 지배했어요. 고무 타이어와 자동차의 발명으로 고무에 대한 수요가 폭증하자, 레오폴드 2세는 강제로 콩고 원주민들을 고무 생산에 동원했어요. 심지어 정해진 양을 채우지 못하면 손목을 자르거나 가혹한 체벌을 가하는 등 학대도 서슴지 않았어요. 이 일이 알려지면서 레오폴드 2세는 '콩고의 학살자'라는 악명을 얻었어요.

#벨기에 #콩고 #레오폴드 2세 #고무나무

『심플리치시무스Simplicissimus』에 실린 레오폴드 2세의 풍자화 (토마스 하이네, 1904. 5. 3.)

벨기에의 레오폴드 2세는 가장 악명 높은 식민 지배자 중 한 명이에요. 레오폴드 2세가 콩고를 식민 지배한 방식은 다른 제국주의 국가들과는 달랐어요. 벨기에 정부는 통치에 전혀 관여하지 않았고, 레오폴드 2세가 개인 자격으로 콩고와 콩고의 원주민을 소유하는 방식이었지요. 레오폴드 2세는 이 지역에 콩고 독립국이라는 이름을 붙였어요.

1847년 최초로 고무 타이어가 발명되고, 1886년에는 최초의 자동차가 발명되면서 자동차 산업이 폭발적으로 성장하자 고무는 '검은 황금'이라 불릴 정도로 귀한 자원이 되었어요. 공교롭게도 콩고에는 브라질의 아마존 다음으로 큰 열대 우림인 이투리가 있어 고무나무가 무척 풍부했어요. 레오폴드 2세는 온갖 악랄한 수법을 동원해 원주민들을 고무 생산에 투입했어요. 가족을 감금해서 협박하고, 노동을 거부하면 목숨을 빼앗았어요. 또 할당량을 채우지 못하면 손목을 자르는 등 가혹한 처벌을 일삼았어요.

레오폴드 2세의 잔혹한 만행은 1900년대 초가 되어서야 이 광경을 목격한 선교사들에 의해 외부로 알려졌어요. 국제 사회는 그의 악행을 앞다투어 비난하며 그를 콩고의 학살자라고 불렀어요. 결국 벨기에 정부가 나서서 콩고를 벨기에에 합병하고, 레오폴드 2세의 지배권을 빼앗으면서 콩고 독립국은 벨기에령 콩고가 되었어요. 콩고는 1960년이 되어서야 벨기에로부터 독립하면서 오늘날의 콩고 민주 공화국이 되었어요.

레오폴드 2세는 1908년 사망할 때까지 콩고에서 일어난 학살은 자신과 무관하다며 시치미를 뗐다고 해.

정말 지독한 사람이네요.

건축왕 레오폴드 2세?

벨기에 브뤼셀에 있는 레오폴드 2세의 흉상에 빨간 페인트가 칠해져 있는 모습(ⓒAP 연합뉴스)

레오폴드 2세는 콩고를 착취해 번 돈으로 벨기에의 수도 브뤼셀에 여러 건축물을 세웠다. 그의 후손들은 레오폴드 2세를 '건축왕'이라고 부르며 동상을 세우고, 그의 이름을 딴 거리를 조성해 그를 기렸다. 그런데 최근 벨기에에서 레오폴드 2세 동상을 철거할 것을 요구하는 목소리가 높아지면서, 동상에 빨간 페인트를 칠하고 '수치'라고 낙서를 하는 등의 훼손 사건이 발생했다. 이처럼 벨기에의 내부에서도 과거의 잘못을 반성해야 한다는 여론이 형성되고 있다. 한편, 2022년 벨기에의 필리프 국왕은 콩고 민주 공화국을 방문해 공식 사과 대신 '깊은 유감'이라고 표현해 비판을 받았다.

포르투갈에서 노예 무역선 출항	영국, 노예 무역을 불법으로 규정	영국 노예제 폐지
1526	1807	1833

사람을 물건처럼 배로 사고팔았다고요?

30초 해결사

신항로 개척 이후 유럽인들의 가혹한 식민 지배로 아메리카 원주민의 인구가 줄어들자, 농장에서 일할 노동력이 부족해졌어요. 그러자 유럽의 상인들은 아프리카 대륙의 흑인들을 노예로 데려왔어요. 이때 사용된 노예선은 가능한 많은 수의 노예를 태우는 것이 목적으로, 위생이나 1인당 공간 등은 전혀 고려되지 않았어요. 노예선에 탑승한 노예들은 쇠고랑을 찬 채 30센티미터 정도의 공간에 갇혀 도착할 때까지 꼼짝도 할 수 없었어요. 비위생적이고 가혹한 환경에서 수많은 흑인 노예가 이동 중에 목숨을 잃었어요.

#신항로 개척 #노예 무역 #노예선

17세기 후반 유럽에서는 설탕의 인기가 높았어요. 설탕의 원료가 되는 사탕수수 재배에는 많은 노동력이 필요했기 때문에 설탕은 값이 무척 비쌌어요. 유럽인들은 아메리카 대륙에 대농장을 세우고, 원주민의 노동력을 착취해 사탕수수를 재배했어요. 그런데 유럽인들의 가혹한 노동력 착취와 유럽에서 건너온 천연두, 홍역 등의 낯선 전염병으로 인해 많은 수의 아메리카 원주민이 사망하면서 농장에서 일할 노동력이 부족해졌어요. 그래서 등장한 것이 바로 아프리카에서 노동 인구를 실어 오는 노예선이었어요.

당시 유럽인에게 아프리카 흑인은 그들과 동등한 사람이 아니라, 엄청난 이익을 남기는 상품에 불과했어요. 흑인 노예를 사고파는 과정에서 돈을 벌 수 있었고, 흑인 노예들이 농장에서 사탕수수를 재배하면 설탕을 만들어서 또 돈을 벌 수 있었기 때문이었지요. 초기에 노예 무역을 주도한 나라는 포르투갈이었는데, 곧 네덜란드, 프랑스, 영국 등의 나라도 노예 무역에 뛰어들었어요. 노

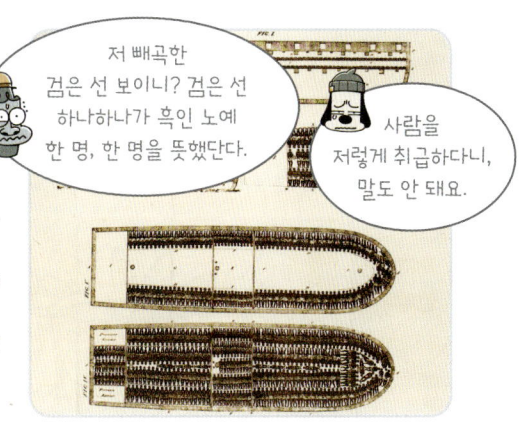

노예선의 설계도 단면

예 무역은 200년 넘게 이어졌어요. 19세기까지 약 1,200~1,500만 명가량의 흑인이 노예로 붙잡혀 아메리카 대륙에 끌려갔지요. 이렇게 끌려온 흑인 노예들은 사탕수수, 커피 등 열대 작물을 재배하는 플랜테이션 농장에서 강제 노동에 시달렸어요. 한편, 노예 무역으로 인해 아프리카 대륙의 인구는 급속히 감소했고 남녀 비율의 균형이 깨졌으며 부족 간의 갈등도 깊어졌지요.

유럽, 아메리카, 아프리카를 잇는 삼각 무역

신항로 개척 이후 유럽 경제 무대는 지중해에서 대서양으로 바뀌었다. 대서양 무역은 유럽과 아메리카, 아프리카를 잇는 삼각 무역 형태로 발전했다. 유럽인은 아프리카에 총기와 직물 등 공산품을 제공하는 대신 흑인 노예를 얻어 아메리카 농장에 팔았다. 그리고 아메리카 농장에서 재배된 담배, 사탕수수 등을 유럽에 가져가 이익을 남겼다. 이 과정에서 감자, 옥수수 등 아메리카 농작물이 유럽에 전해지기도 했다.

유럽-아프리카-아메리카를 잇는 삼각 무역

1526	1822	1928
포르투갈에서 노예 무역선 출항	브라질, 포르투갈로부터 독립	리우데자네이루에 최초의 삼바 학교 설립

브라질의 삼바가 아프리카의 춤이라고요?

30초 해결사

삼바는 열정의 나라 브라질을 상징하는 전통 춤이에요. 특히 브라질의 리우데자네이루에서 열리는 축제, 리우 카니발에서 추는 춤으로 유명하지요. 그런데 사실 삼바는 16세기에 콩고와 앙골라 지역에서 브라질로 건너온 아프리카 흑인 노예들의 문화에서 유래한 춤이에요. 포르투갈 사람들에 의해 강제로 이주해 온 아프리카 흑인들은 종일 사탕수수 농장에서 고된 노동을 했어요. 이들은 고향에서 즐겼던 춤을 추고 노래를 부르며 노동의 고달픔과 고향에 대한 그리움을 달랬는데, 이것이 발전해 오늘날의 삼바가 되었어요.

#브라질 #삼바 #리우 카니발 #포르투갈의 식민 지배

브라질의 리우데자네이루에서는 2월 말부터 3월 초까지 4일간 리우 카니발이 성대하게 열려요. 흥겨운 삼바 리듬과 화려한 무용수들, 휘황찬란한 퍼레이드로 브라질의 거리는 밤낮을 가리지 않고 들썩이지요. 카니발은 고기를 금하는 금욕 기간인 사순절에 앞서 실컷 먹고 마시는 축제를 뜻하는데, 리우 카니발은 여기에 아프리카 흑인들의 전통인 타악기 연주와 삼바가 합쳐져서 더 풍성한 볼거리를 만들어 내요. 독일의 옥토버페스트, 일본의 삿포로 눈 축제와 함께 세계 3대 축제로 손꼽혀요.

삼바 퍼레이드의 한 장면(ⓒPildaoUrbenia)

16세기, 브라질을 식민 지배하던 포르투갈은 브라질에 대규모 사탕수수 농장을 지었어요. 아메리카 원주민만으로는 일손이 부족하자 아프리카의 콩고와 앙골라 지역의 흑인들을 노예로 삼고 브라질로 강제 이주시켰어요. 브라질이 포르투갈로부터 독립하고, 노예 제도가 폐지된 후에도 흑인들은 브라질을 터전으로 삼고 살아갔어요. 그러면서 자연스럽게 삼바와 같은 독특한 문화가 만들어졌지요. 특히 삼바는 아프리카 흑인의 정체성을 반영하는 춤에서 브라질을 대표하는 춤으로 그 의미가 확장되며 많은 사랑을 받고 있어요. 리우 카니발 기간에는 브라질의 어느 도시에서든 삼바를 즐기는 모습을 볼 수 있다고 하니, 그 사랑이 어느 정도인지 짐작이 가지요?

삼바 학교를 아시나요?

삼바 학교는 1928년 8월 12일 브라질 리우데자네이루에서 처음 설립되었다. 당시 브라질 경찰은 아프리카 흑인과 빈민촌 사람들이 거리에서 춤을 추거나 퍼레이드를 연습하는 행동을 제한했다. 인종 차별이 만연한 사회 분위기 속에서 삼바 역시 흑인 문화라는 이유로 배척받았던 것이다. 빈민촌에서 주로 활동하던 삼바 음악가들은 이러한 사회 분위기를 극복하기 위해 삼바 학교를 세우고, 다음 해인 1929년 최초의 삼바 퍼레이드를 열었다. 삼바는 단순한 민속춤이 아니며 목소리를 낼 자유를 달라는 외침이었다. 1935년 마침내 삼바 퍼레이드는 정부의 공식 허가를 받았고 삼바 학교 역시 곳곳에 생겨났다. 오늘날에는 리우 카니발에서 삼바 학교별로 퍼레이드를 펼치는 모습을 즐길 수 있다.

시몬 볼리바르 출생	볼리비아, 에스파냐로부터 독립	베네수엘라 공화국 수립
1783	1825	1830

베네수엘라 지폐에 있는 사람은 누구예요?

30초 해결사

베네수엘라가 2021년 새로 발행한 화폐의 주인공은 시몬 볼리바르예요. 볼리바르는 라틴 아메리카 독립 전쟁에 앞장선 인물로, 베네수엘라 곳곳에서 그의 흔적을 찾을 수 있어요. 베네수엘라 대표 국제 공항의 이름은 '시몬 볼리바르 국제 공항'이고, 베네수엘라 카라카스 부근에 있는 공립 대학교의 이름도 '시몬 볼리바르 대학교'이지요. 볼리바르는 베네수엘라뿐만 아니라 라틴 아메리카 전역에서 존경받는 영웅이에요. 볼리비아의 국가 이름도 그의 이름에서 따온 것이에요.

#볼리바르 #라틴 아메리카의 독립 #베네수엘라 #크리오요 #아이티 혁명

신항로 개척 이후, 라틴 아메리카 대부분의 국가는 오랫동안 에스파냐의 식민지였어요. 에스파냐는 라틴 아메리카 원주민에게 가혹한 노동을 강요하고, 그렇게 해서 생산한 금과 은을 빼앗아 갔어요. 또한 사탕수수와 커피만을 재배하는 대농장을 세워 라틴 아메리카 원주민, 아프리카 흑인 노예의 노동력을 착취했어요. 라틴 아메리카에서 나고 자란 에스파냐인인 크리오요에게도 예외는 아니었어요. 차별과 착취를 겪은 크리오요들은 에스파냐 본국에 강한 반감을 품었지요.

시몬 볼리바르의 등장은 라틴 아메리카에 한 줄기 빛과도 같았어요. 크리오요였던 볼리바르는 에스파냐 유학 중 프랑스 혁명 이후 유럽을 뒤덮은 혁명의 분위기를 경험하게 되었어요. 큰 감명을 받은 볼리바르는 1807년 고향 베네수엘라로 돌아와 본격적으로 독립 운동을 펼쳤어요. 그는 짧은 생애 동안 베네수엘라를 비롯해 콜롬비아, 에콰도르, 페루, 볼리비아 등 라틴 아메리카의 다섯 개 나라가 독립하는 데 큰 역할을 했어요.

시몬 볼리바르

볼리바르가 꿈꾼 세상은 사회주의를 기반으로 하는 연방 국가인 '대★콜롬비아'를 세우는 것이었어요. 소원했던 대로 라틴 아메리카를 통일하지는 못했지만, 지금도 라틴 아메리카의 여러 나라에서 영웅으로 추앙받고 있어요.

노예 출신 흑인들이 일으킨 아이티 혁명

카리브해의 섬나라, 아이티는 원래 에스파냐의 식민지였다가 18세기 말부터는 프랑스의 식민 지배를 받았다. 당시 아이티에서는 약 50만 명에 이르는 아프리카 출신의 흑인 노예들이 사탕수수 농장에서 고된 노동을 이어 가고 있었다. 1789년 프랑스 혁명이 일어나자, 이에 자극을 받은 아이티의 흑인 노예들은 투생 루베르튀르를 중심으로 독립 운동을 벌였다. 뛰어난 지휘관이었던 투생 루베르튀르는 12년 동안 전쟁을 이끌었으나 나폴레옹이 보낸 프랑스 군대에 체포되었다. 투생 루베르튀르는 결국 감옥에서 사망했지만, 그의 동지들은 끝까지 저항했고 마침내 독립을 쟁취해 아이티 공화국을 세웠다. 아이티 혁명은 최초로 성공한 흑인 노예 혁명이었으며, 이 사건은 다른 국가의 노예들에게도 큰 영향을 미쳤다.

체 게바라 출생
1928

쿠바 혁명 시작
1953

체 게바라 기록물이
유네스코
세계 기록 유산에 등재
2013

세상에서 가장 많이 팔린 티셔츠가 있다고요?

30초 해결사

체 게바라는 라틴 아메리카의 정치 혁명가예요. 아르헨티나에서 태어나 쿠바 혁명의 주역으로 활약했고, 이후 아프리카 콩고와 라틴 아메리카의 볼리비아 등 여러 나라의 독립 운동과 혁명에 나섰어요. 그 후 체 게바라의 얼굴은 전 세계 젊은이들 사이에서 저항의 상징으로 떠올랐어요. 1960년대부터 만들어진 체 게바라 얼굴이 들어간 티셔츠는 불티나게 팔려, 전 세계에서 인물의 얼굴로 만들어진 의류 중 가장 많이 팔린 의류가 되었지요.

• 쿠바 혁명: 1953년부터 1959년까지, 체 게바라를 비롯한 혁명가들이 독재 정권에 대항해 일으킨 혁명을 말해요.

#체 게바라 #쿠바 혁명

"우리 모두 리얼리스트가 되자. 그러나 가슴속에는 불가능한 꿈을 가지자."

한평생 이상적인 사회를 위해 열정을 다했던 혁명가, 체 게바라는 이런 말을 남겼어요.

> 리얼리스트가 뭐예요?
>
> 현실주의자라는 뜻이란다. 현실주의자로 살되, 가슴에는 늘 꿈을 간직하자는 뜻으로 한 말이지.

신항로 개척 후 쿠바는 오랫동안 에스파냐의 식민지였어요. 이후 에스파냐와의 전쟁에서 이긴 미국의 지배를 받다가, 1902년 마침내 독립했지요. 그러나 독립 후에도 쿠바의 상황은 좋지 않았어요. 경제적으로 미국에 크게 의존하고 있었을 뿐만 아니라, 풀헨시오 바티스타라는 독재자가 정권을 잡으며 상황이 더욱 악화되었어요. 이에 체 게바라와 피델 카스트로 등의 공산주의 혁명가들이 독재 정부에 반기를 들었어요. 이 사건을 쿠바 혁명이라고 불러요.

쿠바 혁명이 성공하자 체 게바라는 쿠바 국립 은행 총재와 산업부 장관 등의 직위를 맡게 되었어요. 하지만 체 게바라는 모든 권력을 내려놓고 아프리카로 떠나 아프리카의 콩고 혁명과 볼리비아 혁명에 적극 가담했어요. 결국 체 게바라는 1967년 볼리비아에서 게릴라군을 조직해 싸우다 정부군에 체포되어 죽음을 맞이했어요. 한평생 자신의 이상에 몸을 바쳤던 혁명가, 체 게바라는 저항과 자유의 상징이 되어 오늘날에도 여러 장소에서 찾아볼 수 있어요.

1960년에 촬영된 체 게바라의 모습

세계 기록 유산에 등재된 체 게바라의 기록물

2013년 체 게바라가 직접 쓴 글과 그의 일생과 관련된 기록물 약 1,000여 점이 유네스코 세계 기록 유산에 등재되었다. 여기에는 체 게바라가 남긴 이론에 관한 문서들과 연설문, 기사, 에세이 등이 포함되어 있는데, 이 기록물로 그는 대체 불가능한 상징성과 사상가로서의 깊이 등을 인정받았다. 체 게바라가 남긴 유명한 어록들을 포함해 그와 관련된 이러한 기록물들은 오늘날까지도 많은 사람에게 영감을 주며, 여러 작품을 통해 재생산되고 있다. 그중 『볼리비아 일기』는 그가 볼리비아 정부군에 체포되어 처형당하던 날까지 매일의 기록을 담고 있어, 특히 높은 가치를 지녔다. 오늘날 이 기록물들은 쿠바에 있는 체 게바라 연구 센터와 볼리비아 중앙은행 기록 보관소에서 관리하고 있다.

영국인들의 오스트레일리아 집단 이주 시작	토머스 오스틴이 오스트레일리아에 토끼 반입	오스트레일리아, 영국으로부터 독립
1788	1859	1901

토끼와 전쟁을 벌이는 나라가 있다고요?

30초 해결사

오스트레일리아는 지구의 남쪽에 따로 떨어진 오세아니아 대륙에 자리 잡고 있는 나라예요. 영국은 오스트레일리아를 식민지로 삼고, 영국인을 대거 이주시켰어요. 그런데 이때 영국인 이민자들을 따라 온 동물들이 오스트레일리아의 생태계에 큰 문제를 일으켰어요. 특히 적응력이 뛰어난 토끼는 처음 들어온 후 10년 만에 수천 마리까지 늘어나며 큰 골칫거리가 되었어요. 오스트레일리아 정부는 토끼의 개체 수를 줄이기 위해 아직도 노력하고 있어요.

#오스트레일리아 #토끼와의 전쟁 #코알라

1859년 영국에서 태어나 식민지 오스트레일리아로 이주한 목축업자 토머스 오스틴은 토끼 24마리를 사냥용으로 함께 들여왔어요. 오스틴은 별 생각 없이 토끼를 풀어놓았고, 그렇게 오스트레일리아와 토끼의 전쟁이 시작되었어요.

오스틴이 토끼를 풀어놓기 전까지 오스트레일리아에는 토끼라는 동물이 없었어요. 토끼를 잡아먹는 큰 육식 동물도 없었지요. 천적이 없는 땅에서 신이 난 토끼들은 기하급수적으로 늘어났고, 매일 엄청난 양의 풀을 먹어 치웠어요. 토끼가 지나간 초원이 폐허가 될 정도였지요. 토끼들이 풀을 모조리 뜯어 먹자 오스트레일리아의 다른 초식 동물들은 굶주리게 되었어요. 초식 동물의 수가 줄자 자연스럽게 육식 동물의 수도 줄어들었고, 오스트레일리아의 생태계는 파괴되어 갔어요.

오스트레일리아 정부는 토끼를 통제하기 위해 많은 시도를 했지만 모두 실패했어요. 토끼를 잡기 위해 여우를 풀었더니 여우들이 오스트레일리아 토착 동물들을 잡아먹었고, 토끼의 먹이에 독을 뿌렸더니 살아남은 토끼들이 다른 지역으로 이동해서 다시 번식했어요. 심지어 군대까지 투입해 토끼 사냥을 했지만, 이때 이미 오스트레일리아 내 토끼의 수는 억 단위로 불어나 있었어요. 높은 철조망을 세워 토끼를 가두려고 시도했던 것도, 전염병을 퍼뜨리려고 시도했던 것도 모두 실패했어요.

오늘날 오스트레일리아에 서식하는 토끼의 수는 약 2억 마리라고 해요. 오스트레일리아는 여전히 토끼의 수를 제어할 방법을 찾고 있지만, 뚜렷한 대책은 없는 상황이에요.

> 헉, 이렇게 들으니 귀여운 토끼도 제법 무시무시하네요.
>
> 오죽했으면 '토끼 역병(rabbit plague)'이라고까지 불렀겠니.

위기의 코알라

호주의 상징, 코알라
(ⓒCharles J. Sharp)

오스트레일리아를 상징하는 동물인 코알라가 멸종될 위기에 처했다. 2020년 오스트레일리아에서는 코알라가 2050년까지 사라질 수 있다는 보고서가 발표되었다. 뉴사우스웨일스주NSW 의회에서 발표된 이 보고서는 대형 산불로 인한 서식지 손실, 질병, 기후 변화 등으로 코알라가 생존의 위협을 받고 있으며, 긴급 조치가 없다면 멸종할 수 있다고 경고했다. 한 정부 자문 기구에 따르면, 코알라는 2001년 18만 5,000마리에서 2021년 9만 2,000마리로 절반가량 줄어들었다. 2022년 호주 환경부 장관은 코알라의 주 서식지인 퀸즐랜드·뉴사우스웨일스·수도 준주ACT 등 동부 연안 세 개 지역에서 코알라를 멸종 위기 동물로 지정하고, 보호를 강화하기로 했다.

야코프 로헤베인,
이스터섬 발견

1722

태평양 한가운데 미스터리한 석상이 있다고요?

30초 해결사

남태평양 칠레령 이스터섬에는 사람 얼굴 형태로 조각된 거대한 석상들이 있어요. 모아이 석상이라고 하지요. 모아이 석상은 섬 전체에 걸쳐 약 600개 정도가 있는데, 모두 같은 방향을 바라보고 있다고 해요. 아직 누가 모아이 석상을 만들었는지, 그리고 왜 만들었는지는 밝혀지지 않았어요. 그래서 세계 7대 불가사의 중 하나로 꼽히지요.

#칠레 #이스터섬 #모아이 석상

"아니, 도대체 저 큰 얼굴들은 뭐지?"

남아메리카 칠레 본토에서 약 3,500킬로미터가량 떨어진 남태평양에는 이스터섬이 있어요. 이스터섬은 1722년 태평양을 항해하던 네덜란드의 탐험가, 야코프 로헤베인이 처음 발견했어요. 로헤베인이 이 섬을 발견한 날은 부활절Easter(이스터)이었는데, 여기서 섬 이름을 따와 이스터섬이라고 지었어요. 로헤베인이 발견했을 당시 이스터섬에는 나무 한 그루 없이 황량한 벌판에 수백 개에 달하는 석상들만 서 있는 상태였어요. 기형적으로 긴 귀에 긴 얼굴, 배 앞으로 공손히 모은 양손까지, 석상들의 생김새는 모두 똑같았어요. 크기가 가장 작은 것이 3.56미터, 가장 큰 것은 20.65미터에 무게는 80톤이 넘을 정도로 거대한 석상들이었지요.

이 석상은 1250~1500년 무렵에 제작되었을 것으로 추측돼요. 누가 만들었는지, 그리고 왜 만들었는지에 대해서는 아직 비밀이 밝혀지지 않은 만큼 학계에서도 여러 의견이 분분해요. 섬의 나무를 몽땅 베어 바위를 옮기는 데 썼다는 이야기, 섬의 원주민들이 섬을 지키기 위해 만들었다는 이야기, 외계인이 만들었다는 이야기까지 있지요.

한 방향을 바라보고 있는 모아이 석상(ⓒRivi)

모아이 석상을 반환하라

영국의 공영 방송 BBC는 2024년 2월 칠레의 누리꾼들이 온라인상에서 영국박물관을 상대로 모아이 반환 운동을 벌이고 있다고 보도했다. 칠레의 누리꾼들은 영국박물관의 SNS에 "모아이를 돌려 달라!"라는 댓글을 잇달아 달았다. 이들이 돌려 달라고 요청하는 것은 현재 영국박물관에 전시되어 있는 두 점의 모아이 석상이다. 1869년, 영국의 리처드 파월 해군 제독은 영국 빅토리아 여왕에게 이 모아이 석상들을 선물로 보냈고 빅토리아 여왕은 이를 영국박물관에 기증했다. 한 인플루언서의 주도로 시작된 이 반환 운동이 거세지자, 영국박물관은 더 이상 댓글을 달지 못하도록 막았다. 최근에는 칠레 대통령까지 "모아이 석상 반환 운동에 지지를 표한다"라고 밝히면서, 영국박물관이 어떻게 대응할지 관심이 주목되고 있다.

다른 나라에서 가져온 유물을 돌려줘야 할까?

> 엘긴 마블스는 토머스 엘긴이 오스만 제국 황제에게 합법적으로 허가를 받아 취득한 유물이야. 그리고 엘긴이 엘긴 마블스를 영국으로 가져온 것은 귀한 문화유산을 보존하기 위해서였어. 영국박물관은 문화유산을 관리하고 보존하는 데 뛰어난 능력을 갖추고 있어. 유물은 특정 국가의 소유가 아니라 인류 모두의 소중한 기록이야. 이미 시설을 갖춘 영국박물관에서 계속 유물을 관리하는 게 유물을 더 안전하게 보존할 수 있는 방법이야. 또 영국박물관 같은 세계적인 박물관에서 유물을 전시하면 문화유산을 더욱 널리 알릴 수 있어.

영국 런던에 있는 영국박물관에는 아테네 파르테논 신전의 조각인 '엘긴 마블스'가 전시되어 있다. 19세기 초, 오스만 제국에 파견된 영국 외교관 토머스 엘긴은 파르테논 신전의 조각 253점을 영국으로 가져갔다. 그리스는 1983년부터 영국에 도난당한 이 유물의 반환을 요청했지만, 영국은 엘긴 마블스의 소유권을 주장하며 반환을 거부했다. 영국박물관에는 이 밖에도 이집트의 로제타석, 이스터섬의 모아이 석상 등 여러 다른 나라의 유물들이 전시되어 있다. 여러 나라가 꾸준히 유물의 반환을 요청하고 있지만, 영국은 유물을 반환하지 않겠다는 입장을 고수하고 있다.

유물은 그 나라 민족의 상징이자 정체성이야!

> 영국박물관에서 전시하는 유물들은 영국의 소유가 아니야. 엘긴이 가져온 엘긴 마블스 역시, 오스만 제국의 황제에게 허가를 받았다고는 하지만 사실은 엘긴이 규정을 마음대로 해석해 가져간 것이야. 또 영국만 유물을 관리하고 보존하는 능력을 갖춘 것은 아니야. 정말 유물의 보존이 목적이라면 다른 나라에 유물 보존 기술을 알려 주는 방법도 있어. 유물은 각 나라의 역사를 간직한 기록물이자, 정체성을 나타내는 상징물이야. 영국은 다른 나라의 유물들을 제자리로 돌려줄 의무가 있어.

미국 시카고

대공황으로 일자리를 잃고 구호 식당 앞에 줄을 선 노동자들

6 제국주의와 세계 대전

유럽 열강은 아프리카와 아시아 등지에 진출해 식민지를 늘려 갔어. 식민지 신세가 된 국가들은 자원과 노동력을 착취당하며 큰 고통을 겪었지. 이런 상황 속에서 유럽 열강 간의 갈등이 심해지면서 제1차 세계 대전이 일어났어. 전쟁이 끝나자 미국에서 시작된 대공황이 세계를 휩쓸며 수많은 사람이 고통을 겪었어. 그러던 중 독일은 또 한 번 제2차 세계 대전을 일으키며 전 세계를 전쟁의 소용돌이로 몰아넣었지. 자, 격동의 20세기로 떠나 보자!

세계사
- 1840 제1차 아편 전쟁
- 1857 세포이의 항쟁 시작
- 1869 이집트, 수에즈 운하 개통
- 1894 청일 전쟁
- 1898 파쇼다 사건
- 1904 러일 전쟁
- 1911 신해혁명
- 1912 중화민국 수립
- 1914 제1차 세계 대전 발발

한국사
- 최제우, 동학 창시 1860
- 강화도 조약 체결 1876
- 동학 농민 운동, 갑오개혁 시행 1894
- 대한 제국 수립 1897
- 을사늑약 1905
- 헤이그 특사 파견, 고종 강제 퇴위 1907
- 국권 피탈 1910

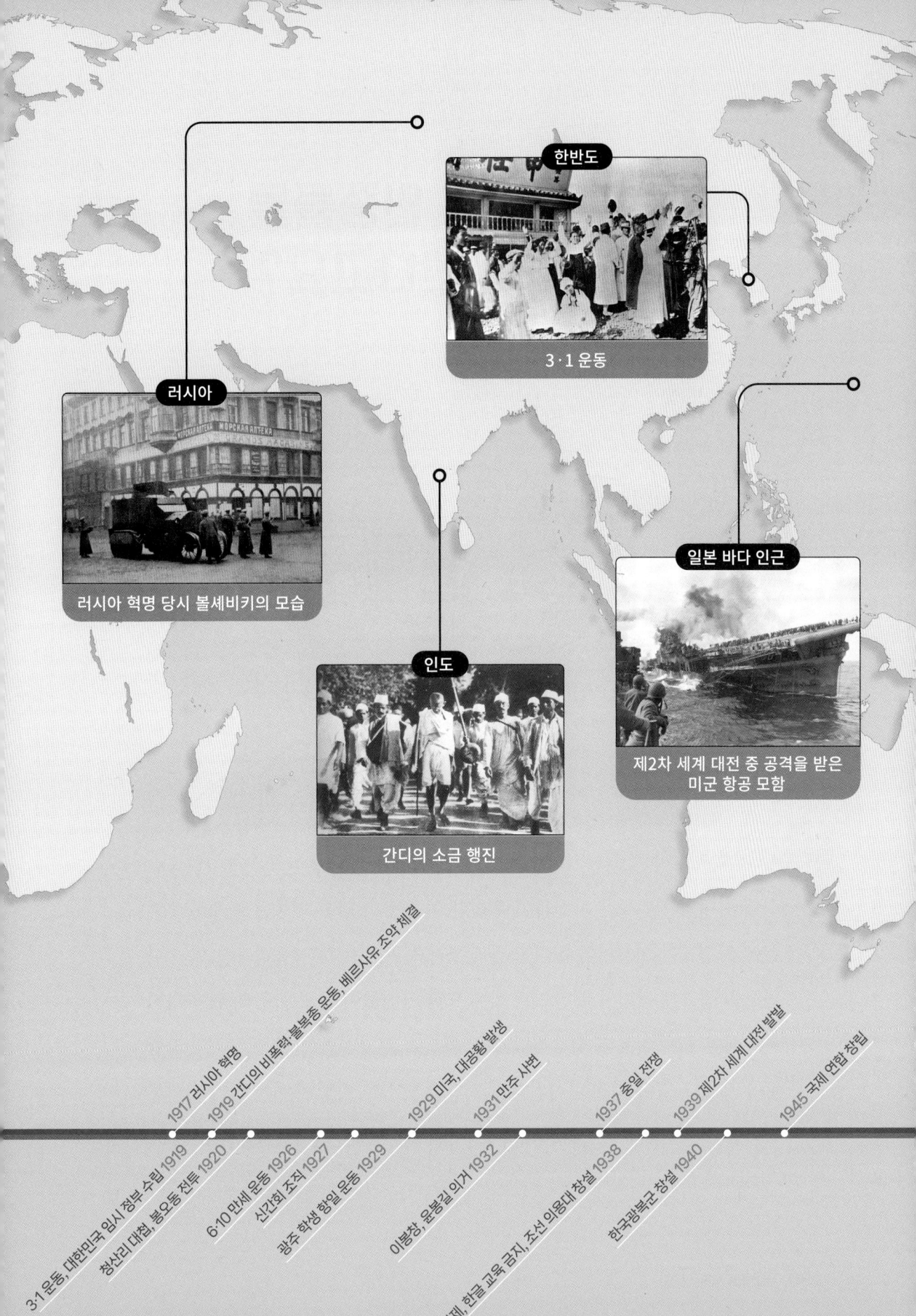

허버트 스펜서의
사회 진화론이 유행

19세기 말

백인이 다른 인종들을 업고 가야 한다고요?

30초 해결사

근대 시대의 백인들은 자신들이 우월한 인종이며, 다른 인종은 미개하기 때문에 자신들이 이끌어야 한다고 생각했어요. 아시아와 아프리카 지역의 나라들을 침략해 식민지로 만드는 이유 또한 자신들이 문명을 전해 줘야 하기 때문이었어요. 잘못된 생각이었지만, 백인들은 자신들이 다른 인종의 사람들을 업고 문명을 향해 나아간다며 정당화했어요. 이렇게 어느 국가가 다른 국가를 정치, 경제 등으로 지배하려는 정책을 '제국주의帝國主義'라고 해요.

#제국주의 #사회 진화론 #인종주의

"식민지를 하나라도 더 차지해야 해. 그래야 세계를 지배하는 강대국이 될 수 있어!"

산업 혁명으로 경제력과 군사력을 키운 유럽의 강대국들은 상대적으로 약한 국가들을 식민지로 만들었어요. 그 이면에는 식민지에서 원료를 값싸게 확보하고, 상품을 식민지에 팔아 경제력을 키우려는 목적이 있었어요. 사람들은 식민지가 일자리 문제를 해결하고 국가의 위상을 높인다고 생각해 제국주의를 지지했지요.

이 시기 유럽에서 크게 유행한 사회 진화론은 제국주의의 침략을 정당화하는 좋은 이유가 되었어요. 사회 진화론은 우월한 나라나 민족이 열등한 나라나 민족을 지배하는 것은 당연하다고 주장하는 이론이에요. 제국주의 국가들은 백인이 다른 인종보다 훨씬 우월하다는 인종주의를 내세웠어요. 유럽 국가가 아시아와 아프리카 국가들을 지배해 그들을 문명인으로 만들어야 한다고 여겼지요. 제국주의 국가들은 식민지를 착취해 자원과 노동력을 얻으며 엄청난 부를 차지했어요.

『퍽 매거진(Puck Magazine)』에 실린 만평(1899. 1. 25.)

제국주의자 세실 로즈의 잘못된 야망

영국의 정치인이자 제국주의자였던 세실 로즈는 남아프리카 지역을 지배하며, 이집트의 카이로와 남아프리카의 케이프타운을 연결해 영국의 식민지를 늘리고자 하였다. 그는 『유언집』에 다음과 같은 말을 남겼다.

"나는 어제 런던의 이스트엔드에서 실업자들을 보았다. 빵을 달라고 외치는 그들의 이야기를 들은 후 집으로 돌아왔을 때, 나는 제국주의가 중요함을 더욱 확신했다. (…) 피비린내 나는 내란을 피하고 싶다면 우리는 제국주의자가 되어 새로운 식민지를 개척해야 한다."

세실 로즈를 풍자한 만평

이집트, 수에즈 운하 개통	영국령 인도 제국 수립	파쇼다 사건
1869	1877	1898

강대국들이 세계 곳곳에서 땅따먹기를 했다고요?

30초 해결사

제국주의 열강은 아프리카 대륙을 식민지로 삼아 국력과 경제력을 키우고자 했어요. 총칼을 앞세워 아프리카를 침략한 다음, 대륙을 땅따먹기하듯 나누어 가졌지요. 이로 인해 아프리카의 국경선은 엉망이 되었고, 식민 지배를 당한 국가들은 지금도 어려운 상황에 놓여 있어요.

• 열강列強: 국제 문제에서 큰 역할을 담당하는 여러 강한 나라를 말해요.

#제국주의 #아프리카 #국경선 #파쇼다 사건

"아프리카에 자원이 그렇게 많다던데, 우리도 한몫 챙겨 볼까?"

아프리카 대륙에 막대한 자원과 잠재성이 있음을 확인한 제국주의 열강은 앞다투어 아프리카 국가들을 침략했어요. 이집트와 케이프타운을 점령한 영국은 식민지로 남북을 잇는 종단 정책을 추진했어요. 알제리를 점령한 프랑스는 식민지로 동서를 잇는 횡단 정책을 추진했지요. 그렇게 식민지를 확장하던 영국과 프랑스는 수단의 파쇼다에서 충돌했어요. 이를 파쇼다 사건이라고 불러요. 독일과 벨기에 등도 아프리카를 차지하기 위해 뛰어들었어요. 엄청난 땅을 손에 넣은 뒤에도 열강은 아시아의 여러 나라에 눈독을 들였어요. 인도를 점령한 영국은 오스트레일리아와 뉴질랜드를 자치령으로 만들었어요. 영국에 밀린 프랑스는 대신 베트남 등이 있는 인도차이나반도를 손에 넣었지요. 미국 또한 쿠바와 필리핀, 하와이 제도를 점령하며 제국주의 국가로 발돋움했어요. 이렇게 식민지를 늘린 열강은 노동력을 착취해 차나 사탕수수 등을 재배하는 대농장인 플랜테이션을 운영했어요.

> 1884년에 베를린 회담이 열리면서, 각 나라가 이미 지배한 지역은 그 지배권을 인정하기로 했어. 또 서양 열강은 자신들 멋대로 아프리카에 국경선을 그었단다.

> 저 때 정해진 국경선이 오늘날 아프리카 국경선에도 영향을 주었군요!

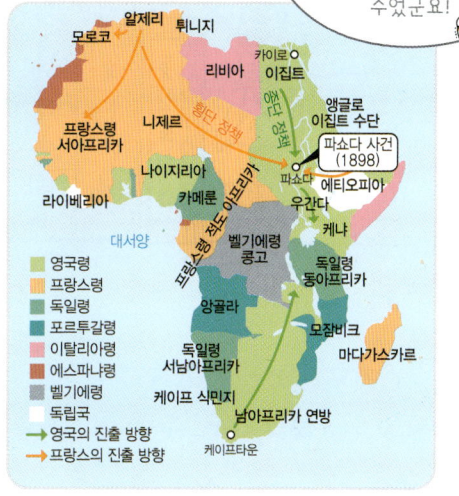

제국주의 열강의 아프리카 분할 지도

독립국을 유지한 아프리카 국가들

서양 제국주의 국가들의 침략에도 식민 통치를 받지 않은 나라들이 있다. 바로 에티오피아 제국과 라이베리아다. 에티오피아 제국의 메넬리크 2세는 19세기 말 이탈리아와의 전쟁에서 승리했다. 이후 제국주의 국가들이 아프리카 대륙을 두고 서로 견제하는 상황을 틈타 독립국의 지위를 유지할 수 있었다. 라이베리아는 노예 해방으로 자유를 얻은 아프리카계 미국인들이 1847년에 세운 아프리카 최초의 공화국이다. 라이베리아는 미국의 지원을 받고 있었기 때문에, 미국을 자극하고 싶지 않아 했던 서양 열강은 라이베리아를 독립국으로 인정했다.

메넬리크 2세

플라시 전투로 영국이 벵골 지역 통치권 차지	세포이의 항쟁 시작	영국령 인도 제국 수립
1757	1857	1877

동인도 회사는 무역 회사인데 군대를 두고 있었다고요?

회사를 군인들이 지키고 있네.

경호원일지도 몰라.

이 회사는 식민지를 관리하기 위해 세워진 거야.

30초 해결사

영국, 프랑스, 네덜란드 등은 아시아에 진출하기 위해 동인도 회사를 세웠어요. 동인도 회사는 단순한 회사가 아니라, 유럽 열강이 아시아의 나라들을 식민지화하기 위해 만든 무역 회사예요. 무역 업무를 처리할 뿐만 아니라 군대를 두기도 했고, 국가를 대신해 식민지를 경영하고 조약을 체결하기도 했어요. 영국은 인도 무역, 네덜란드는 인도네시아 무역을 위해 동인도 회사를 세웠어요. 제국주의 침략의 핵심적인 역할을 했지요.

#동인도 회사 #제국주의 #식민지

동인도 회사는 식민지를 착취하면서 무역으로 많은 이익을 거두어들였어요. 제국주의 국가들은 이를 통해 크게 성장했지만, 식민 지배를 받는 국가들은 더욱 고통스러워졌지요. 이는 아시아뿐 아니라 아프리카 국가들도 마찬가지였어요. 당시 독일, 영국, 프랑스, 벨기에는 아프리카 국가들을 지배하면서 각기 다른 방식으로 사람들을 탄압했어요. 아래 삽화는 토마스 하이네라는 화가가 그린 풍자화예요. 차례로 살펴볼까요?

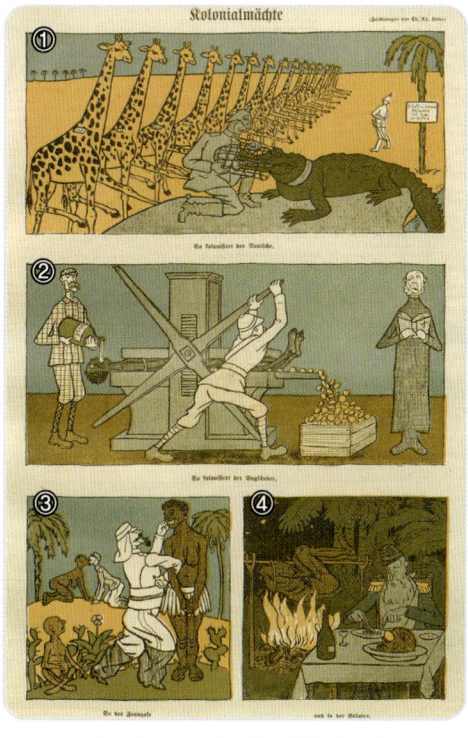

『심플리치시무스』에 실린 제국주의 풍자화
(토마스 하이네, 1904. 5. 3.)

① 독일 식민지에서 기린과 악어가 훈련을 받는 그림이에요. 엄격한 질서와 규정으로 식민지를 지배하는 독일의 모습을 풍자했어요.
② 영국 식민지에서 상인이 원주민에게 강제로 럼주를 먹이는 동안 군인이 원주민을 착취해 금화를 짜내는 모습을 그렸어요. 옆에서 성직자가 신의 뜻이라며 착취를 정당화하고 있어요.
③ 프랑스 식민지에서 침략자들이 원주민을 놀잇감으로 여기는 모습을 풍자했어요.
④ 벨기에 식민지(콩고)에서 악명 높은 레오폴드 2세가 원주민을 요리해 먹는 모습을 그렸어요.

조선을 수탈하기 위해 세워진 동양 척식 주식회사

일본은 조선을 효과적으로 침략하기 위해 동인도 회사를 모방했다. 바로 동양 척식 주식회사다. 동양 척식 주식회사는 조선의 농지를 차지하여 자원을 수탈하기 위해 1908년 설립되었다. 땅에 높은 소작료를 매겨 농민들을 착취했으며, 일본인을 조선에 이주시켜 농사를 짓게 했다. 국가 소유의 땅과 황무지 또한 빼앗아 경제권을 잡았으며, 여러 사업을 통해 조선의 물자를 일본으로 이동시켰다.

동양 척식 주식회사

영국, 최초의 세계 박람회 개최	파리 세계 박람회	브뤼셀 세계 박람회
1851	1889	1958

세계 박람회에서 무서운 전시를 운영했다고요?

30초 해결사

제국주의 시대에는 사람이 사람을 구경하는 전시회가 유행했어요. 1889년 파리 박람회는 에펠탑이 만들어진 박람회로 잘 알려져 있는데, 여기에는 400명의 원주민을 끌고 와 전시한 '흑인 마을'도 있었어요. 인종이 다르다는 이유만으로 원주민들을 동물원의 동물처럼 전시한 것이에요. 비인간적인 대우를 받은 원주민들은 정신적인 충격을 받거나 스스로 목숨을 끊기도 했어요.

#세계 박람회 #인간 동물원 #인종주의

"박람회장에 조선 동물 두 마리가 있는데 아주 우습다."

1907년 도쿄에서 열린 박람회에서 일본이 조선인 남녀 두 명을 전시한 끔찍한 사건이 일어났어요. 일본의 신문사는 그 사건을 두고 위와 같이 표현했어요. 오늘날 엑스포EXPO라고 불리는 세계 박람회에서 가장 인기 있었던 장소는 인종주의와 사회 진화론에 바탕을 둔 인간 동물원이었어요. 서양 열강은 박람회에 식민지 사람들을 강제로 데려와 마치 동물처럼 전시했는데, 일본이 이를 따라 한 것이지요.

세계 박람회는 각국의 문물을 보여 주고 전시하고자 19세기 중반 런던에서부터 시작되었어요. 박람회에는 여러 나라가 참가해 각국의 생산품을 전시해요. 하지만 실상은 선진 기술을 소개함과 동시에, 산업 혁명과 제국주의로 경제적 성공을 거둔 열강의 국력을 과시하는 자리였어요. 인간 동물원은 식민 지배를 정당화하고, 다른 인종을 놀잇감으로 여겨 조롱하는 수단이었어요. 박람회를 통해 백인이 다른 인종보다 우월하다는 인종주의를 교묘하게 확산시킨 것이지요.

> 끌려온 원주민들은 추운 날씨에도 전통 의상을 입도록 강요당했어. 죽은 뒤에는 해부되거나 박제가 되기도 했지.

> 같은 사람에게 어떻게 그런 끔찍한 짓을 저지를 수 있었을까요?

1904년 세인트루이스 세계 박람회에 전시된 필리핀 원주민들의 모습

식민 지배를 정당화하기 위한 박람회, 조선 물산 공진회

1915년, 일본은 경복궁에서 조선 물산 공진회를 개최했다. 하지만 이 박람회는 일본이 자신들의 식민 지배를 정당화하기 위한 자리였다. 산업의 진흥과 문명 개화를 명분으로 내세웠지만, 실상은 1910년부터 진행된 식민 지배 5년 동안의 성과를 홍보함으로써 조선을 일본에 동화시키고자 했다. 일본은 조선인을 열등한 민족으로 낮춰 보았고, 역사와 전통을 지닌 경복궁을 부순 뒤 박람회장을 만드는 등의 만행을 저질렀다.

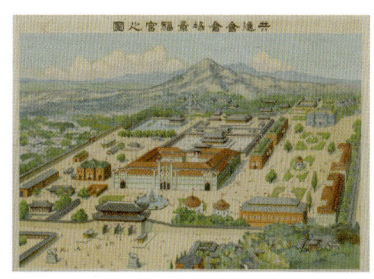

조선 물산 공진회 광고지(국립민속박물관 제공)

제1차 아편 전쟁 발발	난징 조약 체결	제2차 아편 전쟁 발발
1840	1842	1856

영국이 마약 때문에 중국을 침략했다고요?

30초 해결사

영국은 청나라와의 무역에서 항상 적자를 보았어요. 차와 비단, 도자기는 유럽에 인기가 많았던 반면 유럽의 물건은 청나라에서 인기가 없었거든요. 허가받은 상인인 공행을 통해서만 무역이 이루어져 제약도 많았지요. 영국은 이를 해결하기 위해 인도에서 생산한 마약인 아편을 몰래 청나라에 수출했어요. 아편에 취한 사람들로 사회 문제가 많아지자 청나라는 아편을 몰수하고 단속했어요. 그러자 영국은 이를 구실로 전쟁을 일으켰어요.

#아편 전쟁　#난징 조약　#의화단　#홍콩 반환

"청나라가 동양의 강대국인 줄 알았더니, 이빨 빠진 호랑이였잖아?"

1842년 영국은 청나라와 전쟁에서 승리했어요. 이 전쟁을 제1차 아편 전쟁이라고 불러요. 패배한 청나라는 영국과 난징 조약을 체결했어요. 이를 통해 상하이 등 다섯 개 항구를 개항해야 했고, 홍콩 지역을 영국에 빼앗기게 되었지요.

그러나 아편 전쟁에서 승리한 뒤에도 영국은 무역에서 계속 적자를 보았어요. 이에 프랑스와 연합해 제2차 아편 전쟁을 일으켰지요. 이 전쟁에서도 패배한 청나라는 톈진 조약과 베이징 조약을 맺어 항구를 추가로 개항하고, 외국 외교관이 베이징에 머무는 것을 허용해야 했어요.

이제 유럽 열강에게 청나라는 동양의 강대국이 아닌 침략해야 할 대상이었어요. 이 같은 상황에 분노한 청나라 사람들은 1899년 서양 세력을 없애자며 의화단이라는 조직을 만들었어요. 의화단은 서양 선교사와 외교관을 공격하고, 교회와 철도 등 서양 시설을 파괴하며 무장봉기를 일으켰어요. 그러나 영국, 독일 등 서양 열강이 보낸 연합군에게 진압당했지요. 열강은 청나라에 의화단으로 인해 입은 피해의 책임을 물었고, 결국 청나라는 거액의 배상금을 지급하는 동시에 외국 군대가 청나라에 머무는 것을 허용해야 했어요.

당시 아편에 중독된 사람들의 모습이야.

아편을 사려고 가족을 팔아넘기기도 했대!

이때의 경험 때문에 지금도 중국은 마약 관련 범죄에 매우 강경하게 대응하고 있지.

영국에서 중국으로, 홍콩 반환의 역사

청나라의 영토였던 홍콩은 150년 이상 영국의 지배를 받았다. 제1차 아편 전쟁 이후 영국은 홍콩을 점령했고, 제2차 아편 전쟁 이후에는 홍콩과 그 주변 지역을 99년 동안 빌려 통치하는 내용의 협정을 맺었다. 시간이 흘러 1997년 7월 1일, 영국이 중국에 홍콩의 주권을 반환하는 홍콩 반환식이 열렸다. 홍콩은 중국으로 반환되어 중국의 특별 행정구가 되었다. 그러나 홍콩은 현재 중국 공산당의 통치로 자치권을 잃고 민주주의가 쇠퇴하고 있다. 시민들은 간섭에 반발해 민주화 시위를 이어 갔으나 공산당은 이를 통제했다.

변법자강 운동	의화단 운동	신해혁명
1898	1899	1911

중화민국이 생기자 짜장면 가게 이름이 바뀌었다고요?

30초 해결사

청나라가 외세의 공격으로 쇠락하자 청나라 사람들은 왕조를 타도하고 국민이 주인이 되는 새로운 나라를 만들고자 했어요. 청나라 정부에 대한 반감은 각지에 퍼져 나갔어요. 1911년, 신해혁명이 일어나 마침내 청나라가 멸망했지요. 이후 중국에는 중화민국이라는 새로운 민주 공화국이 세워졌어요. 당시 인천에 있던 중식당 산동회관은 크게 기뻐하며 가게 이름을 공화국에 봄이 왔다는 뜻인 '공화춘'으로 바꾸었어요.

#신해혁명 #쑨원 #삼민주의 #위안스카이

"무능력한 청나라 왕조를 몰아내고 새 나라를 세우자!"

제국주의 열강의 침략으로 청나라는 혼란에 빠졌어요. 바깥으로는 종교 집단인 상제회가 태평천국을 세우고 반란을 일으켜 청나라의 지위가 흔들렸어요. 안으로는 서양 기술을 받아들이는 양무운동, 정치 제도를 개혁하려는 변법자강 운동과 같은 움직임이 있었으나 황실의 반대로 실패하는 일이 있었어요. 설상가상으로 의화단이 서양 열강에 진압되며 청나라의 위상은 바닥으로 떨어졌지요.

신해혁명의 주역인 쑨원의 모습

이런 상황에서 쑨원을 비롯한 혁명가들은 청나라 왕조를 몰아내고 새로운 나라를 세우고자 했어요. 1911년, 청나라 정부는 철도를 나라에서 개발하겠다고 선언하며 서양에 자본을 빌리려고 했어요. 이에 수많은 시민, 군인, 혁명가가 우창 지역에서 봉기를 일으켰어요. 이를 신해혁명이라고 해요. 혁명은 중국 전체로 퍼져 나갔어요. 혁명파는 난징을 점령한 뒤 쑨원을 임시 대총통으로 세웠어요. 중국 최초의 공화국인 중화민국은 이렇게 생겨났어요.

중화민국 수립을 선포한 쑨원은 정치 규범으로 삼민주의를 내세웠어요. 어떤 내용인지 같이 살펴볼까요?

민족주의 만주족을 몰아내고 한족의 국가를 세우며, 제국주의 국가에 저항한다.
민권주의 황제가 아니라 국민이 주인이 되는 민주주의 국가를 세운다.
민생주의 토지를 고르게 분배해 국민의 생활을 안정시킨다.

개념연결 황제가 되고 싶었던 위안스카이

신해혁명으로 중화민국이 수립되자, 청나라 정부는 당시 내각 총리대신이었던 위안스카이에게 혁명을 진압할 것을 명령했다. 권력에 욕심이 많았던 위안스카이는 쑨원과 협상해 임시 대총통 자리를 넘겨받았고, 군대를 돌려 청나라를 멸망시켰다. 권력을 잡은 위안스카이는 자신에게 반대하는 세력을 처리한 뒤 스스로 중화제국의 황제가 되었다. 쑨원을 비롯한 혁명당과 군벌 세력들은 이에 반대하며 전쟁을 일으켰고, 위안스카이는 황제 자리에서 물러난 뒤 사망했다. 이후 중국은 각지의 군벌들이 세력을 다투며 다시 혼란기에 빠져들었다.

위안스카이

신해혁명	3·1 운동	5·4 운동
1911	1919	1919

3·1 운동이 중국과 인도에도 큰 영향을 주었다고요?

30초 해결사

1919년 우리나라에서 일어난 항일 독립운동인 3·1 운동은 중국과 인도에 큰 영향을 주었어요. 당시 조선처럼 식민 지배를 받고 있었던 중국과 인도의 독립 운동가들은 학생들을 비롯해 많은 국민이 탄압에 굴하지 않고 식민 지배에 맞서는 모습에 큰 감명을 받았어요. 그 결과 중국과 인도에서도 3·1 운동과 같은 대규모 독립 운동이 펼쳐지는 데 영향을 미쳤어요.

#3·1 운동   #파리 강화 회의   #5·4 운동

"밖으로는 국권을 지키자! 안으로는 매국노를 몰아내자!"

중국이 혼란스러운 와중에 제1차 세계 대전이 벌어지자, 일본은 중국에서 자신들의 이권을 챙기고자 했어요. 바로 독일의 영향 아래에 있던 산둥반도의 칭다오를 점령한 것이지요. 전쟁이 끝나자 중국은 파리 강화 회의에서 칭다오를 돌려 달라고 요청했어요. 그러나 서양 열강은 일본의 칭다오 지배를 인정하면서 일본 편을 들어주었지요.

톈안먼에 모인 시위대의 모습

중국인들은 이 소식에 분노했어요. 그러던 중 조선의 3·1 운동 소식이 알려지며, 중국도 조선처럼 행동해야 한다는 움직임이 일어났어요. 그렇게 1919년 5월 4일, 베이징의 톈안먼 광장에서 학생 3,000여 명을 중심으로 대규모 항의 시위가 벌어졌어요. 시위는 3·1 운동처럼 중국 전역으로 퍼져 학생뿐 아니라 전 국민이 참여하는 민족 운동으로 발전했어요. 이를 5·4 운동이라고 해요.

> 지금 일본은 칭다오를 삼키고 산둥의 모든 권리를 가지려 한다. 중국의 영토가 파괴되면, 중국은 망할 것이다. (…) 중국의 영토는 정복될지언정 나눠서 넘겨줄 수 없다. 중국 국민은 죽을지언정 굴복할 수 없다. (…) 중국은 망하려 한다. 동포여, 일어나라!
>
> – 5·4 운동 당시 중국 학생의 톈안먼 선언

딸에게 보낸 네루의 편지

인도의 독립 운동가 자와할랄 네루는 딸에게 보낸 편지에 3·1 운동을 자세히 소개했다. 영국에게 식민 지배를 당하고 있는 인도에서도 3·1 운동과 같은 독립 운동이 펼쳐지길 바랐던 것이다.

"조선에서는 오랫동안 독립을 위한 항쟁이 계속되어 여러 차례 폭발했다. 그 가운데서도 중요한 것은 1919년의 독립 만세 운동이었다. (…) 일본이 한국인을 탄압한 역사는 실로 쓰라린 암흑의 일막이다. 조선에서 젊은 여성과 소녀가 투쟁에서 중요한 역할을 했다는 사실을 안다면 너도 틀림없이 깊은 감동을 받을 것이다."

자와할랄 네루

일본 개항
1854

메이지 유신
1868

일본 제국 헌법 선포
1889

미국이 함포를 쏘면서 일본에 다가갔다고요?

미국 사람들이 일본에 놀러 왔나 봐.

칼을 든 걸 보니 놀러 온 건 아닌 거 같은데.

미국과 일본이 외교 관계를 맺는 장면이야.

30초 해결사

청나라가 아편 전쟁에서 패배하자, 일본의 에도 막부는 서양을 경계하기 시작했어요. 이 무렵 미국의 페리 제독이 함대를 이끌고 나타나 대포를 쏘며 항구를 열고 통상하자고 위협했어요. 이에 일본은 미국에 굴복해 미·일 화친 조약(1854), 미·일 수호 통상 조약(1858)을 체결했어요. 이때 맺은 조약들은 미국에 일방적으로 유리한 불평등 조약이었어요.

•통상通商: 나라들 사이에 서로 물품을 사고파는 것을 의미해요.

#개항 #불평등 조약 #메이지 유신

"맙소사, 막부가 이렇게 무능할 줄은 몰랐어!"

일본 내에서는 경제를 망치고 미국과 굴욕적인 외교를 한 막부의 행동을 비판하는 목소리가 높아졌어요. 불만을 품은 하급 무사들은 서양을 몰아내고 무능한 막부를 타도하자는 존왕양이 운동을 일으켰어요. 그 결과 에도 막부는 무너지고 메이지 천황을 중심으로 한 메이지 정부가 만들어졌어요.

메이지 정부는 서양 문물을 수용하는 근대화 정책인 메이지 유신을 단행했어요. 먼저 에도의 이름을 도쿄로 고쳐 수도로 삼고, 봉건제를 없앤 뒤 중앙 집권 제도를 확립했어요. 또 신분 제도를 없애고 의무 교육을 시행했어요. 유학생들과 사절단을 해외로 보내 서양 문물을 익히게 하고, 이를 통해 서양의 기술을 들여와 경제를 발전시켰어요.

메이지 정부는 또한 천황을 중심으로 강력한 군주 국가를 만들고자 했어요. 메이지 정부는 일본 제국 헌법을 제정하고 의회를 설립해 입헌 군주국의 형태를 갖추었으나, 실상은 천황에게 모든 권력이 집중된 형태였어요. 금세 근대 국가의 대열에 합류할 정도로 발전한 일본은 제국주의의 야심을 조금씩 드러내기 시작했어요.

서양 제복을 입은 메이지 천황

일본 정부는 전통 종교인 신토를 국교로 만들고, 천황을 신의 후손으로 신격화했단다. 국민이 천황을 중심으로 뭉치길 바랐던 거지.

사람이 신이 된다고? 말도 안 돼!

그래서 메이지 천황의 권력이 막강해진 거군요!

한국·중국·일본의 불평등 조약

한국, 중국, 일본은 개항하면서 강대국의 군사적 위협이나 압박 속에서 불평등 조약을 맺었다. 이들 조약은 강대국과 약소국 사이의 불평등한 관계를 잘 보여 준다. 약소국은 먼저 항구를 개항하고 불리한 무역 조건을 맺는다. 그리고 강대국 국적의 사람이 약소국에서 범죄를 저지르면 약소국이 아닌 강대국의 법으로 처벌한다는 영사 재판권을 적용한다. 서양 열강과 맺은 이와 같은 불평등 조약으로 인해 동아시아 3국의 경제와 사회는 크게 흔들리게 되었다.

청일 전쟁에서 일본 승리	러일 전쟁에서 일본 승리	포츠머스 조약
1894	1904	1905

청나라와 러시아가 일본에 쩔쩔맸다고요?

30초 해결사

일본은 청일 전쟁과 러일 전쟁에서 차례로 승리하며 제국주의 국가의 모습을 갖춰 갔어요. 그 배경에는 서양 근대 국가를 목표로 한 메이지 유신이 있었어요. 국력이 강해진 일본은 조선을 식민지로 만들고 중국에 진출하고자 했어요. 그 과정에 조선을 두고 마찰을 빚었던 청나라, 러시아와 전쟁을 벌여 승리한 거예요. 주변 강대국들과의 전쟁에서 승리하며 일본은 동아시아의 새로운 강자로 떠올랐어요.

#청일 전쟁 #러일 전쟁 #제국주의 #이와쿠라 사절단

1894년, 조선에서 동학 농민 운동이 일어나자 일본은 제국주의의 욕망을 드러냈어요. 조선 정부가 동학 농민군 진압을 위해 청나라에 파병을 요청하자, 톈진 조약을 이유로 들며 일본도 조선에 군대를 파병했어요. 이후 동학 농민군과 협정을 맺은 조선은 청나라와 일본에게 군대를 물리라고 요청했으나 일본은 그럴 생각이 없었어요. 군대를 이용해 경복궁을 점령한 일본은 조선 땅에서 청나라와 전쟁을 벌였어요. 이 전쟁을 청일 전쟁이라고 해요. 전쟁에서 진 청나라는 조선에 대한 권리를 포기하고, 랴오둥반도와 타이완섬을 일본에 넘겨야 했어요.

동아시아의 주도권을 잡은 일본은 근대화가 성공했다고 생각했어요. 이에 본격적으로 제국주의 팽창 정책을 펼쳤지요. 일본은 한반도의 주도권을 놓고 대립하고 있던 러시아를 먼저 공격하며 러일 전쟁을 일으켰어요. 영국과 동맹을 맺은 일본은 전쟁에서 승리했고, 대한 제국에 미치는 자신들의 영향력을 확대했어요. 1905년 을사늑약을 맺으며 외교권을 빼앗았고, 1910년 대한 제국의 국권을 빼앗아 식민지로 만들었지요.

러일 전쟁의 승리로 일본은 서양 열강과도 싸울 수 있다는 자신감을 얻었지.

러시아군을 향해 돌진하는 일본군의 모습이야!

당시 일본은 이러한 선전물을 만들어 국민의 애국심을 높였대.

일본의 근대화를 이끈 이와쿠라 사절단

메이지 유신에 성공한 일본은 미국을 비롯한 서양과 맺은 불평등 조약을 개정하고, 서양의 문물과 제도를 조사하고자 미국에 사절단을 파견했다. 이와쿠라 도모미가 사절단을 이끌었고, 이토 히로부미를 비롯한 당시 지식인들이 함께했다. 사절단은 1871년부터 1년 10개월 동안 미국과 영국 등 12개국을 돌아 다녔다. 이들은 불평등 조약의 개정에는 실패했지만 서양의 문물과 제도를 조사하며 서구화의 필요성을 깨닫게 되었다. 메이지 유신을 이끈 일본의 고위층이었던 사절단은 일본이 근대화 정책의 방향을 설정하는 데 큰 영향을 끼쳤다.

이와쿠라 사절단의 모습

3국 동맹 성립	3국 협상 성립	사라예보 사건
1882	1907	1914

발칸반도가 유럽의 화약고였다고요?

30초 해결사

유럽 동남부 지역에 있는 발칸반도는 오랫동안 오스만 제국의 지배를 받았어요. 제국주의 열강이 힘을 키우고 오스만 제국의 힘이 약해지자 발칸반도 곳곳에서 여러 민족의 독립 운동이 일어났어요. 이 지역은 여러 민족과 종교가 얽혀 있고, 지리적으로는 유럽 동쪽과 서쪽을 잇는 곳이었어요. 발칸반도 국가들의 싸움과 열강의 견제로 언제든 전쟁이 일어날 수 있었지요. 발칸반도가 언제 터질지 모르는 '유럽의 화약고'라고 불렸던 이유예요.

#발칸반도 #제1차 세계 대전 #사라예보 사건

"오스트리아·헝가리 제국은 세르비아에 전쟁을 선포한다!"

1914년 6월, 한 세르비아 청년이 보스니아의 사라예보를 방문한 오스트리아·헝가리 제국의 황태자 부부에게 총을 쏘았어요. 이 사건을 사라예보 사건이라고 해요. 이 사건으로 '유럽의 화약고'였던 발칸반도는 전쟁의 열기에 휩싸였어요. 제1차 세계 대전이 시작된 것이지요. 사라예보 사건은 어떻게 세계 대전으로 확장되었을까요?

당시 발칸반도에서는 러시아를 필두로 한 세르비아 등 슬라브 국가들과 독일, 오스트리아·헝가리 제국 등의 게르만 국가들이 각각 범슬라브주의와 범게르만주의를 내세우며 대립하고 있었어요. 그러던 중 사라예보 사건이 터지자 오스트리아·헝가리 제국이 세르비아에 선전 포고를 하면서 전쟁이 일어나게 된 거예요.

『르 프티 주르날Le Petit Journal』에 실린 사라예보 사건 삽화(1914. 7. 12.)

19세기 유럽의 제국주의 국가들은 민족과 국가의 이해관계를 따져 동맹과 협상을 맺었어요. 독일과 오스트리아·헝가리 제국, 이탈리아는 프랑스를 견제하기 위해 3국 동맹을 맺었고, 이에 맞서 프랑스도 영국, 러시아와 3국 협상을 맺었지요. 이를 각각 동맹국, 연합국(협상국)이라고 불러요. 오스트리아·헝가리 제국의 선전 포고로 전쟁이 시작되자 동맹국과 연합국이 잇달아 참전하면서 제1차 세계 대전이 시작되었어요.

미국의 제1차 세계 대전 참전

영국이 바다를 통해 독일로 들어오는 물자를 막자, 독일은 영국 인근 바다를 지나는 선박을 무차별적으로 공격하는 무제한 잠수함 작전을 일으켰다. 그때 뉴욕에서 리버풀로 향하던 미국의 여객선 루시타니아호가 침몰하는 사건이 일어났다. 이에 미국 내에서는 전쟁에 참여하자는 여론이 우세해졌다. 이후 1917년, 독일이 멕시코를 부추겨 미국과 싸우게 하려는 전보를 영국이 해독했다. 멕시코가 독일을 도와 미국을 공격하면 미국에 빼앗긴 멕시코 땅을 돌려준다는 내용이었다. 이를 전해 들은 미국은 참전을 결정했고, 이후 미국의 활약으로 전쟁은 연합국에 유리하게 전개되었다.

침몰하는 루시타니아호
(©German Federal Archives)

제1차 세계 대전
1914~1918

트렌치코트에
무서운 역사가 숨어 있다고요?

30초 해결사

오늘날 사람들이 즐겨 입는 트렌치코트는 제1차 세계 대전에서 유래했어요. 트렌치trench는 '도랑', '참호'라는 뜻이에요. 참호는 적들의 공격을 방어하기 위해 땅을 파 놓은 방어 공간을 뜻해요. 제1차 세계 대전에 참전한 나라들은 참호를 파고 그 안에 들어가 오랫동안 대치했어요. 이때 영국군이 참호 안에서 비와 추위를 견디기 위해 입었던 우비가 바로 트렌치코트예요.

#트렌치코트 #제1차 세계 대전 #참호전 #총력전

제1차 세계 대전은 인류 역사상 가장 큰 규모의 전쟁이었어요. 전쟁이 시작되자 독일은 동부 전선으로는 러시아를 공격했고, 서부 전선으로는 영국과 프랑스를 공격했어요. 영국, 프랑스, 러시아가 강하게 저항하자 전쟁은 장기전이 되었어요. 양측은 수천 킬로미터의 참호를 파고 전투하는 참호전을 전개했어요. 참호 때문에 진격이 어려워 많은 병력이 희생되었지요.

산업 혁명으로 이룬 기술의 발전은 전쟁이 일어나자 사람을 죽이는 데 이용되었어요. 탱크, 잠수함, 기관총, 독가스 등의 신무기가 계속 등장했어요. 또 모든 나라가 전쟁에서 이기기 위해 모든 전력을 동원하는 총력전을 전개했어요. 여성들은 군수품을 생산했고 병사들은 계속해서 투입되었지요.

참호에서 전투를 준비하는 영국 병사들

미국이 전쟁에 참여한 이후 전쟁은 연합국에 유리해졌어요. 독일은 서부 전선에서 계속 패배했고, 오스만 제국과 불가리아 등의 동맹국들은 전세가 불리해지자 연이어 연합국에 항복했어요. 상황이 나빠지자 독일 내부에서는 혁명이 일어나 황제가 물러나고 공화국이 세워졌어요. 이어 독일 공화국 정부가 연합국과 조약을 체결하면서 제1차 세계 대전은 연합국의 승리로 끝이 났어요.

전쟁을 반대한 예술가, 케테 콜비츠

1914년 10월, 독일의 대표적인 예술가로 꼽히는 케테 콜비츠는 "당신의 아들이 전사했습니다"라는 통지서를 받고 통곡했다. 제1차 세계 대전에 자원 입대한 둘째 아들은 전쟁터에 나간 지 두 달 만에 18세의 나이로 목숨을 잃었다. 케테 콜비츠는 이후 아들을 잃은 슬픔과 고통을 예술로 표현했다. 또 전쟁으로 가족을 잃은 사람들을 대변해 전쟁을 반대하는 작품을 많이 만들었다. 꺼지지 않는 전쟁의 열기 속에서, 케테 콜비츠는 사람들의 고통과 피해가 다시 반복되지 않기를 바랐다.

케테 콜비츠, 「전쟁은 이제 그만 (Never Again War)」(1924, 독일 케테콜비츠박물관 소장)

제1차 세계 대전 발발	제1차 세계 대전 종식	베르사유 조약 체결
1914	1918	1919

크리스마스에는 잠시 전쟁을 쉬었다고요?

30초 해결사

1914년 12월 24일, 총탄이 빗발치던 전장에 크리스마스 캐럴이 울려 퍼졌어요. 독일군과 영국군은 참호 밖으로 나와 서로 이야기를 나누었어요. 크리스마스 때만큼은 전쟁하지 말자며 여러 지역에서 전투를 멈춘 것이에요. 이들은 서로의 가족사진을 함께 보고, 축구 경기를 하는 등 평화로운 시간을 가졌어요. 이 일을 크리스마스 정전이라고 해요. 하지만 정전은 한 번뿐이었어요. 서부 전선에서는 그 후로도 계속해서 전투가 이어졌어요.

#제1차 세계 대전 #크리스마스 정전 #서부 전선

제1차 세계 대전 당시 프랑스와 독일 국경 부근의 서부 전선에서는 전쟁이 끊이지 않았어요. 독일은 프랑스를 점령하고자 진격했고, 프랑스가 밀리면 영국이 위기를 맞기 때문에 영국은 프랑스를 도와 병력을 투입했지요.

서부 전선의 전투는 참혹했어요. 참호전을 전개하면서 밤낮을 가리지 않고 치열한 전투가 벌어졌어요. 참호 1킬로미터를 차지하기 위해 무려 1만 5,000여 명의 병사가 목숨을 잃기도 했어요. 비가 오면 참호 안은 물과 진흙으로 엉망이 되었고, 쥐가 들끓으며 전염병이 퍼지기도 했지요.

방독면을 착용하는 병사들

에리히 마리아 레마르크가 쓴 『서부 전선 이상 없다』라는 소설을 보면 당시의 참혹했던 상황이 잘 표현되어 있어요. 전쟁의 문제와 평화의 소중함을 다룬 이 소설은 당시 전쟁의 고통과 비참함을 잘 보여 주고 있어요.

> 온 전선이 쥐 죽은 듯 조용하고 평온하던 1918년 10월 어느 날 우리의 파울 보이머는 전사하고 말았다. 그러나 사령부 보고서에는 이날 '서부 전선 이상 없음'이라고만 적혀 있을 따름이었다. (…) 그는 그렇게 된 것을 마치 흡족하게 여기는 것처럼 무척이나 태연한 표정을 짓고 있었다.
>
> – 『서부 전선 이상 없다』(열린책들, 2009), p.304

개념 연결 6·25 전쟁의 비극, 「형제의 상」

서울 용산 전쟁기념관 입구에는 「형제의 상」이라는 특별한 조형물이 있다. 조형물은 국군 복장을 한 형과 인민군 복장을 한 동생이 서로를 알아보고 껴안은 모습이다. 이는 실제 일어났던 형제의 일화를 작품으로 재현한 것이다. 형은 국군 장교로 전쟁에 참여했고, 동생은 북한군에 강제로 징집되어 전투에 나섰다. 치열한 전투 중 형은 도망치는 동생을 알아보았다. 형은 그대로 동생을 쫓아가 그의 생명을 살렸다. 6·25 전쟁은 같은 민족끼리 서로 총부리를 겨누는 비극적인 전쟁이었다. 「형제의 상」은 그 아픔을 딛고 평화로 나아가자는 메시지를 담고 있다.

「형제의 상」
(전쟁기념관 제공)

제1차 세계 대전 발발	프리츠 하버, 암모니아 합성법으로 노벨 화학상 수상	제1차 세계 대전 종식
1914	1918	1918

노벨상을 받은 죽음의 과학자가 있다고요?

30초 해결사

독일의 과학자 프리츠 하버는 두 얼굴의 과학자로 유명해요. 하버는 공기의 약 80퍼센트를 차지하는 질소를 이용해 인공 비료를 만드는 법을 개발했어요. 그 결과 인공 비료의 대량 생산이 가능해졌고, 많은 사람이 굶주림에서 벗어났어요. 그 업적을 인정받아 1918년 노벨 화학상을 받았어요. 한편, 하버는 제1차 세계 대전 중 독일군을 위해 대량 살상용 독가스를 만든 인물이기도 해요. 이 일로 프리츠 하버는 사람들에게 '죽음의 과학자'라는 비판을 받았어요.

#제1차 세계 대전   #독가스   #서부 전선   #프리츠 하버

중학교에 가면 Ⅴ 세계 대전과 사회 변동 1. 세계 대전과 국제 질서의 변화 ① 제1차 세계 대전이 일어나다

"콜록, 콜록. 독가스 공격이다! 다들 방독면을 써!"

제1차 세계 대전 당시 독일은 서부 전선에 독가스를 사용해 공격했어요. 이로 인해 연합군 병사들이 눈이 멀거나 생명을 잃는 등의 피해를 입자, 연합국도 독가스 등의 화학 무기로 대응했어요. 독가스는 참호에 숨은 병사들에게도 효과가 있었기 때문에, 참전국들은 주저하지 않고 독가스를 사용하며 인명 피해를 더욱 키웠어요.

독가스에 피해를 입은 병사들은 치료를 받은 후에도 평생 후유증에 시달렸어요. 발전한 과학 기술은 인류의 생활을 편리하게 만들어 주었지만, 동시에 위험한 무기로도 사용되어 엄청난 비극을 일으켰어요. 과거의 역사를 교훈 삼아, 앞으로 발전하는 과학 기술은 전쟁을 위해서가 아닌 인류와 지구를 위해서 사용되면 좋겠어요.

존 싱어 사전트, 「독가스 중독」(1919, 영국 제국전쟁박물관 소장)

노벨상을 받은 과학자 52명의 선언

제1차 세계 대전 이후에도 독가스, 생화학 무기, 원자 폭탄과 같은 무기는 계속 등장했다. 노벨상을 받은 과학자들은 과학 기술이 군사 목적으로 사용되는 것을 막기 위해 1955년 다음과 같이 선언했다.

"우리는 지나온 인생을 과학에 바쳐 왔고, 과학이 사람들을 더 행복하게 해 줄 수 있는 길이라고 생각해 왔습니다. 그런데 과학이 인류에게 스스로를 파괴하는 수단이 되고 있다는 데 공포를 느낍니다. 과학이 군사적인 목적에 사용되면서 땅은 방사능으로 오염되고 사람들은 절멸 위기를 맞고 있습니다. 핵무기에 대한 두려움을 통해 전쟁을 억제할 수 있다고 믿는다면 그것은 환상입니다."

– 마이나우 선언(1955)

제1차 세계 대전 발발	제1차 세계 대전 종식	파리 강화 회의
1914	1918	1919

전쟁이 끝난 뒤 독일이 아이처럼 울었다고요?

30초 해결사

제1차 세계 대전이 끝난 뒤, 승전국들은 전쟁을 일으킨 독일에 책임을 물었어요. 이때 맺은 베르사유 조약을 통해 독일은 영토 일부를 잃고, 승전국들에 막대한 배상금을 내야 했어요. 독일이 승전국들에 혼나서 어린아이처럼 우는 풍자화가 그려지기도 했어요.

베르사유 조약 풍자화

#파리 강화 회의   #14개조 원칙   #민족 자결주의   #베르사유 조약

"다시는 전쟁을 일으키지 못하도록 독일을 강하게 압박합시다."

전쟁이 끝난 1919년, 미국과 영국 등 승전국의 대표들은 전쟁 이후의 문제들을 해결하고자 베르사유 궁전에 모였어요. 이를 파리 강화 회의라고 해요. 이때 미국의 윌슨 대통령은 각 민족이 정치적 운명을 스스로 결정하자는 민족 자결주의를 포함해, 평화를 위한 14개조 원칙을 제안했어요. 이 중 민족 자결주의는 유럽의 여러 민족이 독립 국가를 세우는 데 영향을 미쳤어요. 또 우리나라를 포함한 아시아와 아프리카 지역에서도 제국주의에 반대하는 독립 운동이 활발해졌지요.

> 베르사유 조약을 두고 너무 가혹하다는 의견, 충분하지 않다는 의견으로 나뉘었단다.

파리 강화 회의에서는 유럽의 영토 문제, 패전국 문제 등에 대해서도 협의했어요. 오스트리아·헝가리 제국은 해체되었고, 오스만 제국과 불가리아는 승전국들과 조약을 체결했어요. 승전국들은 특히 독일에 전쟁의 책임을 강하게 요구했는데, 이때 승전국들과 독일이 맺은 조약을 베르사유 조약이라고 해요. 이로 인해 독일은 영토를 빼앗기고 군인의 수도 10만 명으로 제한당했어요. 또 식민지를 승전국에 넘겨주어야 했고, 1,320억 마르크나 되는 막대한 배상금을 물어내야 했지요.

윌리엄 오펜, 「1919년 6월 28일, 베르사유 궁전 거울의 방에서 평화 서명」 (1919, 영국 제전쟁박물관 소장)

개념연결 파리 강화 회의에 제출한 '독립 청원서'

파리 강화 회의가 열리자, 대한민국 임시 정부는 신한청년당 대표로 파리에 파견되었던 김규식을 외무총장으로 임명하고 회의에 독립 청원서를 제출하게 해 나라의 독립을 호소했다. 김규식은 대한민국 임시 정부 대표 명의로 된 탄원서를 제출했고, 「한국 민족의 주장」, 「한국의 독립과 평화」 등의 민족 선언서를 작성하고 배포했다. 또 당시 유럽의 각종 회의와 단체, 언론 등을 만나 일제의 만행을 폭로하고, 한국의 독립 승인을 청원했다.

신한청년당이 파리 강화 회의에 제출한 13개조 청원서

피의 일요일 사건	코민테른 결성	소비에트 사회주의 공화국 연방(소련) 수립
1905	1919	1922

러시아의 황제와 귀족을 빗자루로 쓸어버렸다고요?

30초 해결사

1917년, 러시아의 혁명가 블라디미르 레닌은 혁명으로 황제인 차르와 귀족들을 빗자루로 쓸듯 쫓아냈어요. 당시 러시아 국민들은 차르의 독재 정치와 연이은 전쟁으로 피폐한 삶을 살고 있었어요. 또 산업화로 인해 노동자들이 증가하고 사회주의가 널리 퍼지며 불만이 부글부글 끓고 있었지요. 이러한 상황에서 등장한 레닌은 기존 정부를 무너뜨리고 소비에트 정부를 세웠어요.

#러시아 혁명 #피의 일요일 #레닌 #소비에트 사회주의 공화국 연방(소련)

"다 같이 황궁을 향해 행진합시다! 빵을 달라! 평화를 달라!"

1905년, 러일 전쟁으로 인해 경제적 부담이 커진 러시아 노동자들의 삶은 더욱 어려워졌어요. 이에 시민들은 개혁을 요구하며 평화 시위를 전개했지만, 정부는 사람들을 학살하며 시위를 진압했어요. 이를 피의 일요일 사건이라고 해요. 이에 반발해 시위가 더 커지자 차르는 의회를 개설하고 언론과 집회의 자유를 약속했어요. 하지만 약속은 지켜지지 않았지요.

러시아가 제1차 세계 대전에 참전하며 경제가 더욱 나빠지자 사람들은 전쟁을 멈추고 왕조를 무너뜨리자며 뜻을 모았어요. 시민들은 혁명으로 차르를 몰아내고 임시 정부를 세웠어요. 하지만 임시 정부도 전쟁을 계속하자, 레닌은 임시 정부를 무너뜨리고 1922년에 세계 최초의 사회주의 국가인 소비에트 사회주의 공화국 연방(소련)을 세웠어요.

시민들에게 연설하는 레닌의 모습

혁명으로 소비에트 정부가 탄생하는 순간이야!

러시아 혁명이 두 차례에 걸쳐 일어났다고요?

맞아! 바로 임시 정부를 세운 2월 혁명, 소비에트 정부를 세운 10월 혁명이지.

러시아에서 일어난 사회주의 혁명은 이후 세계 여러 나라에 큰 영향을 주었어요. 소련은 "만국의 노동자여, 단결하라!"라는 구호를 내걸며 혁명을 전파했어요. 또 식민 지배를 받는 국가의 독립 운동도 적극적으로 지원했어요. 이에 세계 곳곳에서 사회주의 운동이 활발해졌어요.

개념 연결 황푸 군관 학교

소련은 사회주의를 널리 퍼트리기 위해 제국주의에 맞서 독립 운동을 펼치던 세계 여러 나라의 민족 운동가들을 지원했다. 중국의 쑨원은 1924년, 소련의 지원을 받아 황푸 군관 학교를 세웠다. 당시 중국의 군벌들과 맞서 싸울 군인들을 양성하려는 목적이었다. 이후 중국 국민당은 사회주의 세력과 손잡고 황푸 군관 학교에서 외세에 맞서 싸울 인재들을 키웠다. 이곳에서는 대한민국 임시 정부의 학생 지원 추천서도 받았는데, 덕분에 한국인 학생들도 입학해 독립군으로 성장할 수 있었다.

황푸 군관 학교 개교식

미국, 대공황 발생 1929　　루스벨트, 뉴딜 정책 추진 1933

경제를 살리기 위해 댐을 만들었다고요?

30초 해결사

미국의 대공황은 많은 사람의 일자리를 앗아 갔어요. 미국의 경제가 곤두박질치자 다른 나라들도 큰 영향을 받았어요. 세계적인 대공황이 닥친 것이에요. 미국 정부는 이 문제를 해결하기 위해 댐 건설과 같은 대규모 공사를 벌였어요. 사람들은 댐을 만들면서 일자리를 얻었고, 미국은 공공사업 확대를 비롯해 생계 지원, 국토 개발 등으로 구제에 나섰어요. 이 같은 노력으로 미국은 대공황을 극복할 수 있었어요.

#대공황　#뉴딜 정책　#블록 경제　#그린 뉴딜

미국은 제1차 세계 대전을 거치며 세계 경제의 중심 국가가 되었어요. 군수 물자 등을 판매해 막대한 자본을 얻었고, 투자가 활발히 일어나며 물자의 생산량도 크게 늘어났어요. 그러나 사람들의 소비량은 늘어난 생산량을 따라가지 못했어요.

1929년, 미국의 주식이 폭락하면서 은행과 공장, 기업이 망하고 실업자가 폭발적으로 증가했어요. 미국의 갑작스러운 경제 위기는 세계 곳곳에 영향을 미쳤어요. 이 사태를 대공황이라고 해요.

미국의 루스벨트 대통령은 대공황에서 벗어나기 위해 정부가 직접 나서서 경제 활동에 개입하는 뉴딜 정책을 추진했어요. 테네시강의 댐 개발 공사 같은 큰 규모의 공공사업을 벌여 실업자들에게 일자리를 주고, 예술가에게도 일하는 노동자를 그리게 해 일자리를 주었어요. 또 실업 수당을 주거나 연금을 만드는 등 적극적인 복지 정책으로 국민을 보호했어요.

뉴욕 증권 거래소에 모인 군중들

한편 유럽의 영국, 프랑스 등의 국가는 자기 나라와 식민지를 하나로 묶어 자급자족하는 블록 경제로 대공황에서 벗어나고자 했어요. 수출이 어려워진 상황에서 식민지를 통해 시장을 유지한 것이에요. 식민지가 적고 경제 사정이 좋지 않았던 독일, 이탈리아, 일본은 대공황에서 벗어나기 위해 다른 나라를 침략하는 방법을 선택했어요.

환경을 위한 그린 뉴딜

신재생 에너지와 같은 친환경 사업에 투자해 경제를 살리는 그린 뉴딜이 주목받고 있다. 그린 뉴딜은 지구적인 기후 변화에 대응함과 동시에 경제 문제도 해결하는 정책을 말한다. 녹색 산업을 뜻하는 '그린', 미국에서 실시했던 '뉴딜' 정책을 합친 말이다. 그린 뉴딜은 '기후 위기 대응', '일자리 창출', '불평등 해소'를 핵심 원칙으로 한다. 우리나라도 환경을 지키기 위해 온실가스 배출량 감축에 나서고, 신재생 에너지를 개발하고 있다. 또 탄소 배출량 감축 효과가 높은 설비를 갖춘 기업에 혜택을 주는 등 기업 참여도 유도하고 있다.

시카고의 그린 뉴딜 집회
(ⓒCharles Edward Miller)

인도 국민 회의 결성	벵골 분할령 발표	간디, 소금 행진
1885	1905	1930

간디는 왜 바다까지 행진했나요?

30초 해결사

인도의 독립 운동가인 간디는 소금 행진으로 영국의 식민 지배에 저항했어요. 당시 영국은 소금법을 만들어 인도인이 직접 소금을 만들지 못하게 했어요. 이에 간디는 소금을 얻기 위해 수백 킬로미터 떨어진 바닷가까지 행진하며 영국에 저항했지요. 몇십 명으로 시작한 이 행진은 바닷가에 도착했을 때 수만 명으로 불어나 있었어요. 독립에 대한 인도인들의 굳센 의지를 보여 주는 사건이었어요.

#간디 #소금 행진 #비폭력·불복종 운동

"군대와 전쟁 비용을 지원하시오. 그러면 인도에 자치권을 주겠소."

제1차 세계 대전이 벌어지자, 영국은 인도에 자치권을 빌미로 군대와 전쟁 비용을 요구했어요. 인도는 약속을 믿고 영국을 도와 전쟁에 참여했지만, 영국은 전쟁이 끝나자 약속을 어기고 인도인들을 탄압했어요. 1930년 영국은 인도의 경제를 손에 넣기 위해 인도에서의 소금 생산과 판매를 독점하는 소금법을 만들었어요. 소금법에 의하면 인도인은 소금을 직접 만들어 쓸 수도, 판매할 수도 없었어요. 강제로 비싼 값에 영국에서 가공한 소금을 사야만 했지요.

간디는 영국 상품을 불매하고 납세를 거부하는 등 비폭력·불복종 운동으로 영국에 저항했어요. 또 소금을 직접 만들자며 바다까지 약 400킬로미터를 행진했어요. 영국은 간디를 비롯해 행진에 참여한 사람들을 체포했어요. 그러나 이 사건으로 영국에 저항하는 간디의 정신이 널리 퍼지며 인도의 독립 투쟁은 전국적으로 확산되었어요. 결국 영국은 체포된 사람들을 풀어 주고 가정에서 소금을 만들 수 있게 허용했어요.

소금 행진을 하는 간디와 시민들

영국의 분리 통치 정책

1947년, 인도는 영국으로부터 독립했다. 그러나 종교의 차이를 극복하지 못한 채 인도와 파키스탄으로 분리되었다. 두 나라의 갈등은 영국이 인도 대륙을 식민지로 지배하면서 일어난 측면이 크다. 영국은 인도를 쉽게 지배할 수 있도록 일부러 힌두교도와 이슬람교도가 서로 대립하고 갈등하게 정책을 만들었다. 그 영향으로 인도와 파키스탄은 지금도 분쟁 지역인 카슈미르를 두고 대립하고 있으며, 계속 불편한 관계를 유지하고 있다.

카슈미르 분쟁 지역

이탈리아, 무솔리니 집권	미국, 대공황 발생	독일, 히틀러 집권
1922	1929	1933

모두가 찬성하면 좋은 것 아닌가요?

30초 해결사

모두가 한 의견에 찬성하는 것이 좋을 수도 있어요. 하지만 비판 없이 무조건 한 의견에 찬성하는 것은 문제가 될 수 있어요. 히틀러가 이끈 독일의 나치당은 전체주의를 통해 모두 같은 생각과 행동을 하도록 만들었어요. 다른 의견은 허용하지 않았지요. 나치 독일은 전쟁을 일으켰고, 개인은 국가를 위해 범죄와 학살을 저질렀어요. 전체주의는 국가를 위해 개인을 억압하고 도구로 쓰는 위험한 사상이에요.

• 전체주의: 개인보다 공동체, 국가의 이익을 더 중요하게 여기는 사상이에요.

#전체주의 #파시즘 #나치즘 #군국주의 #추축국 #중일 전쟁

대공황이 세계를 강타하면서 경제가 나빠지고 사회가 불안정해지자, 전체주의 세력들이 등장하기 시작했어요. 특히 식민지가 없거나 경제 사정이 여의치 않은 이탈리아, 독일, 일본 등에서 전체주의 정권이 힘을 얻기 시작했지요.

이탈리아에서는 개인의 권리보다 국가의 이익을 강조하는 파시즘을 주장하는 무솔리니가 정권을 잡았어요. 독일에서는 대공황을 거치며 히틀러의 나치당이 정권을 차지했어요. 나치당은 유대인, 장애인 등을 학살하고 탄압하는 인종주의를 강조한 나치즘을 내세웠어요. 히틀러와 무솔리니는 강력한 나라를 만들겠다고 선언하며 국민의 지지를 받았어요. 군부가 정권을 잡은 일본도 전쟁을 최우선으로 하는 군국주의를 강화했어요. 이에 이탈리아와 독일, 일본은 동맹을 맺고 추축국을 형성했어요. 이들은 대공황의 위기를 극복하기 위해 군사 비용을 늘리고 다른 나라를 침략하고자 했어요. 이탈리아는 에티오피아를 침략하고, 독일은 오스트리아를 병합했어요. 일본도 중일 전쟁으로 영토를 늘리고자 했어요.

> 앗, 무솔리니와 히틀러가 만나서 대화하고 있네!

> 추축국을 형성한 뒤 독일은 본격적으로 영토를 늘리고자 했어. 영국과 프랑스는 이로 인해 벌어질 전쟁을 두려워했지.

> 그래서 독일이 다른 나라를 병합할 때도 가만히 있었군요!

개념 연결 나치의 학살을 알린 피카소의 「게르니카」

파블로 피카소가 1937년에 그린 작품 「게르니카」에는 나치의 만행이 잘 드러나 있다. 당시 히틀러와 무솔리니의 지원을 받은 에스파냐의 프랑코는 쿠데타를 일으켜 에스파냐의 정권을 장악했다. 그는 자신에게 저항하는 사람들을 공격하기 위해 히틀러에게 소도시 게르니카를 집중 포격해 달라고 요청했다. 히틀러의 독일군 전투기는 이에 게르니카를 무차별로 폭격했고, 노인과 어린아이, 여성을 포함한 수많은 사망자가 생겨났다. 이에 분노한 피카소는 게르니카의 참사를 그림으로 남겼다. 이 그림은 전쟁의 참상과 나치의 만행을 널리 알린 작품이 되었다.

게르니카 지방에서 벽화로 재현한 「게르니카」(ⓒPapamanila)

제2차 세계 대전 발발	태평양 전쟁 발발	독일과 일본, 연합국에 항복 선언
1939	1941	1945

프랑스가 전쟁 6주 만에 독일에 항복했다고요?

30초 해결사

프랑스를 침공하며 제2차 세계 대전을 일으킨 독일은 6주 만에 파리를 점령했어요. 독일군은 프랑스의 상징인 개선문을 행진하면서 지나갔어요. 나폴레옹 시절 프랑스의 영광에 치욕을 주고, 자신들의 힘을 드러내기 위해서였지요. 독일은 프랑스 남부에 자신들의 명령을 따르는 괴뢰 정부를 세웠어요. 프랑스는 영국에 임시 정부를 만들어 독일과 맞서 싸우고자 했지요.

• 괴뢰 정부: 다른 나라가 조종하는 대로 움직이는 정부를 말해요.

#제2차 세계 대전 #미드웨이 해전 #스탈린그라드 전투 #노르망디 상륙 작전

"자랑스러운 독일 민족의 힘을 보여 주겠다! 우선 폴란드부터!"

1939년, 독일은 소련과 서로 침략하지 않겠다는 독·소 불가침 조약을 맺고 폴란드를 침공했어요. 독일이 폴란드 서부, 소련이 폴란드 동부와 발트 3국을 차지하기 위해 조약을 맺은 것이었지요. 이에 영국과 프랑스가 독일에 선전 포고를 하며 제2차 세계 대전이 일어났어요. 빠르게 폴란드를 점령한 독일은 1940년, 서부 전선으로 진격해 6주 만에 프랑스를 점령했어요. 이에 프랑스는 시민으로 구성된 저항군인 레지스탕스를 조직해 저항했고, 영국은 처칠 총리를 중심으로 독일 공군의 공습에 대항했어요.

연이은 승리로 기세등등해진 독일은 소련도 이길 수 있다고 생각했어요. 이에 1941년, 불가침 조약을 어기고 소련을 침공했지요. 같은 해 일본도 미국 하와이의 진주만을 기습 공격했어요. 이때부터 전쟁은 미국, 영국, 소련 등의 연합국과 독일, 이탈리아, 일본 등의 추축국이 맞대결하는 양상으로 흘러갔어요.

> 당시 독일은 동쪽에서 일본과 협공한다면 소련도 이길 수 있을 거라고 생각했지.

> 소련의 군사력을 얕본 거예요!

강대국인 소련과 미국은 추축국을 서서히 압박했어요. 미드웨이 해전에서 미국이 일본에 승리하고, 스탈린그라드 전투에서 소련이 독일을 이기며 전쟁은 연합국에 유리해졌지요. 1944년 6월, 연합국은 노르망디 상륙 작전으로 파리를 되찾았어요. 그리고 독일 본토로 진격을 시작했어요.

개념 연결 독립문

1897년 11월 20일은 독립 협회가 서대문구에 독립문을 세운 날이다. 프랑스 파리의 개선문을 모델로 삼았으며, 높이는 약 14미터이다. 원래 독립문이 있던 자리에는 중국 사신을 맞이하는 영은문이 있었다. 그러나 청나라가 유럽 열강에 차례로 패배하자, 독립 협회는 영은문을 헐어 버리고 그 북쪽에 독립문을 만들었다. 청나라의 간섭을 받지 않겠다는 의미로 만들었으나, 일제 강점기 때는 일본으로부터의 독립을 염원한다는 의미로 확장되었다.

독립문의 모습(ⓒRtflakfizer)

제2차 세계 대전 발발	태평양 전쟁 발발	미국, 히로시마와 나가사키에 원자 폭탄 투하
1939	1941	1945

버섯 모양 구름이 인류를 멸망시킬 수도 있다고요?

히로시마 원자 폭탄이 터지는 순간이란다.

버섯 모양으로 구름이 만들어지네요.

무슨 일이 일어났길래 폭탄이 터졌을까?

30초 해결사

1945년 8월, 일본 히로시마와 나가사키에 각각 원자 폭탄이 떨어졌어요. 버섯 모양 구름과 함께 엄청난 폭발이 일어났지요. 도시는 완전히 파괴되었고, 수십만 명의 사상자가 나왔어요. 원자 폭탄 개발에 참여한 과학자들은 충격을 받았어요. 이들은 인류를 위협하는 원자 폭탄 사용을 금지해야 한다고 강력하게 주장했지요.

나가사키에 떨어진 원자 폭탄

#제2차 세계 대전   #태평양 전쟁   #홀로코스트   #난징 대학살   #원자 폭탄

제2차 세계 대전에서는 폭격기와 항공 모함 등 대량 살상 무기가 사용되며 6,000만 명 이상의 사상자가 나왔어요. 특히 민간인 사망자가 군인 사망자의 2배 이상이었어요. 독일과 일본은 전쟁 중 민간인들을 폭격하고 학살하는 범죄를 저질렀어요.

나치 독일은 전쟁 동안 약 600만 명의 유대인을 포함한 민간인을 수용소에 보내 계획적으로 죽이는 홀로코스트를 저질렀어요. 일본은 중일 전쟁을 통해 난징을 함락하고, 6주에 걸쳐 학살을 자행했지요. 이 사건을 난징 대학살이라고 불러요. 일본군은 중국군 포로는 물론 부녀자와 아이를 포함한 민간인도 잔인하게 죽였어요.

아우슈비츠 수용소 생존 아동들

일본이 중국으로 영토를 넓히자 미국은 일본에 경고하며 석유 수출을 중단했어요. 이에 일본은 미국의 진주만을 기습 공격해 태평양 전쟁을 일으켰어요. 하지만 미국이 엄청난 군사력을 앞세워 일본으로 진격하고, 연합국과 소련이 독일 본토를 점령하고 베를린으로 향하면서 추축국 진영의 상황이 나빠졌어요. 1945년 5월, 소련이 베를린을 포위하자 마침내 독일이 항복했어요. 일본은 끝까지 완강히 저항했으나 히로시마와 나가사키가 원자 폭탄으로 폭격을 받고, 소련이 만주로 진격하자 같은 해 8월에 무조건 항복을 선언했어요. 이로써 제2차 세계 대전은 연합국의 승리로 끝이 났어요.

다가오는 운명의 날, 지구 종말 시계

'지구 종말 시계The Doomsday Clock'는 핵무기 또는 기후 변화로 인류 문명이 처한 위험을 알려 주는 시계다. 시곗바늘이 자정을 가리키면 지구가 종말함을 뜻한다. 제2차 세계 대전 때 핵무기를 개발한 '맨해튼 프로젝트'를 수행했던 과학자들은 『불리틴Bulletin Atomic Scientists』이라는 잡지를 만들었다. 이 잡지의 운영 이사회는 1947년 6월에 핵전쟁 위기를 경고하는 지구 종말 시계를 처음으로 발표했다. 당시 자정 7분 전이던 지구 종말 시계는, 현재 기후 변화와 러시아·우크라이나 전쟁 등으로 자정과 가장 가까운 종말 90초 전까지 다가왔다.

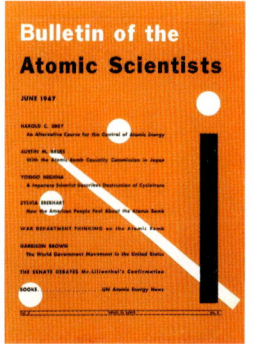

지구 종말 시계가 처음 등장한 1947년 6월 『불리틴』

일제 강점기의 건물들을 보존해야 할까, 철거해야 할까?

> 식민 지배의 잔재는 없애야 해. 경복궁을 훼손하고 세운 조선 총독부 건물을 봐. 조선 총독부 건물이 철거된 뒤에는 경복궁을 복원해 우리나라의 자랑스러운 상징이 되었지. 줄사택도 같아. 부끄러운 역사를 이렇게 남겨 둘 필요는 없어. 오늘날 폐허가 된 줄사택을 놔두는 것은 보기에도 좋지 않아. 주민들과 지역을 위해 철거하는 게 옳다고 생각해. 줄사택의 역사는 기록물을 통해서도 충분히 배울 수 있어.

일제 강점기에 군수 물자를 만들던 전범 기업 미쓰비시 제강은 인천시 부평구에 줄지어 작은 집을 세웠다. '미쓰비시 줄사택'이다. 미쓰비시 줄사택은 강제로 노동에 동원된 1,000여 명의 조선인이 사용하던 숙소였다. 부평구는 지역 개발을 위해 줄사택을 철거하려 했으나, 시민 단체와 국가유산청, 그리고 지역 학생들의 반대로 철거를 중단했다. 2024년 6월 국가유산청은 강제 동원의 아픈 역사를 보존하기 위해 미쓰비시 줄사택을 국가 등록 문화유산으로 등록할 계획이라고 발표했다. 이 일을 두고 부끄러운 역사이기에 철거해야 한다는 주장과 기억해야 하는 역사이기에 보존해야 한다는 주장이 맞서고 있다.

보존해서 식민지 시대의 역사를 기억해야 해!

" 부평시는 미쓰비시 줄사택을 보존해야 해. 전라남도 목포에도 근대 역사관이 있어. 이곳은 원래 식민지 시대 때 일본 영사관으로 쓰인 건물이었지만, 지금은 근대 역사관으로 탈바꿈해 일제가 우리나라를 수탈한 아픈 역사를 기억하는 장소가 되었어. 미쓰비시 줄사택은 강제 동원된 조선인 노동자들의 생활과 일제의 만행이 고스란히 녹아 있는 장소야. 잘 보존해 두고 비극적인 역사를 되풀이하지 않기 위한 역사 교육의 현장으로 삼아야 해. "

1939	1940	1945
제2차 세계 대전 발발	독일, 아우슈비츠 수용소 건설	독일과 일본, 연합국에 항복 선언

전쟁 때 어린이들, 청소년들은 어떻게 생활했나요?

30초 해결사

전쟁은 어린이들과 청소년들의 삶도 망가뜨렸어요. 전쟁의 공포 속에서 어린이들과 청소년들은 부모를 잃고 고아가 되거나, 전쟁을 피해 숨어 살아야 했어요. 심지어 전쟁에 동원되거나 수용소에 들어가 강제로 일하기도 했어요.

#제2차 세계 대전   #안네 프랑크   #히틀러 유겐트

"밖에서는 끔찍한 일들이 일어나고 있다. 밤낮을 가리지 않고 힘없는 사람들이 집 밖으로 끌려 나오고 있다."

제2차 세계 대전 당시 안네 프랑크가 쓴 일기의 내용 중 일부예요. 나치 독일이 네덜란드를 점령하자 유대인이었던 안네와 그 가족들은 나치를 피해 다락방에서 숨어 살아야만 했어요. 『안네의 일기』는 안네의 이야기와 함께 전쟁의 잔인함, 그리고 당시 사회의 모습을 잘 보여 주는 작품이에요.

어린이들과 청소년들은 전쟁에서 안전하지 않았어요. 군국주의 국가들은 어린이도 전쟁의 도구로 이용했어요. 독일의 어린이, 청소년들은 어려서부터 나치와 히틀러에 충성해야 한다는 교육을 받았어요. 이들은 나치의 청소년 조직인 히틀러 유겐트에 가입해, 전투 중 다치거나 목숨을 잃었어요.

학교 수업을 듣는 안네 프랑크

일본 역시 우리나라를 식민 지배하면서 어린이들을 전쟁에 동원했어요. 천황의 충성스러운 국민으로 교육하여 전쟁터로 내몰고, 공장과 탄광으로 보내 강제 노동을 시켰어요. 심지어 어린 소녀와 여성들을 일본군 '위안부'로 끌고 가기도 했어요.

나치 독일의 청소년 조직, 히틀러 유겐트

개념연결 5·18 민주화 운동 당시 쓰인 일기장

『안네의 일기』와 같은 세계 기록 유산이 우리나라에도 존재한다. 바로 5·18 민주화 운동 당시의 기록물들이다. 시민들의 성명서, 사진, 병원 기록 등 다양한 자료가 있다. 이 중에는 5·18 민주화 운동을 생생하게 경험한 학생의 일기도 있다. 한국판 『안네의 일기』로 이야기되는 주소연 학생의 일기다. 주소연 학생은 당시 광주여고 3학년이었는데, 무섭고 힘든 상황 속에서도 당시의 일들을 일기로 기록했다. 주소연 학생의 일기를 포함한 기록물들은 2011년 유네스코 세계 기록 유산에 등재되었다. 불의에 맞서 싸운 광주 시민들의 신념과 민주주의의 정신을 기억하자고 뜻을 모은 것이다.

제2차 세계 대전 발발	독일과 일본, 연합국에 항복 선언	독일 브란트 총리, 폴란드 바르샤바의 유대인 위령탑 방문
1939	1945	1970

독일 총리가 폴란드에 가서 무릎을 꿇었다고요?

30초 해결사

1970년 12월, 독일 총리 빌리 브란트는 독일이 침략했던 폴란드 바르샤바의 유대인 위령탑을 찾아가 무릎을 꿇었어요. 브란트 총리는 독일을 대표해 나치가 저지른 일에 용서를 구하고 희생자를 진심으로 추모하면서, 다시는 이런 일이 일어나서는 안 된다는 뜻을 전했어요. 폴란드를 비롯한 전 세계 사람들이 독일을 대표한 총리의 반성을 지켜보았지요. 독일은 과거의 잘못을 인정하고 사과하면서 국제 사회의 일원으로 나아가고 있어요.

#제2차 세계 대전 #전범 재판

제2차 세계 대전이 끝난 뒤, 대량 학살과 인권 유린에 대한 책임을 묻는 전범 재판이 열렸어요. 나치 독일과 일본이 저지른 대량 학살과 같은 전쟁 범죄의 진상이 밝혀졌지요. 국가는 물론 시민 사회에서도 과거를 청산하기 위한 진지한 반성이 이루어졌어요.

독일 곳곳에는 전쟁 희생자들을 추모하는 구조물이 세워져 있어요. 독일 수도 베를린의 브란덴부르크 문 근처 광장에는 크기가 각기 다른 2,711개의 비석들이 설치되어 있어요. 학살된 유대인을 기리기 위해 만든 홀로코스트 추모비예요. 지하에는 홀로코스트 기념관을 만들어서 나치 독일의 범죄 역사를 알리고, 희생된 유대인을 비롯한 전쟁 피해자들의 죽음을 추모하고 있어요.

반면 일본 정부는 야스쿠니 신사에서 전쟁 범죄자들에게 참배하며 추모하는 등 과거의 잘못을 인정하지 않고 있어요. 우리나라를 비롯한 여러 나라의 비판에도 일본은 여전히 신사 참배를 멈추지 않고 있어요. 세계 대전과 같은 끔찍한 역사를 되풀이하지 않기 위해서는 잘못에 대한 철저한 반성이 있어야 한다는 것을 잊지 않아야 해요.

학살된 유럽 유대인을 위한 기념물(ⓒFridolin freudenfett)

 식민지역사박물관

서울 용산의 식민지역사박물관은 일본 제국주의 식민 지배의 역사, 친일파 문제, 그리고 제국주의에 맞선 독립운동의 역사를 기록하고 전시하는 박물관이다. 이 박물관을 조성할 때 해외 동포를 포함한 수많은 시민들이 성금을 모았고, 자료를 기증했다. 박물관은 일제의 만행과 함께 친일파와 독립운동가들을 소개한다. 그리고 앞으로 우리가 해야 할 일이 무엇인지도 생각하게 만든다. 식민지역사박물관은 과거의 역사뿐 아니라 동아시아의 평화를 위한 참여형 박물관으로 국내는 물론 해외에서도 많은 방문객이 찾고 있다.

식민지역사박물관(식민지역사박물관 제공)

제2차 세계 대전 종식	인도네시아, 네덜란드로부터 독립	베트남, 프랑스로부터 독립
1945	1949	1954

베트남과 인도네시아 화폐 속 인물의 공통점은 무엇일까요?

30초 해결사

베트남 화폐와 인도네시아 화폐에는 식민 지배에 저항하여 독립 운동을 이끈 분들의 초상화가 담겨 있어요. 베트남 화폐의 주인공, 호찌민은 평생 베트남의 독립을 위해 힘쓴 독립 운동가예요. 이후 베트남의 초대 국가 주석이 되었어요. 인도네시아 화폐의 주인공, 카르티니는 독립 운동가이자 여성 교육을 위해 힘쓴 여성 운동가예요. 현재 인도네시아의 어머니라고 불리며 존경을 받고 있어요.

#독립 운동 #호찌민 #카르티니

제국주의 열강이 인도차이나반도를 식민지로 삼은 후, 베트남과 인도네시아는 식민지에서 벗어나 국민 국가를 건설하기 위해 노력했어요. 호찌민과 카르티니는 식민 지배에 저항해 독립 운동을 이끈 인물들이에요.

베트남은 제1차 세계 대전에 협력하는 조건으로 프랑스에 독립을 약속받았어요. 하지만 프랑스는 제2차 세계 대전 이후에도 베트남을 지배하려 했어요. 호찌민은 이에 맞서 1946년, 베트남의 독립을 선포하고 프랑스와 전쟁을 벌였어요. 8년에 걸친 싸움 끝에 베트남은 프랑스와 휴전 협정을 맺고 독립을 이루었어요.

카르티니는 네덜란드의 지배를 받던 인도네시아에서 민족의식을 높인 인물이에요. 여성 교육의 필요성을 알리고 여성의 지위 향상을 위해 노력한 인물이기도 해요. 카르티니는 이른 나이에 사망했지만, 많은 이들이 그녀의 업적을 기리고 있어요. 한편 인도네시아는 제2차 세계 대전 이후 독립을 선언했으나, 네덜란드는 이를 인정하지 않았어요. 이에 독립 운동가 수카르노는 네덜란드와 전쟁을 벌여 1949년 독립을 이루었어요.

호찌민박물관의 호찌민 동상(ⓒCookie Nguyen)

우리나라에서 간행된 『월남망국사』

베트남의 독립 운동가 판보이쩌우는 프랑스의 베트남 침략과 베트남의 멸망 과정을 자세하게 서술한 『월남망국사』라는 책을 출간했다. 이 책은 1906년 대한 제국에 소개되어 큰 인기를 얻었다. 당시 우리나라는 1905년 을사늑약 이후 일본의 보호국이 된 처지였다. 이에 베트남의 멸망이 결코 남의 일이 아니라고 느낀 지식인들이 사람들의 독립 정신을 일깨우고자 『월남망국사』를 출간했고 뜨거운 반응이 돌아왔다.

『월남망국사』

1992	2017
수요 시위 시작	'위안부정의연대', 서울 남산에 일본군 '위안부' 기림비 건립

한국, 중국, 필리핀 소녀가 함께 손을 잡았다고요?

30초 해결사

서울 남산에는 손을 잡은 세 소녀와 할머니의 동상이 있어요. 이 작품은 서울 일본군 '위안부' 피해자 기림비라고 해요. 세 소녀는 한국, 중국, 필리핀 소녀로 각국의 피해자를 상징해요. 세 소녀의 맞잡은 손은 어두운 과거의 역사를 함께 이겨 나가자는 뜻을, 소녀를 바라보는 할머니는 과거의 역사와 현재가 이어져 있다는 것을 상징해요. 손을 맞잡지 않은 빈자리는 우리의 자리로, 손을 잡아 함께하자는 의도가 담겨 있지요.

#일본군 '위안부'

2017년, 샌프란시스코의 시민 단체 '위안부정의연대'는 중요한 역사를 잊지 않고 기억하기 위해 일본군 '위안부' 피해자 기림비를 세웠어요. 3·1 운동 100주년을 맞이한 2019년에는 김진덕·정경식 재단 등 샌프란시스코 교민들이 자발적으로 뜻을 모아 서울시에 기림비를 기증했지요. 서울 남산의 기림비는 이렇게 생겨났어요.

남산에 기림비를 세우게 된 데는 이유가 있어요. 남산은 일제 강점기 시절의 아픈 역사를 간직한 조선 신궁의 터이기 때문이에요. 원래 국가 제례를 지내던 국사당이 있던 자리인데, 일제가 이를 강제로 철거한 뒤 일본의 국가 종교 시설인 신궁을 설치했어요. 일본은 남산에 신궁을 지어 민족의 정기를 끊고, 천황을 신으로 모시는 신궁에 강제로 참배를 시켰어요.

서울시와 서울시 교육청, 그리고 시민들은 이러한 역사적 아픔을 간직한 장소인 남산에 평화와 인권의 상징물인 기림비를 설치하고자 뜻을 모았어요. 이 기림비는 미래를 위해 과거를 잊지 않고 기억한다는 의미에서 '정의를 위한 연대Unity for Justice'라는 이름으로 불린답니다.

남산 조선 신궁 터 부근에 설치된 서울 일본군 '위안부' 피해자 기림비
(해외문화홍보원 제공)

개념연결 수요 시위

우리나라에서는 매주 수요일마다 일본 대사관 앞에서 일본군 '위안부' 문제 해결을 위한 시위가 열린다. 2008년 유엔 인권 위원회에서 일본 정부에 일본군 '위안부' 문제에 대한 책임을 인정하라고 권고했지만, 일본 정부는 강제 연행과 인권 침해를 공식적으로 인정하지 않고 있다. 집회에는 강제 징용 피해자뿐 아니라 학생, 시민, 평화 단체와 외국인들도 참여하여 일본 정부의 공식적인 사과와 배상을 요구하고 있다. 1992년 시작된 집회는 1,600회를 넘기며 세계 최장기 기록을 유지하고 있다.

주한 일본 대사관 앞 평화의 소녀상
(ⓒSakaori)

초등 세계사 사전 찾아보기

ㄱ

가미카제 154
가부키 158
간디 322
갈릴레이 200
갑골 문자 94
개항 304
갠지스강 236
거란족 128
게티즈버그 연설 224
경극 144
고딕 양식 178
고무나무 272
골드러시 222
공자 100
공정 무역 60
과거 제도 122
교자 124
교토 의정서 66
구텐베르크 188
국경선 292
국민 의회 206
국제 노동 기구 28
국제 연합 30
국제 질서 140
군국제 108
군국주의 324
군현제 102
굽타 양식 236
굽타 왕조 234

권리 장전 202
권리 청원 202
귀 무덤 156
그라쿠스 형제 170
그리스 정교 176
그리스·페르시아 전쟁 166
그린 뉴딜 320
금나라 128
기마병 130
기사 174
기후 난민 52
기후 위기 56, 58
기후 행동 58

ㄴ

나라 시대 152
나비 효과 56
나치즘 324
나침반 126
나폴레옹 208
나폴레옹 법전 208
난민 52
난징 대학살 328
난징 조약 298
난학 160
남북 전쟁 224
남아프리카 공화국 48
냉전 32

넬슨 만델라 48
노동 인권 214
노동자의 날 28
노르망디 상륙 작전 326
노예 무역 192, 274
노예선 274
노예 제도 폐지 224
농경과 목축 78
농노 174
눈물의 길 220
뉴딜 정책 320
니카브 256
닉슨 독트린 38

ㄷ

다이아몬드 270
다이카 개신 152
담배 불매 운동 266
당나라 118
당삼채 118
대공황 320
대륙 횡단 철도 226
대약진 운동 36
대운하 116
대항해 140
데탕트 38
도자기 146
도편 추방제 164
독가스 314
독립 국가 연합 42
독립 운동 34, 336
독일 재통일 40
독일 통일 228
동물 복지 60
동물권 60
동방견문록 136, 190
동아시아 문화권 120
동인도 회사 204, 240, 294

동중서 108
드라비다인 90

ㄹ

라틴 아메리카 212
라틴 아메리카의 독립 212, 278
라파엘로 186
러시아 혁명 318
러시아·우크라이나 전쟁 42
러일 전쟁 306
레닌 318
레오나르도 다빈치 186
레오폴드 2세 272
로마 건국 신화 170
로마 제국 172
로마의 평화 시대 172
로물루스 170
로제타석 88
루브르박물관 206
루이 14세 198
루터 188
르네상스 186
리우 선언 66
리우 카니발 276
링컨 224

ㅁ

마녀재판 184
마라톤 166
마라톤 전투 166
마르코 폴로 136, 190
마오쩌둥 36
마우리아 왕조 232
마추픽추 96
마틴 루서 킹 44

막부 시대 154
만리장성 106
만사 무사 268
만주족 142
말리 공화국 268
말리 제국 268
맥마흔 선언 54
먼로 선언 212
메소포타미아 문명 80, 82
메이지 유신 304
메카 250
면벌부 188
명나라 138, 140
명예 혁명 202
모나리자 186
모아이 석상 284
모헨조다로 90
몰타 회담 42
몽골 제국 130, 134
몽골 제일주의 130
무굴 건축 238
무굴 제국 238
무제 108
무함마드 250
문치주의 122
문화 대혁명 36
미국 독립 전쟁 204
미국 이민 정책 226
미드웨이 해전 326
미라 86
미래를 위한 금요일 58
미켈란젤로 186
민권 운동 44, 48
민권법 44
민속 신앙 150
민족 자결주의 316
밀라노 칙령 172

ㅂ

바라나시 236
반전 운동 50
발칸반도 308
배드민턴 242
백 년 전쟁 184
백제 148
밸푸어 선언 54
베네수엘라 278
베다 92, 234
베르사유 궁전 198
베르사유 조약 316
베르타 폰 주트너 50
베를린 장벽 40
베스트팔렌 조약 188
베이징 144
베트남 전쟁 32
벨기에 272
변발 142
병마용 102
보로부두르 사원 246
보스턴 차 사건 204
볼리바르 212, 278
봉건제 94, 174
부국강병 100
부르카 256
부처 232
불교 120, 232
불평등 조약 304
브라질 276
블록 경제 320
비단길 110, 118, 134
비슈누 234
비스마르크 228
비잔티움 제국 180, 262
비폭력·불복종 운동 322
빈 체제 228

ㅅ

사기 112
사라예보 사건 308
사무라이 154
사자의 서 88
사회 진화론 290
산마르틴 212
산업 혁명 28, 214
산킨코타이 156
삼각 무역 192
삼민주의 300
삼바 276
삼부회 206
상 왕조 94
샤르트르 대성당 178
샴푸 244
서부 개척 220
서부 전선 312, 314
서프러제트 64
석가모니 232
선사 시대 76
성 소피아 대성당 262
성지 순례 250
성직자 임명권 176
세계 박람회 296
세계화 56
세포이의 항쟁 240
소금 행진 322
소련 해체 42
소비에트 사회주의 공화국 연방(소련) 318
송나라 122, 124, 126, 128
쇼군 154
쇼토쿠 태자 152
수나라 116
수니파 254
수에즈 운하 264
스모 158
스탈린그라드 전투 326
스테인드글라스 178
스파르타 164

스포츠 158
시누아즈리 146
시바 234
시아파 254
시에라리온 270
시에라리온 내전 270
시황제 102, 106
식민지 294
신사 150
신석기 78
신석기 혁명 78
신성 로마 제국 176
신토 150
신항로 개척 190, 192, 274
신해혁명 300
십자군 전쟁 180
쑨원 300

ㅇ

아고라 164
아동 노동 62
아동 인권 214
아랍의 봄 68
아리아인 92
아메리칸 드림 226
아소카왕 232
아스카 문화 148
아스테카 문명 96
아우구스투스 172
아이티 혁명 278
아일랜드 202
아일랜드 대기근 218
아크로폴리스 164
아테네 164
아파르트헤이트 48
아편 전쟁 298
아프리카 34, 292
안네 프랑크 332

알라 250
알렉산드로스 대왕 168
알렉산드리아 도서관 168
앙코르 와트 246
야마토 정권 152
양제 116
에도 막부 156
여성 인권 64
여진족 128
역병 의사 182
역참 134
열전 32
영국과 인도의 문화 교류 242, 244
영국의 식민 지배 240, 242, 244
영락제 138
예루살렘 180
오사카 148
오스만 제국 262
오스트레일리아 282
올림픽 166
와하브 운동 266
왕권신수설 198
왕안석 128
왕의 길 248
요가 236
요나라 128
우키요에 160
원나라 130, 136
원자 폭탄 328
원주민의 날 194
월드컵 62
위안스카이 300
위진 남북조 시대 114
유교 108, 120
유목 민족 문화 114
유자학교 66
육유 138
율령 120
의화단 298
이라크 전쟁 50
이란 266

이븐 바투타 136
이스라엘 54
이스라엘·하마스 전쟁 54
이스탄불 262
이스터섬 284
이슬람교 250, 252, 254, 256, 260
이와쿠라 사절단 306
이집트 264
이집트 문명 80, 86, 88
인간 동물원 296
인공 지능 70
인도 문명 80, 90, 92
인디언 192
인디언 이주 정책 220
인류의 출현 76
인쇄술 126
인종 차별 44
인종주의 290, 296
일본군 '위안부' 338
임진왜란 156
입법 의회 206
입헌 군주제 202
입헌 혁명 266
잉카 문명 96

ㅈ

자금성 138
자유의 여신상 226
잔 다르크 184
장건 110
장미 전쟁 184
장원 174
전범 재판 334
전체주의 324
절대 왕권 198
절대 왕정 198
정화 140
제1차 세계 대전 308, 310, 312, 314

제2차 세계 대전   326, 328, 332, 334
제3세계   34
제국주의   290, 292, 294, 306
제사해 운동   36
제자백가   100
젠네 모스크   268
조닌   160
조지 워싱턴   204
종교 개혁   188
종이   88, 112
주 왕조   94
중국 문명   80, 94
중국 통일   102
중일 전쟁   324
증기 기관   214
지구라트   82
지동설   200
직립 보행   76
진나라   102, 106
징가레베르 사원   268

청바지   222
청일 전쟁   306
체 게바라   280
초승달과 별   256
총력전   310
추축국   324
축구   62
춘추 전국 시대   100
칠레   284
칭기즈 칸   130

ㅊ

차 문화   146
차도르   256
차티스트 운동   216
참정권   64, 216
참호전   310
채륜   112
채식 급식   58
천동설   200
천일야화   254
천황   152
철기 시대   100
철혈 정책   228
청교도 혁명   202
청나라   142, 144
청동기 시대   80
청명상하도   124

ㅋ

카노사의 굴욕   176
카르티니   336
카스트 제도   92
카이사르   172
카이펑   124
칼리프   254
칼뱅   188
캄보디아   246
캘리포니아   222
커피   260
커피 하우스   260
코알라   282
코페르니쿠스   200
콜럼버스   190, 192, 194
콜럼버스의 날   194
콜로세움   172
콩고   272
쿠란   252
쿠바 혁명   280
쿠빌라이 칸   130
쿠샨 왕조   232
크리스마스 정전   312
크리스트교   176, 178
크리오요   278
크메르 제국   246

ㅌ

타지마할 238
태평양 전쟁 328
톈안먼 사건 36
토끼와의 전쟁 282
통령 정부 208
튀르키예 262
트렌치코트 310

ㅍ

파라오 86
파리 강화 회의 302, 316
파리 협정 66
파쇼다 사건 292
파시즘 324
파자마 244
파피루스 88
판다 외교 38
팔레스타인 54
패왕별희 144
패자 134
페르세폴리스 248
페르시아 제국 248
페스트 182
펠로폰네소스 전쟁 166
평화 유지군 30
포르투갈의 식민 지배 276
포에니 전쟁 170
폴리스 164
푸나 242
프랑스 국기 206
프랑스 혁명 206, 208
프랑크 왕국 174
프리츠 하버 314
플랜테이션 192
피라미드 86
피의 일요일 318

핑퐁 외교 38

ㅎ

하람 252
한나라 108
한자 120
한족 문화 114
한화 정책 114
할랄 252
함무라비 법전 82
해머링 맨 28
햄버거 56
헤이마켓 사건 28
헤이안 시대 154
헬레니즘 168
호찌민 336
홀로코스트 328
홍려시 118
홍무제 138
홍콩 반환 298
화목란 114
화약 126
황금왕 268
후쿠시마 핵 오염수 방류 66
흉노 106, 110
흑사병 182
히잡 256
히틀러 유겐트 332
힌두교 234, 236

1, 2, 3

14개조 원칙 316
3·1 운동 302
4대 문명 80
5·4 운동 302

6·25 전쟁　32
7월 혁명　208
80일간의 세계 일주　264
SNS 혁명　68

초등 세계사 사전

글 | 배성호·이종관
그림 | 김영화

초판 1쇄 발행일 2024년 8월 30일

발행인 | 한상준
편집 | 김민정·강탁준·손지원·최정휴·김영범
디자인 | 김경희
마케팅 | 이상민·주영상
관리 | 양은진

발행처 | 비아북(ViaBook Publisher)
출판등록 | 제313-2007-218호(2007년 11월 2일)
주소 | 서울시 마포구 월드컵북로 6길 97(연남동 567-40)
전화 | 02-334-6123 전자우편 | crm@viabook.kr
홈페이지 | viabook.kr

ⓒ 배성호·이종관, 2024
ISBN 979-11-92904-88-7 73900

- 비아에듀는 비아북의 교육 전문 브랜드입니다.
- 이 책은 저작권법에 따라 보호받는 저작물이므로 무단 전재와 복제를 금합니다.
- 이 책의 전부 혹은 일부를 이용하려면 저작권자와 비아북의 동의를 받아야 합니다.
- 잘못된 책은 구입처에서 바꿔드립니다.
- KC 마크는 이 제품이 공통안전기준에 적합하였음을 의미합니다. (제조국: 대한민국)
- 이 책은 바이러스나 세균에 안전한 항균 필름으로 코팅되어 있습니다.
- 책 모서리에 찍히거나 책장에 베이지 않게 조심하세요.

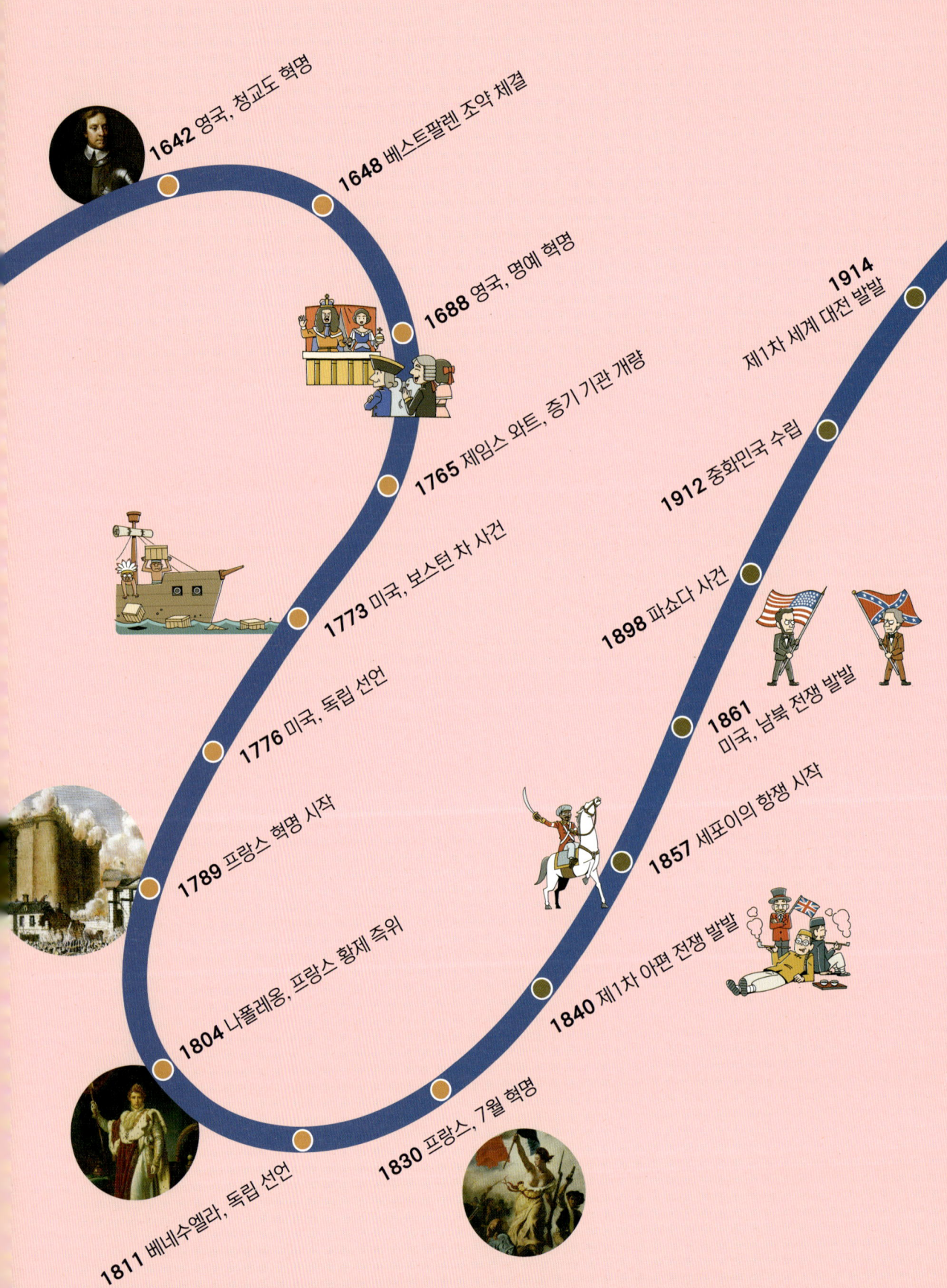

1917 러시아 혁명

1919 베르사유 조약 체결

1929 미국, 대공황 발생

1939 제2차 세계 대전 발발

1945 국제 연합(UN) 설립

1949 중화 인민 공화국 수립

1950 6·25 전쟁 발발

1962 쿠바 미사일 위기

1975 베트남 전쟁 종식

1989 베를린 장벽 붕괴

1991 소련 해체

1993 유럽 연합(EU) 출범

2001 미국, 9·11 테러

2002 한국, 한일 월드컵 4강 진출